本成果受到中国人民大学 2020 年度"中央高校建设世界一流大学（学科）和特色发展引导专项资金"支持

税收与国际资本流动：
全球化的国际税收问题

张文春　著

中国金融出版社

责任编辑：王雪珂

责任校对：孙　蕊

责任印制：陈晓川

图书在版编目（CIP）数据

税收与国际资本流动：全球化的国际税收问题/张文春著 . —北京：中国金融出版社，2021.8

ISBN 978 - 7 - 5220 - 1253 - 7

Ⅰ.①税…　Ⅱ.①张…　Ⅲ.①税收制度—国际竞争力—研究—中国　Ⅳ.①F812.422

中国版本图书馆 CIP 数据核字（2021）第 156641 号

税收与国际资本流动：全球化的国际税收问题
SHUISHOU YU GUOJI ZIBEN LIUDONG：
QUANQIUHUA DE GUOJI SHUISHOU WENTI

出版
发行　中国金融出版社

社址　北京市丰台区益泽路 2 号
市场开发部　（010）66024766，63805472，63439533（传真）
网 上 书 店　www.cfph.cn
　　　　　　　（010）66024766，63372837（传真）
读者服务部　（010）66070833，62568380
邮编　100071
经销　新华书店
印刷　北京市松源印刷有限公司
尺寸　169 毫米 × 239 毫米
印张　16
字数　218 千
版次　2021 年 8 月第 1 版
印次　2021 年 8 月第 1 次印刷
定价　56.00 元
ISBN 978 - 7 - 5220 - 1253 - 7
如出现印装错误本社负责调换　联系电话（010）63263947

前　言

　　税收是国家筹集收入的主要方式，也是资源配置、调节收入分配等的重要财政工具。过去的税收问题一般都是围绕一个封闭的经济体展开的，研究的是税收政策对个人（家庭）和企业的影响。当今社会是开放的世界，国与国之间的相互依存度日益增强。在经济全球化的当代，贸易自由化和对资本的放松管制，生产要素的跨境（国）流动性都大大增强了，跨境（国）所得和跨国纳税人造成了所得税的国际税收问题的日益突出。从全球第一家跨国公司东印度公司到现在的财富 500 强，跨国公司具有很强的纵向和横向溢出效应，在技术转让、价值创造、创造就业和国际收支效应等方面重要性日益增强。跨国公司的购并、绿地投资、分立以及转让定价、商业模式等行为改变了国际资本全球分布的格局。2021 年《财富》世界 500 强排行榜企业的营业收入达到 33 万亿美元，接近中美两国 GDP 的总和。进入排行榜的门槛（最低销售收入）提高到了 254 亿美元。由于数量少、收入贡献度和集中度高，巨额且复杂的、常常涉及跨境关联方的交易，涉税范围广和可能在国内外的税务中介支持下的税收规划能力及高的游说能力等其独特的特征，跨国公司成为各国税务当局重点"照顾"的对象。近期，某些高度数字化的跨国公司，如苹果、谷歌、脸书和亚马逊（GAFA）相继被曝光在美国及相关国家存在避税或缴税不足的情况，跨国公司的涉税问题成为了媒体的头条新闻。

一般来说，"二战"后国际贸易的规则都是基于关税及贸易总协定（GATT）及后来的世界贸易组织（WTO）所确立的原则，而国际投资的规则是依据联合国跨国公司中心（UNCTC）及后来的联合国贸易和发展会议（UNCTAD）确立的规则，所涉及的范围也是货物贸易、服务贸易到直接投资。国际税收的现行规则最初是近100年前由20世纪20年代的国际联盟确定的，此后的经济合作与发展组织、联合国、欧盟、7国集团和20国集团等都在国际税收规则和秩序的形成中扮演了非常重要的角色。

从居民（公民）税收管辖权、国际双重征税及其减轻和消除、税收饶让、国际避税和逃税的一般反避税规则和特定反避税规则，再到国际税收协定等都是传统的国际税收规则，表现的都是收入来源国（国际投资的东道国）税收政策和纳税人的居住国（国际投资的来源国）之间的税收政策的互动关系。各国的税收政策具有"相对的"独立性，并非严格意义上的排他性。国际税收政策会产生外溢效应，即一国的税收政策会对另外一个国家的税收政策产生正的或负的外部效应。现行国际税收制度是与传统的工业化社会相适应的，而和如今的以信息化和数字化为特征以及知识产权等无形资产占据显著地位的当代社会出现了"不适"。目前，出于公平竞争环境和财政收入等因素的考量，很多国家对大型数字巨头相继开征了数字服务税。这些单边措施势必会造成新的国际双重征税等问题。以20国集团和经济合作与发展组织为代表的国际组织试图实现多边主义，达成基于国际共识的解决方案。

税收是影响国际贸易和国际投资的重要因素。各国通过实行围绕减免税和低税率等政策吸引和保留流动性的国际生产要素而展开了激烈的国际税收竞争。从20世纪80年代以后，全球公司所得税税率呈现出持续下降趋势。20世纪80年代初的第一次全球税制改革就是由英国首相撒切尔和美国总统里根的英美减税带动的，以拉弗曲线效应为指导，以"低税率、宽税基"为主要特征，影响深远。最新的一次全球税制改革则是由美国总统特朗普的《减税与就业法案》的大规模降税引发的。这次减税导致了全球资本流动的格局和美国跨国公司的行为发生了重大变化，导致别国跟进的"羊群效应"。但现在，受到新冠肺炎疫情的冲击，国内外的环境巨变，美国、英国、法国等主要发达国家都提出了提高公司所得税税率的提案，全球减税的趋势可能被加税取代。

税收不仅影响了跨国公司的区位决策，而且还影响了跨国公司的融资策略，进而影响了公司的资本结构以及股利支付行为。税收更是影响跨国公司转让定价政策的关键因素，跨国公司可以利用自身的垄断优势，通过操纵价格，即转让定价的方式将跨国公司在任何一个国家的利润转移到另外一个国家。常见的是跨国公司利用两个不同税收管辖区之间的高低税率之间的差异，将其在高税辖区获得的利润转移到那些低税率，甚至没有税收的辖区，特别是那些著名的国际避税地。

过去，国际社会和各国政府主要关注跨国公司的国际避税和逃税以及管辖权的重叠造成的国际双重征税问题。而如今，在跨国公司国际化和全球化（transnational corporation），而税制则表现为国家财税主权（national taxes）的情况下，势必就产生了两者的错配，国际社会和各国政府关注的焦点也从双重征税变成了双重不征税。尤其是在 2008 年全球金融危机后各国财源不足的情况下，各国政府将开源的焦点放在了对跨国公司的逃避税造成的税收流失方面。经济合作与发展组织在 2013 年启动了税基侵蚀和利润转移项目，该项目在俄罗斯圣彼得堡得到 20 国集团的背书。税基侵蚀和利润转移就是跨国公司利用国与国之间的税制的差异和错配，人为地将其利润转移到那些不征税或少征税的国家或地区的税收筹划行为。这种行为大多数情况下是合法的，除了造成巨额的收入流失，税基侵蚀和利润转移还贬低了各国税制的完整性，损害了人们对政府的信任并造成了税负在纳税人之间不合理的配置等。由于低收入的发展中国家公司所得税在其全部税收收入的占比最高，因此，税基侵蚀和利润转移对这些发展中国家影响最大。2015年，经济合作与发展组织发布了税基侵蚀和利润转移项目的15项行动计划的最终成果。

联合国贸易与发展会议的《2021年世界投资报告》指出："全球税收格局正在转型，不仅对国际投资母国和东道国的税收产生重大影响，而且对全球投资模式、投资促进战略和可持续发展目标融资产生重大影响。"

经合组织目前正在进行的围绕对大型跨国公司征税的谈判包括两个部分：第一，从大型跨国公司向其总部和经营所在地缴税到向其销售所在地缴税的部分转变（支柱1）；第二，实行一种全球最低税（支柱2）。

这两种变化，尤其是全球最低税，都会影响全球FDI流动，因为它会按其设计增加许多跨境投资的税收成本。此外，由于这些提案的复杂性，跨国公司的纳税遵从负担以及税务机关的行政负担预计会相对较高，并带来额外的不确定性。

近期，国际税收格局正在发生巨变。2021年6月5日，7国集团围绕经济数字化下对跨国公司的课税达成了具有里程碑意义的税收协议，对特定跨国公司征税不低于15%的税率的全球最低税。目前，经济合作与发展组织/20国集团税基侵蚀和利润转移包容性框架（BEPS-IF）的139个成员中包括中国、印度等在内的130个辖区已经对15%的全球最低税率协议进行了背书。只有匈牙利、爱尔兰、爱沙尼亚等9个国家表示了反对。2021年7月5日，经济合作与发展组织秘书长已经向20国财政部长提交了包括该协议声明在内的国际税收更新。该国际税收协议可在 7 月 10 日意大利尼斯举行的 20 国集团财政部长和央行行长会议得到批准。世界 20 个最大经济体的财政部长同意继续推进设计对跨国公司征收最低税的全球税收体系的计划。20 国集团达成了"更稳定、更公平的国际税收架构的历史性协议",将结束跨国公司将利润转移到世界各地的避税天堂的情况。但许多规则的细节仍须敲定,各国(地区)将不得不制定新的法律、采用新的税收协定语言,并废除一些与之冲突的政策,要在 2023 年落实新的国际税收协议可能面临着巨大的挑战。

正如联合国报告所强调的那样,国际公司税改革可能会进一步增加国际投资者的不确定性,而这些政策可能对跨国公司的全球投资模式产生深远的影响。鉴于全球外国直接投资的现状,因此,世界各地的政策制定者须仔细设计这些新的国际税收规则,并在此过程中尽可能地提高确定性。

中国的国际税收从无到有,并随着改革开放的不断深入而日臻完善。现在我们面临的百年未有之大变局,以中国为代表的新兴经济体在国际社会中扮演着越来越重要的角色。我国也已经从单纯吸引外资为主的发展中国家逐步成为了利用外资和对外输出平衡发展的重要的新兴力量,经济增长的方式也发生了很大的转变,2020 年中国是全球第二大外国直接投资流入国,同时也是全球第一大外国直接投资流出国,投资总额达 1330 亿美元。中国的跨国公司在世界 500 强的占比越来越高,2021 年《财富》世界 500 强中中国大陆(含香港)公司数量达到 124 家,历史上第一次超过美国(121 家)。加上台湾地区企业,中国共有 133 家公司上榜。国际税收协议的签署对中国既是机遇更是挑战。中国对跨国公司征税的国际税收政策要与时俱进,在维护国家税收主权的同时,在国际税收治理中发出中国声音、贡献中国方案。

　　本书试图分析税收对跨国公司行为的影响，内容分成了 5 章。第 1 章介绍了发达国家税收管辖权属地化的发展趋势、数字税收问题和国际税收秩序的变动；第 2 章分析税收对跨国公司的外国直接投资行为的影响；第 3 章研究的是税收优惠对外国直接投资的影响；第 4 章是税收特区的政策设计问题，分析了区域性税收政策的有效性问题；第 5 章分析了国际税收合作和国际税收协调问题。本书的附录摘录了世界银行集团、国际货币基金组织、经济合作与发展组织以及联合国四大国际组织有关发展中国家如何设计和使用吸引外资的税收优惠政策的指南。

　　本成果受到中国人民大学 2020 年度"中央高校建设世界一流大学（学科）和特色发展引导专项资金"支持。

2021 年 7 月于中国人民大学

目　　录

第1章　属地税制、数字化税收与国际税收新秩序 ……………… 1

1.1　导言 …………………………………………………………… 1

1.2　美国国际税制转型与发达国家反避税趋势 ………………… 2

1.3　税收和数字化 ………………………………………………… 14

1.4　国际税收新秩序和中国的角色 ……………………………… 41

1.5　结语和建议 …………………………………………………… 45

第2章　对跨国公司课税的一般分析 ………………………… 46

2.1　对跨国公司征税的经济分析 ………………………………… 46

2.2　东道国税收对 FDI 的影响 …………………………………… 69

2.3　母国税收对 FDI 的影响 ……………………………………… 85

2.4　第三国税收对 FDI 的影响 …………………………………… 93

第3章　对外国直接投资的税收激励的经济分析 …………… 96

3.1　外国直接投资的一般理论及对东道国经济的影响 ………… 97

3.2　外国直接投资的一般理论 …………………………………… 99

3.3　外国直接投资对东道国经济的影响 ………………………… 104

3.4　外国直接投资的发展趋势 …………………………………… 107

3.5　外国直接投资的税收激励理论分析 ………………………… 110

3.6　税收激励的基本工具及作用机制 …………………………… 116

3.7 税收激励效果的评价 ··· 124

第4章 税收特区的政策设计 ·· 133

4.1 经济特区与税收特区的比较分析 ························· 135

4.2 税收特区的作用 ··· 144

4.3 政策建议和国际借鉴 ·· 151

4.4 税收协定与税收特区 ·· 167

4.5 构建与上海国际金融中心相适应的税收体系 ·········· 170

第5章 国际税收协调和合作 ·· 186

5.1 税收竞争和协调的基本原理 ······························· 187

5.2 金砖国家的税收协调和合作 ······························· 198

5.3 欧盟的税收协调 ··· 205

5.4 "一带一路"沿线国家的税收协调与合作 ··············· 210

5.5 经济合作与发展组织和二十国集团的税收协调与合作 ······ 213

5.6 结论与建议 ·· 224

附录 低收入国家有效利用对投资的税收优惠措施的选择 ·········· 227

后记 ··· 243

第1章 属地税制、
数字化税收与国际税收新秩序

经济全球化使得各国都在重新考虑自己的税收政策。跨国公司利用各国税制的漏洞和错配进行避税活动，引起了国际社会对现行国际税收制度的反思，近期所得税国际税收制度的重塑成为全球的焦点。美国《减税与就业法案》在大幅度降低公司所得税税率的同时，将公司税制的属人原则转变成为属地原则。在转向属地原则的税制过程中，为了维护本国税基，发达国家不断强化反避税措施；面对新工业革命时代商业模式数字化转变，税收领域迎来了新的机遇与挑战，多边与单边的解决方式带来了新的税收困境；随着以中国为代表的新兴国家的崛起，税收领域的国际治理体系正在发生变化，需要建立新的国际税收秩序，而中国在这一过程中发挥了重要作用。

1.1 导言

经济全球化下的国际税收竞争加速了全球公司所得税税率的下降趋势[①]，但公司所得税收入对各国财政依然非常重要。[②] 面对财政开支的压

[①] 从 20 世纪 80 年代以后，全球公司所得税税率呈现下降趋势。2018 年，全球公司所得税税率的平均值为 23.03%。见张文春《2018 年全球公司所得税税率的特征》，IMI. 财经观察，http：//finance. ifeng. com/c/7jUS6F5iM11，2019 年 1 月 15 日。

[②] 张文春. OECD 报告称过去 20 年全球公司所得税税率呈下降趋势但仍是政府主要收入来源. 中国社会科学网，http：//ex. cssn. cn/jjx/jjx_qqjjzl/201901/t20190121_4813996. html，2019 年 1 月 21 日。

力，在公司所得税的设计方面，各国政府要在创造公平的竞争环境中，完善本国的税收和征管政策，保护本国税基不受侵蚀和提高国际税收话语权方面做出选择。本文由以下几部分组成：第一部分导言，第二部分评价美国国际税收改革和经合组织等的反避税规则；第三部分简单分析了数字化下的税收挑战；第四部分阐述的是国际税收秩序重建以及中国要发挥的作用；文章的结尾给出了简要建议。

1.2 美国国际税制转型与发达国家反避税趋势

2017 年 12 月 22 日，美国总统唐纳德·特朗普签署了《减税与就业法案》（TCJA），该法案开启了自 1986 年以来美国第一次重大税制改革。该法案关于公司税的两项最重要内容：一是为了提高美国的国际税收竞争力，将公司所得税的最高税率从 35% 降到了 21% 的单一税率，使得美国公司所得税的实际税率也从 39.1% 降到了 24.9%，接近 OECD 国际公司所得税法定税率的平均值；二是将美国属人原则的公司税制变成了有条件的属地原则的公司税制。美国此次税改最主要的目的是降低跨国公司向海外转移无形资产的积极性，鼓励将无形资产相关所得汇回美国。

专栏 1-1 国际税收竞争导致全球公司所得税税率持续下降

美国税务研究基金会（Tax Foundation）的学者整理了全球 202 个国家和地区 2017 年公司所得税税率的基本信息。报告显示，国际税收竞争下全球公司所得税税率出现了明显的收敛趋势。

202 个经济体全球公司所得税法定税率的非加权平均值为 22.96%。如果按照国内生产总值加权的话，202 个经济体的公司所得税法定税率的平均值为 29.41%。

拥有最高法定公司所得税税率的前 20 个国家不平均地分布在各个地区。其中 7 个在非洲，6 个在美洲，3 个在大洋洲，欧洲与亚洲各有

2个。

法定公司所得税税率最高的 20 个经济体中，有 5 个属于美国的属地，分别是波多黎各、关岛、北马里亚纳群岛及美属维尔京群岛，分别位于第 2、第 10、第 14、第 16 位，数量占全球拥有最高法定公司所得税税率前 20 的国家及地区的五分之一。在 202 个国家和地区中，将公司所得税的法定税率由高到低，美国排在第 4 位。美国 38.91% 的税率（由 35% 的联邦法定税率和每个州征收的公司所得税税率的平均值组成）排在了阿联酋（55%）、科摩罗（50%）和波多黎各（39%）之后。

在前 20 个拥有大型经济体的国家中，印度（34.61%）和法国（34.43%）。这两个国家几乎都排在前 20 位的底部，印度排在第 18 位，法国排在第 20 位。

在排行榜的另外一端是公司所得税税率最低的 20 个国家和地区，税率低于 15%。其中最高的是塞浦路斯、爱尔兰和列支敦士登（都是 12.5%），最低的是乌兹别克斯坦（7.5%）。法定公司所得税税率为 10% 的经济体有 10 个，其中 6 个是欧洲小国（安道尔、波黑、保加利亚、直布罗陀、科索沃和马其顿）。法定公司所得税税率最低的 20 个国家中只有两个发达国家——爱尔兰与匈牙利。爱尔兰以 2003 年引入的超过 12.5% 的税率闻名于世。匈牙利在宣布将本国的公司所得税税率从 19% 降到 9% 之后，在 2017 年第一次降到了最低的 20 个国家中。

在受调查的 202 个国家和地区中，有 14 个国家和地区目前没有征收一般公司所得税。这些国家多数是那些小型的岛屿经济体。像开曼群岛和百慕大那样的大多是以没有公司税而闻名的。巴林没有一般公司所得税，但对特定的石油公司征收公司所得税。这 14 个无一般公司所得税的国家和地区包括安圭拉、巴哈马、巴林、百慕大、开曼群岛、根西岛、曼恩岛、泽西、马尔代夫、帕劳、瑙鲁、特克斯和凯科斯群岛、瓦努阿图、英属维尔京群岛。

全球各个地区之间的公司税率有非常显著的差异。非洲是所有地区中公司所得税法定税率非加权平均值最高的地区，为28.73%，而欧洲是所有地区中公司所得税法定税率非加权平均值最低的地区，为18.35%。

如果按照国内生产总值加权，北美洲公司所得税法定税率平均值是最高的，为37.1%。这其中的一个原因是，尽管该地区内有许多低税率的辖区，但美国占该地区的国内生产总值的大约82%，加上美国比较高的税率。因此对该地区的平均值有着显著的影响。欧洲拥有最低的公司所得税法定税率的非加权平均值，为25.58%。

一般来说，那些规模大、工业化程度高的国家总是比那些规模小或发展水平低的国家拥有更高的公司所得税税率。这些税率通常高于全球平均值。由全球7个最富的国家组成的7国集团的公司所得税法定税率的平均值为29.57%，加权后的平均值为33.48%。经济合作与发展组织成员国的公司所得税的法定税率的非加权平均值为24.18%，按照国内生产总值加权后为31.12%。金砖国家的公司所得税法定税率的非加权平均值为28.32%，加权后的公司所得税法定税率的平均值为27.34%。

极少的国家和地区的公司所得税税率高于35%。根据2017年202个经济体公司所得税税率的分布情况，有92个经济体的税率在20%至30%。30个经济体的公司所得税的法定税率在30%到35%。美国是仅有的5个法定公司所得税税率超过35%的经济体。此外，75个经济体的法定公司所得税税率低于20%，167个经济体的公司所得税税率低于30%。

在过去的37年间，公司所得税在全球范围内持续下降。1980年，非加权的全球公司所得税的法定税率的平均值为38.68%。到了2017年，法定税率的平均值为22.96%，在37年间降低了41%。

法定税率的加权平均值一直比同期内的简单平均值高。美国拥有相对高的税率和全球国内生产总值较高占比。全球公司所得税的法定税率的加权平均值从1980年的46.64%降到了2017年的29.41%，在这37年间下降了 37%。

与别的国家不同，美国在过去的几十年间都保持了相对稳定的公司所得税税率。仅有的一次重大变动是 1986 年的税制改革，美国联邦公司所得税法定税率从 46% 降至 40%，1988 年又进一步降为 34%。在 1993 年又将税率再次提高到 35%，并一直保持到现在。

随着时间的推移，越来越多的国家公司所得税税率降至 30% 以下。最大的转变发生在 2000 年到 2010 年，在 2010 年的时候 77% 的国家和地区征收的公司所得税税率低于 30%，在 2000 年的时候只有 42% 的国家和地区的公司所得税税率低于 30%。

在 1980 年到 2017 年，全球各个地区的法定税率的平均值都出现了净下降。下降幅度最大的是欧洲，1980 年的时候平均值为 40.5%，2017 年的时候平均值为 18.35%，降幅达到了 55%。南美洲的降幅最小，从 1980 年的 39.66% 降到 2017 年的 28.73%，只下降了 10.93%。

非洲、大洋洲和南美洲在同期内的法定税率的平均值都提高了，但在整个时期内所有地区的平均值都下降了。在平均税率提高的每一种情况下，变动相对比较小，在几十年间绝对值的变动不到一个百分点。

资料来源：美国税收基金会，2018。

另外，TCJA 拓宽了无形资产的定义，针对跨国公司规定了防范税基侵蚀的相关措施。为了防止消极所得和高流动性所得的利润转移行为，对美国跨国公司的全球无形资产低税所得（GILTI）以及其外国来源的无形资产所得（FDII）课税。另外，对在美国有子公司的外国跨国公司可以征收税基侵蚀反滥用税（BEAT）①。

为了实行属地税收制度，TCJA 包括了一项参与免税的规定。TCJA

---

① 阿威－尤纳·鲁文：美国税制改革对欧洲和欧盟公司的潜在影响，密西根大学公法研究第 606 号，https：//ssrn. com/abstract = 3193300，2018 年 6 月 9 日〔Avi－Yonah, Reuven S., US Tax Reform: Potential Impact on Europe and EU Corporations (Presentation Slides) (June 9, 2018). U of Michigan Public Law Research Paper No. 606. Available at SSRN: https://ssrn. com/abstract = 3193300 or http://dx. doi. org/10. 2139/ssrn. 3193300〕。

通过对那些公司的美国股东收取的股息给予100%的扣除，参与免税废除了对美国公司的外国利润的额外税收。此项扣除仅适用于国内公司。按照规定，要获得扣除股息的资格，美国公司需要满足下列条件：

- 拥有受控外国公司（CFC）股份的10%（投票权或价值）。
- 持有股份366天（持有期要求）。

如果收到的股息（或是任何形式的混合股息）能够在外国获得税收优惠，则不能扣除。

除了制定参与免税外，TCJA还制定了一套减少延期纳税、防范税基侵蚀行为并将投资带回美国的强有力的保护措施。这套新规则通过制定海外规定，如全球无形低税所得（GILTI）和税基侵蚀反滥用税（BEAT）以及扩大受控外国公司（CFC）规则的适用范围来保护美国的税基。①

GILTI是一种新的外国所得税类别，包括公司投资外国资产收益率超过10%的所得。每年应缴纳10.5%至13.125%的全球最低税。GILTI抵免额度仅限于80%，不能结转。这种税在F分部所得的同一个平台上运作，但它是在股东层面而不是在公司层面征收的。与F分部的计算不同，GILTI是在集团层面上计算的，当存在净所得时适用，而不适用于存在亏损的情况。GILTI是保护美国税基的最低税。使用GILTI增加了税制的复杂性，一些美国纳税人发现他们的GILTI税率远高于13.125%。

BEAT是旨在打击美国的收益剥离的资本弱化行为的税制。该税的税率为10%（2018年为5%）的修正应纳税所得额减去正常公司纳税义务（不低于零）。该税针对的是前三个纳税年度总所得至少为5亿美元的跨国公司，并由于向相关的外国公司支付导致了税基侵蚀，这些公司在会计年度内扣除总额的3%（某些金融公司为2%）。

除了新税制的永久性特点外，TCJA还征收了一项为向属地原则的制

---

① 阿威－尤纳·鲁文：美国税制改革对欧洲和欧盟公司的潜在影响，密西根大学公法研究第606号，https：//ssrn. com/abstract = 3193300，2018年6月9日。

度过渡而设立的一次性税收。其理念是，当过渡到属地原则的制度时，有必要对美国跨国公司在国外持有的所有递延所得征税。流动资产的税率为 15.5%，非流动资产的税率为 8%。该税可以分期缴纳，不考虑将美国跨国公司的递延收益遣返。从政策的角度来看，随着过渡税的产生，纳税遵从负担也随之增加。这是因为跨国公司必须确定以前征税的所得数额，并确定 1986 年以来对海外资产征收的税款数额。

2017 年，美国《减税与就业法案》规定的这些措施标志着美国公司税制向属地原则的体系迈出了很大的一步。新制度旨在保护税基、解决延期纳税问题，并为企业将投资带回美国提供激励措施。然而，所有这些变化都没有达到使现行制度比先前制度简单化的目标。但是，与其他国家相比，美国的 GILTI 和 BEAT 的方法仍不失为一种强有力的防范税基侵蚀的方法。

虽然美国这次减税产生了迫使别的国家跟进减税的外溢效应，但法案生效一年多的效果并不随人意，美国跨国公司的避税行为依然泛滥成灾。在特朗普政府的税制改革之前，跨国公司将大量的盈利保留在避税地，2016 年总额达到了 2.6 万亿美元。美国税收和经济政策中心等机构的研究表明，如果按照当时的税法规定，这些滞留在避税地的利润需要向美国缴纳税款 7500 亿美元。但在减税新政生效后的一年，世界财富 500 强中的 60 家美国公司在 2018 年没有缴纳任何所得税，国际避税地依然扮演着推手的角色。国际商用机器（IBM）、亚马逊、奈飞等都是榜上有名。[①] 特别是耐克公司近 5 年的利润翻番，承担的实际税率却大幅度下降。另外，跨国公司也没有像特朗普政府预计的那样把囤积在海外的收益遣返美国，即使遣返了一部分，也是用于本公司股份的回购。

---

① 马修·加德纳（Matthew Gardner）、史蒂夫·瓦霍夫（Steve Wamhoff）、马丽·马蒂尔罗塔（Mary Martellotta）和洛伦·罗克（Loren Roque）：实行新税法后公司避税依然猖獗，经济和税收政策研究所，https://itep.org/notadime/，2019 年 4 月 11 日。文章见 https://itep.org/wp‐content/uploads/04119‐Corporate‐Tax‐Avoidance‐Remains‐Rampant‐Under‐New‐Tax‐Law_ITEP.pdf。

专栏1-2 税收统计为跨国公司的税基侵蚀和
利润转移行为提供了新的见解

2020年8月7日，经合组织发布《公司税统计》（第二版）的新数据提供了有关总部位于26个司法管辖区，在全球100多个司法管辖区运营的近4000个跨国公司（MNE）集团的全球税收和经济活动的汇总信息。经合组织年度公司税收统计出版物中发布的数据是根据经合组织/G20税基侵蚀和利润转移（BEPS）项目下跨国公司的国别报告要求得出的主要结果。

在税基侵蚀和利润转移项目已经出现超过135个司法管辖区合作通过利用国际税收规则的差异和错配，以应对跨国公司避税策略。根据国别报告（CbCR）的要求，大型跨国公司必须在其经营所在的每个国家/地区披露有关其利润、有形资产、雇员以及纳税地点的重要信息。国别报告为税务机关提供了分析跨国公司行为所需的信息，以进行风险评估，并且随着今天匿名和汇总统计数据的发布，将支持改进的税基侵蚀和利润转移的衡量和监控。

税基侵蚀和利润转移项目包容性框架的成员管辖区已将2016年匿名和汇总的CbCR统计数据提供给经合组织。这个新的数据集包含有关跨国公司全球税收和经济活动的大量汇总数据，包括所得税前利润，已付所得税（以现金为基础），当年应计所得税，无关联和关联方收入，跨国公司的员工，有形资产和主要业务活动。

尽管数据存在某些局限性，并且无法通过一年的数据来检测税基侵蚀和利润转移行为的趋势，但新的统计数据提出了许多初步的见解：

● 报告利润的地点与发生经济活动的地点之间存在偏差，投资中心的跨国公司报告的利润份额与其雇员和有形资产的份额相比相对较高。

● 在公司所得税法定税率为零的投资中心（Investment Hub）——实际的国际避税地中，员工的收入往往会更高。

● 平均而言，投资中心的跨国公司的关联方收入在总收入中所占的比例更高。

- 不同管辖区的业务活动构成各不相同，投资中心的主要业务活动是"持有股票和其他权益工具"。

虽然统计的数据具有一定的局限性，但通过这些观察结果也可能反映出一些商业方面的考虑，它们表明跨国公司的税基侵蚀和利润转移行为非常严重，因此有必要继续解决剩余的税基侵蚀和利润转移问题，作为包容性框架正在进行的第二支柱工作的一部分应对数字化带来的税收挑战的国际努力。

经合组织的最新分析还显示，公司所得税仍然是全球各国政府税收的重要来源。2017年，占93个辖区平均税收总额的14.6%，而2000年为12.1%。在发展中国家更为重要，在非洲平均占所有税收的18.6%，在拉丁美洲和加勒比地区为15.5%，而经合组织为9.3%。

尽管在2000年公司所得税的平均税率为28.6%（基于94个司法管辖区），但这一数字在2018年已降至21.4%。只有大约20%的司法管辖区的公司税率超过2018年，为30%。这与2000年公司税率60%的辖区超过30%形成鲜明对比。

降低公司税率的原因很简单：税收是推动跨国（地区）的投资竞争力的一个因素。换句话说，通过提供较低的税率，政府的目标是在其境内吸引（外国和国内）投资。

有趣的是，尽管降低了这些税率，但各国政府越来越依赖公司税的税收收入，这标志着全球业务在增长。此外，公司税收收入的这一份额在发展中国家更为重要（发展中国家的公司税收收入对全部税收收入的贡献往往高于世界平均水平）。

《公司税收统计》（第二版）还首次收集了有关受控外国公司（CFC）规则的信息，这些信息旨在确保在母公司的管辖范围内对某些类别的跨国公司收入进行征税，以打击某些离岸公司不缴税或无限期推迟缴税的结构（税侵蚀和利润转移第3项行动计划）；以及有关利益限制规则的新数据，这些数据可以帮助理解与税侵蚀和利润转移第4项行动计划）的实施相关的进展。

资料来源：http：//www. oecd. org/tax/new – corporate – tax – statistics – provide – fresh – insights – into – the – activities – of – multinational – enterprises. htm.

在过去的 100 年中，发达国家已经从对公司收入的全球征税转向更加优越的属地原则的公司所得税制度。属地原则的税制对国内跨国公司的外国收入免征国内税。

20 世纪初，经合组织有 33 个国家建立了属人原则的税制。[①] 到 20 世纪 80 年代，这个数字逐渐下降到 24 个国家。进入 21 世纪，转向属地原则税制的国家数量加速增长，在短短 10 年内已有 10 多个国家转向了属地原则的税制体系。几乎所有发达国家都已转向属地原则的税制。进入 21 世纪以来，大多数经合组织国家的公司税制都快速转向了属地原则的税收制度，而不再采用"属人"或"全球"的税收模式。目前，在经合组织的 36 个成员国中，只有 5 个国家使用属人原则的公司税制。[②] 公司税制转向属地的目标是要减少税收对国际资本流动的阻碍，提高对跨国公司总部的竞争力，从而吸引资本和人才，达到发展经济、解决就业的目标。[③]

从发达国家来看，不确定是否存在一个"完善的"或纯粹的属地原则的税收制度。这并不是因为属地原则的税收制度有问题，而是因为对公司利润征税具有根本的挑战性。因此，各国在设计其税制时需要作出一些权衡。

属地原则的税收制度必须平衡三个相互竞争的目标：免除对外经营

[①] 从全球来看，无论是公司所得税还是个人所得税，实行地域管辖权和居民管辖权的国家和地区数量都占大部分。这是各国，尤其是发展中国家在制定税收政策时，从作为资本输入国的国家税收利益角度考虑，避免实行单一税收管辖权而造成的税收收入流失；而发达国家作为净资本输出国，其立场与发展中国家不同。

[②] 凯尔·波梅洛（Kyle Pomerleau）：属人原则的税制非常稀少了。美国税收基金会，https：//taxfoundation. org/worldwide – taxation – very – rare/2015 年 2 月 5 日。

[③] 丹尼尔·巴恩（Daniel Bunn）、凯尔·波梅洛（Kyle Pomerleau）和塞巴斯蒂安·杜纳丝（Sebastian Dueñas）：发达国家的防范税基侵蚀的规定和属地原则的税制（Anti – Base Erosion Provisions and Territorial Tax Systems in OECD Countries），https：//taxfoundation. org/anti – base – erosion – provisions – territorial – tax – systems – oecd – countries/，2019 年 5 月 2 日。

活动的国内税收；保护国内税基；简化税制。

同时完成其中两个目标是可能的。这与一项在保护国内税基的同时免除外国企业国内税收的政策是不一致的。保护国内税基与一项除了简单规则以外，免除外国企业活动的政策是不一致的。用简单规则保护国内税基的政策不适合免除外国企业的国内税收。经合组织中没有一个国家拥有一项没有限制的纯粹属地原则的税收制度。

作为建立属地原则的公司税收制度的一部分，为了保护本国税基不受侵蚀，各国制定了各自的反避税规则，确定外国利润何时可以免税、是否可以免税，还制定并加强了限制潜在利润转移的规则。

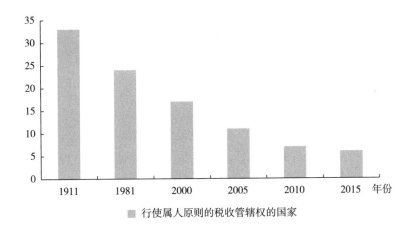

图 1－1　经合组织国家税收管辖权的变化

一般来说，属地原则的公司税制的反避税规则的措施有三个方面的内容。

首先，所谓的"参与免税"是建立属地原则的税收制度的原因。它们允许公司将从外国子公司获得的外国利润从国内应纳税所得额中排除或扣除，从而免除这些利润的国内税。相比之下，属人原则的公司税制不参与或很少参与免税，并将这些利润纳入国内税收。

在 36 个经合组织成员国中，31 个国家对股息所得提供了一些免税或扣除待遇，24 个国家对资本利得提供了免税待遇，23 个国家对两者都提供了免税或扣除待遇。

虽然大多数国家已经制定了免税规则，用于废除对外国利润征收的国内税，但这些豁免并非没有限制。经合组织各国制定了一系列规则，如持股比例、持股期限、子公司的税负水平、是否列于黑名单所在国等，来确定外国利润在汇回本国母公司时是否应纳税。

其次，受控外国公司（CFC）规则。这些规则的目的是阻止国内跨国公司使用高流动所得（利息、股息、特许权使用费等）和某些业务安排，以避免国内税务责任。他们的工作方式是确定什么是"受控"外国公司，以及何时将这些受控公司的外国所得归属于本国母公司的应税所得。

CFC 规则在整个经合组织中非常普遍。只有瑞士没有任何正式的 CFC 规则。尽管一些经合组织国家在 20 世纪 70 年代制定了 CFC 规则，但大多数国家还是根据经合组织 BEPS 项目在 2015 年提出的建议制定或修改了规则。

最后，利息扣除的限制。这些规则用于防止国内外公司使用利息支出扣除额将利润转移到低税收管辖区。虽然这些规则不会直接影响跨国公司在外国管辖区赚取的外国利润，但它们是大多数国家企业税收制度的重要组成部分，旨在防止重大的税基侵蚀。

利息扣除规则可以看作是对 CFC 规则的补充。CFC 规则仅适用于居民公司，而利息扣除限制适用于所有国内外公司。为了打击潜在的利息扣除滥用行为，各国对这些费用加以限制。在 36 个经合组织国家中，有 33 个国家对利息支出扣除进行了某种形式的限制；23 个国家采取了限制跨国公司利息扣除的资本弱化规则。近年来，各国引入了更广泛的利息扣除限制。这些限制有时被称为"收益剥离"规则，并将利息扣除额限制在设定的所得百分比内。其中 20 个国家有这些规则。例如，英国将公司利息扣除额限制为扣除利息和税款前收益（EBITDA）的 30%。该标准由经合组织在 BEPS 项目中制定，并通过要求所有欧盟成员国落实反避税指令（ATAD）而成为强制性标准。

尽管参与免税、CFC 规则和利息扣除限制是属地原则的税收制度和反税基侵蚀政策的主要支撑点，但一些国家还有另外一套防范税基侵蚀的规则。许多相关政策都是最近才颁布实施的，其中一些新规定是为了落实经合组织税基侵蚀和利润转移项目成果而制定的。例如，各国已开始采用国别报告制度（CBC），这要求企业向税务机关报告利润、销售额、员工人数以及在其经营的每个国家缴纳的税款等信息。英国①、澳大利亚②、德国③等许多国家也引入了一些独特的防范税基侵蚀的规定。

2016 年 1 月，欧盟（特别是欧盟理事会）提出了一项建议，为创造公平的竞争环境，将一些防范税基侵蚀措施纳入欧盟成员国税收制度，这就是欧盟反避税指令（ATAD）。该反避税指令针对直接影响欧盟市场运作的避税行为制定了规则。该反避税指令中防范税基侵蚀和利润转移的措施包括：（1）离境税收规则：旨在防范通过资产转移或为了寻求更优惠的待遇，没有缴纳税款的情况下将企业从一个国家转移到另一个国家的其他策略的避税行为。（2）CFC 规则：旨在防止公司通过对其在国

① 2015 年，英国引入了利润转移税（DPT，通常被称为"谷歌税"，旨在针对大型跨国公司的避税行为。这项政策基本上是英国所有其他防范税基侵蚀规则的税基，旨在针对税务机关认为滥用的特定交易。在英国，税收的应用是复杂的，在性质上有点主观。DPT 对从英国税基人为转移的应税利润采用 25% 的税率。在某些情况下，企业已经改变了缴纳英国企业税的结构，以避免缴纳 DPT。

英国在 2018 年针对位于避税地的知识产权引入了单独的征税方法。本政策适用于在公司税率低于英国税率 50% 的国家，销售所得超过 1000 万英镑的外国公司。受该政策约束的企业需要就其知识产权所得缴纳英国公司税。如果在海外所在地有足够的商业实质活动，或者英国与该司法管辖区签订了包括非歧视条款的双重税收协定，该海外所得就可以获得免税待遇。

② 澳大利亚有一项附加的防范税基侵蚀的规定，名为《跨国反避税法》（MAAL），该规定允许澳大利亚税务局在某些情况下处以最高为被避税金额 120% 的罚款。MAAL 自 2016 年起生效，适用于重要的全球实体（SGE）。SGE 是指全球所得在 10 亿澳元或以上的跨国企业，或者是一个跨国集团的一部分，全球所得在 10 亿澳元以上的实体。MAAL 处罚适用于那些为套取澳大利亚税收优惠和外国税收优惠而设立的业务机构或交易安排。

自 2017 年起，澳大利亚已开始征收利润转移税（DPT）。与 MAAL 一样，澳大利亚 DPT 也适用于 SGE。DPT 适用于通过不反映经济实质的安排从澳大利亚企业税基中转移的利润的 40% 的罚款率。与英国一样，澳大利亚的 DPT 被设计成对商业行为的严厉惩罚，导致公司税的税率低于税务机关认为适当的税率，或者完全避免纳税。

③ 2017 年，德国引入了一项特许权使用费壁垒规则。该规则规定，如果集团内部交易支付的特许权使用费导致集团的有效税率低于 25%，该规则否认这些款项的可扣除性。但是，当特许权使用费的接收者属于 CFC 规则的适用范围时，则不适用特许权使用费壁垒。

际避税地的子公司征收消极所得或高度流动所得税来转移应纳税所得。（3）混合错配规则：旨在防止公司通过不同司法管辖区的立法从不同的交易法律和税务处理中获得利益。（4）一般反避税规则：旨在允许税务机关分析商业安排的最主要目的。（5）利息扣除规则：旨在限制允许的利息扣除，避免资本弱化和收益剥离，并控制使用利息在没有纳税的情况下将利润从一个国家转移到另一个国家。

按照欧盟的要求，ATAD 措施于 2019 年 1 月实施，欧盟国家正在继续努力使该指令成为本国税收制度的一部分。

1.3　税收和数字化

数字化对税收有着广泛的影响，影响着国内和国际层面的税收政策和税收管理，为税务机关提供了新的工具，同时也带来了新的挑战。从历史视角看，数字化的税收问题经过了从对软件征税、电子商务的税收问题、数字化经济的税收挑战到如今的经济数字化的税收困境等历程。[1] 数字经济的税收挑战似乎在多个层面上得到了解决。一方面，各国在经合组织（OECD）的支持下共同努力，就数字化商业世界的新国际税收规则达成共识，跨国公司的利润应该由产生利润的经济活动发生地和价值创造地所在国（地区）征收。[2] 但另一方面，一些国家正通过在本国层面的单边行动方案来破坏这一进程。[3] 中间层面则是美国威胁要对那些单方面行动的国家采取法律行动。

应对数字经济的税收挑战是经合组织税基侵蚀和利润转移工作（BEPS）的一个关键方面。税基侵蚀和利润转移项目的主要目的是让那

---

① 经合组织（OECD）：关于资本和所得的税收协定范本（全文版），2019 年 4 月 25 日。OECD（2019），Model Tax Convention on Income and on Capital 2017（Full Version），OECD Publishing，Paris，https：//doi. org/10. 1787/g2g972ee - en。

② 经合组织（OECD）：税基侵蚀和利润转移行动计划，2013 年 3 月。http：//www. oecd. org/tax/beps/beps - actions. htm。

③ 丹尼尔·巴恩（Daniel Bunn）：数字税收浪潮（A Wave of Digital Taxation）。https：//tax-foundation. org/digital - taxation - wave/，2018 年 11 月。

些主要是在 20 世纪 50 年代设计的公司税收规则适应全球化和日益数字化的世界。在国际贸易背景下，国界变得几乎毫无意义，100 年前的税制已经过时了；税基侵蚀和利润转移项目就是要解决利用这一过时的税制造成的高达 1000 亿—2400 亿美元的纳税缺口①，防止广泛（但很大程度上是合法的）跨境交易避税。该项目于 2013 年启动，经合组织发布了一套税基侵蚀和利润转移项目 15 项行动计划，两年后的 2015 年 10 月发布了最终建议。第 1 项行动计划报告"应对数字经济的税收挑战"承认了数字化及其引发的一些商业模式是国际税收面临的重要挑战。

专栏 1-3 税基侵蚀与利润转移

税基侵蚀和利润转移（BEPS）是指跨国企业利用各国税制之间的差异和错配，人为地将利润转移到那些没有税收或实际税负水平比较低的国家和地区的一种税收筹划策略。国际税收关注的问题从国际双重征税转移到了 BEPS 造成的双重不征税。鉴于发展中国家对公司所得税的依赖性更高，这意味着它们遭受了税基侵蚀和利润转移的更加严重的困扰。由于税基侵蚀和利润转移造成的收入损失每年为 1000 亿美元到 2400 亿美元。

BEPS 是 20 国集团（G20）领导人在 2013 年圣彼得堡峰会委托经济合作与发展组织（OECD）启动实施的国际税收改革项目，旨在修改国际税收规则、遏制跨国企业规避全球纳税义务、侵蚀各国税基的行为。其一篮子国际税改项目主要包括三个方面的内容：一是保持跨境交易相关国内法规的协调一致；二是突出强调实质经营活动并提高税收透明度；三是提高税收确定性。目前，超过 135 个国家和地区的经合组织和 20 国集团（OECD/G20）税基侵蚀和利润转移项目包容性框架正在采取 15 项

---

① 经合组织（OECD）：税基侵蚀和利润转移包容性框架：全球问题的全球方案（Inclusive Framework on BEPSA global answer to a global issue）。http：//www.oecd.org/tax/flyer - inclusive - framework - on - beps.pdf，2018 年 7 月。

措施进行合作，以解决避税、提高国际税收规则的协调一致并确保一个更透明的税收环境的实现。

BEPS 是指税收计划策略，该策略利用税收规则中的差距和不匹配之处，将利润人为地转移到经济活动很少或根本没有的低税率或无税地点，或者通过诸如利息或特许权使用费的可抵扣付款侵蚀税基。尽管使用的某些方案是非法的，但大多数是合法的。这破坏了税收制度的公平性和完整性，因为跨境经营的企业可以使用 BEPS 来获得与境内经营的企业相比的竞争优势。此外，当纳税人看到跨国公司在法律上规避所得税时，会损害所有纳税人的自愿遵守原则。

BEPS 对发展中国家具有重要意义，因为它们严重依赖公司所得税，特别是跨国企业的所得税。发展中国家参与国际税收议程对于确保它们获得特定需求的支持并能够有效参与国际税收标准制定过程至关重要。

该税基侵蚀和利润转移项目提供了 15 项行动计划，便于各国政府的国内和国际工具应对避税需要。各国现在拥有产生利润的经济活动和创造价值的确保对利润征税的工具。这些工具还可以减少与国际税收规则的适用有关的争议，并使合法要求标准化，从而为公司的行动计划提供更大的确定性。

OECD 和 G20 以及正在参与实施 BEPS 方案的发展中国家和反BEPS 国际标准的持续发展，正在建立现代国际税收框架，重塑国际税收秩序，以确保在发生经济活动和价值创造时对利润征税。包容性框架正在积极开展工作，以支持所有兴趣以一致和连贯的方式执行和适用国际税收规则的国家，特别是那些需要急需提升建设能力的发展中国家。

2015 年 10 月 5 日，经合组织发布了最终的 15 项行动计划，OECD/G20 BEPS 项目制定以下 15 项行动计划使各国政府具备了应对国际避税的国内和国际规则与工具，确保了各国可以在产生利润的经济活动地和价值创造地对跨国公司的利润征税。这些成果已由 2015 年 10 月 8 日

G20 财长与央行行长会议审议通过，并于 11 月 G20 安塔利亚峰会由各国领导人背书。

15 项行动计划成果的完成，为国际税收领域通过多边合作应对共同挑战提供了良好范例。世界主要经济体在共同政治意愿推动下，通过密集的多边谈判与协调，在转让定价、防止协定滥用、弥合国内法漏洞、应对数字经济挑战等一系列基本税收规则和管理制度方面达成了重要共识。这些成果和一篮子措施的出台，标志着百年来国际税收体系的第一次根本性变革取得了重大成功。国际税收规则的重构，多边税收合作的开展，有利于避免因各国采取单边行动造成对跨国公司的双重征税、双重不征税以及对国际经济复苏的伤害。

第 1 项行动计划《应对数字经济的税收挑战》

第 2 项行动计划《消除混合错配安排的影响》

第 3 项行动计划《制定有效受控外国公司规则》

第 4 项行动计划《对利用利息扣除和其他款项支付实现的税基侵蚀予以限制》

第 5 项行动计划《考虑透明度和实质性因素，有效打击有害税收实践》

第 6 项行动计划《防止税收协定优惠的不当授予》

第 7 项行动计划《防止人为规避构成常设机构》

第 8—10 项行动计划《无形资产转让定价指引》

第 11 项行动计划《衡量和监控 BEPS》

第 12 项行动计划《强制披露规则》

第 13 项行动计划《转让定价文档和国别报告》

第 14 项行动计划《使争议解决机制更有效》

第 15 项行动计划《制定用于修订双边税收协定的多边协议》

在上述 15 项行动计划中，除了第 1 项行动计划——《应对数字经济的税收挑战》的解决方案就增值税问题提出建议外，其余 14 项行动计划主要涉及所得税。

　　BEPS 最终报告的 15 项行动计划成果中包含的建议反映出参与国达成的共识，可根据其约束性大体分为三个类别：最低标准（Agreed Minimum Standards）、强化标准（Reinforced International Standards）和最佳实践（Best Practices）。未归类至上述三类的产出成果也包括第 1 项行动计划、第 11 项行动计划和第 15 项行动计划的分析报告。在与 BEPS 最终报告一并发布的解释性声明中，经合组织描述了在采纳不同类型的建议时各参与国所作承诺的性质。

　　最低标准：OECD 和 G20 的所有成员国承诺一致落实施行最低标准的行动计划包括第 5、第 6、第 13 和第 14 项行动计划。由于某些国家对于税基侵蚀和利润转移问题的不作为，可能对其他国家带来负面影响（包括对竞争力的负面效应），参与国针对这些行动计划商定了最低标准，并同意就择协避税、争议解决、有害税收实践标准的应用以及国别报告要求的实施方面的最低标准接受针对性的监督。因此，归类为最低标准的行动计划约束性最强。

　　强化标准（修订现有的国际规则）：对于 BEPS 第 7 项行动计划——《防止人为规避构成常设机构》和 BEPS 第 8—10 项行动计划——《无形资产转让定价指引》，现行的经合组织范本/指南，即经合组织税收协定范本第 5 条（常设机构）和经合组织转让定价指南（2017）第 9 条，已经重新进行了修订并将得以实施。然而经合组织指出，并不是所有 BEPS 参与国都认同税收协定/安排或转让定价的基本标准。

　　最佳实践：对于基于最佳实践的行动指南（包括第 2、第 3、第 4 和第 12 项行动计划），参与 BEPS 项目的各个国家已同意采取总体一致的税收政策方向，但是各国可自由评估各项行动计划中最适合各国当前税制和税务竞争力战略的实施措施，并从中作出选择。因此，归类为最佳实践的行动计划是推荐使用的，约束性相对较低。但是，预计各国实施措施将逐步趋同，届时，经合组织再考虑是否在将来把这类措施设为最低标准。

　　正如经合组织在税基侵蚀和利润转移项目第 1 项行动计划的最终报

告《解决数字经济的税收挑战》① 中所观察到的那样，问题在于数字经济的许多关键特征，特别是与流动性相关的特征，会引起税基侵蚀和利润转移，从而对直接税和间接税带来冲击。

自2013年税基侵蚀和利润转移项目启动以来，经合组织一直认为，随着数字经济越来越成为已经从数字经济变成了经济数字化，解决这一挑战应该改变现有的税收规则，而不是引入特殊的"数字税"。经合组织于2018年3月发布了围绕这一主题的"中期报告"②，在2015年第1项行动计划报告的基础上，该中期报告对各种不同数字化商业模式的价值创造进行了深入分析，并描述了数字市场的主要特征。报告在高度数字化的商业模式中频繁观察到了三个特征：（1）大规模非实体；（2）对无形资产的依赖；（3）数据和用户贡献。此外人们还认识到，这些特征随着数字化的推进，将成为更多企业的共同特征。报告提出要在2020年前制定出全球能够接受的一致性的方案。但一些国家正在沿着完全不同的单边路线前行。

经合组织在2015年10月发布其税基侵蚀和利润转移项目的最终建议后，很长一段时间内仍在努力试图解决数字税收问题，这证明了该问题的挑战性有多大。然而，该组织的数字工作组仍致力于发布2020年数字经济税收的新建议。在2019年1月23日至24日，由125个国家和地区的税基侵蚀和利润转移包容性框架举行的会议上重申了这一目标。

2019年1月29日，该框架发布了一份"应对数字化的税收挑战"的"政策说明"。第一个支柱将聚焦在如何在不同辖区间对跨国公司所得划分征税权的现有规则，包括传统转让定价规则和独立企业原则。现有的规则可以修改，但要考虑到数字化给世界经济带来的变化。这需要

---

① 经合组织（OECD）：应对数字经济的税收挑战，税基侵蚀和利润转移项目第1项行动计划，2015年10月5日。OECD（2015），Addressing the Tax Challenges of the Digital Economy, Action 1 – 2015 Final Report, OECD/G20 Base Erosion and Profit Shifting Project, OECD Publishing, Paris, https：//doi. org/10. 1787/9789264241046 – en。

② 经合组织（OECD）：源于数字经济的税收挑战的中期报告，2018年3月16日。OECD（2018），Tax Challenges Arising from Digitalisation – Interim Report 2018: Inclusive Framework on BEPS, OECD/G20 Base Erosion and Profit Shifting Project, OECD Publishing, Paris, https：//doi. org/10. 1787/9789264293083 – en。

重新探讨联结规则和规定了应划分给在那里开展经营活动企业的利润的规则。包容性框架将基于营销无形资产、用户贡献和重要的经济存在的这些概念，以及这些概念如何被用于实现国际税收制度的现代化、解决数字化的税收挑战的各种方案。

第二个支柱旨在解决剩余的税基侵蚀和利润转移问题，并将探索两套旨在为那些对所得不征税或只征收很低的税收的辖区提供补救措施低的规则。包容性框架已在一份更详细的咨询文件中阐明了这些建议，并征求了公众建议，以确保从所有利益相关者的意见中受益。经合组织秘书长计划于2019年6月在日本福冈召开的20国集团财长会议上，提供有关包容性框架基于长期方案达成协议的进展情况的最新情况。

自2018年以来，许多欧盟国家一直在对跨国数字化公司的所得征收特别税。尽管欧盟没有采取统一的方法，奥地利、法国、英国和西班牙等十几个国家已经实施或起草了单边立法来对数字企业征税。① 这些提案的政治目标是对那些尽管没有实体存在但仍有所得的国家的数字化企业征税。与其他防范税基侵蚀的规定不同，这些税收只针对包括数字广告、在线市场和在线平台的用户数据销售的特定网络公司（大部分是美国企业）。因此，美国政府对法国和其他国家提出了对数字税方案的严厉批评。另外，鉴于部分成员国对欧盟临时数字服务税的阻挠，欧盟取消了数字服务税方案。同时，澳大利亚也拒绝开征数字服务税。

2019年2月，经合组织开始着手解决数字经济的税收挑战，这一挑战有两个独立的支柱。② 第1个支柱旨在重新设计国际税收规则，以改变跨国公司的纳税情况；第2个支柱包括提出全球最低税和基于防范税基侵蚀的税收建议。许多国家在经合组织2015年提出的BEPS建议后，

---

① 陈㓥，何杨：《经济数字化国际税收问题研究》，国家税务总局课题报告，讨论稿，2018年12月25日。

② 经合组织（OECD）：经合组织就解决数字化的税收挑战的可能方案征求公众建议（OECD invites public input on the possible solutions to the tax challenges of digitalisation）。http：//www.oecd.org/tax/beps/oecd - invites - public - input - on - the - possible - solutions - to - the - tax - challenges - of - digitalisation.htm，2019年2月19日。

采用了更严格的 CFC 规则或利息扣除限制。第 2 个支柱的政策将是各国更强有力的防范税基侵蚀和利润转移的工具。

OECD 报告指出，税收政策制定者正在努力制定规则，为促进投资和增长的企业提供确定性，同时也承认，我们周围的世界不断快速变化，而且经常以难以预计的方式变化。税务机关有许多新的机会来简化纳税人的税制和提高效率。然而，数字化转型也带来了一些新的威胁。我们的税制如何应对数字化转型带来的变化，如何避免潜在风险，是一个关键的挑战。鉴于数字化的影响，对国际税收规则的检讨将是一项重要内容，对跨国公司和政府以及税制的未来都有重要影响。我们期待经合组织在 2020 年年终以前完成一套最终的数字化税收方案。①

OECD 作为全球国际税收规则的主要制定者，通过研究提出的 BEPS 行动计划对于各国政府来说虽然没有强制执行力，但是在解决经济数字化环境下的税收问题方面有着重要的借鉴意义。在经济数字化背景下，经济的发展越来越全球化，各国为了自身利益在以后的税收谈判中获得先机，都在积极推进本国财税制度改革，化解数字化企业利用市场优势避税的难题，着力解决增值税缺口等问题，都在尝试用单边措施去应对经济数字化带来的税收挑战。本章重点介绍 2019 年 5 月 31 日 OECD 发布的工作计划双支柱方案（Pillar 1 and Pillar 2）中，关于国际税收管辖权的最新成果，这些成果已经触及了运行百年的国际税收秩序。同时，也梳理了近期各国应对数字经济化、保护本国的税收管辖权而采取的单边措施。

1.3.1　OECD 探讨提出全球统一解决方案

OECD 发布的工作计划包含两个支柱，支柱 1 指向税收管辖权的划分，修订利润分配规则与联结度规则，形成新的国际税收概念，包括"新课税权""市场辖区""新的应税存在"和"新的应税来源"。支柱 2 指向剩余的 BEPS 问题（Remaning BEPS Issues），解决全球反税基侵蚀问

① 税收新闻网编辑（Tax‐News.com Editiorial）：数字税的困惑（The Digital Tax Pluzzle）。https：//www.tax‐news.com/features/The_Digital_Tax_Puzzle__595231.html，2019 年 4 月 8 日。

题，会形成全球最低税、税基侵蚀支付征税等两类税收政策。由于支柱1主要回答经济数字化时代跨境交易所得应该由谁征税的问题，可能会彻底颠覆现有的传统税收管辖权规则，本文将会重点描述。

1.3.1.1 新利润分配规则

OECD于2019年2月在咨询文件中对用户参与、营销型无形资产、显著经济提出了三个建议，这三个建议都是针对因没有物理存在而无法实施有效课税的现实。文件认为需要重新分配课税权（形成新课税权），将更多的课税权分配给用户消费者所在的辖区，即形成市场辖区的概念。新的利润分配规则考虑的是如何将适用于新课税权的利润额合理地分配给不同的市场辖区的问题。工作计划给出了三种建议方法，分别是修正后的剩余利润分割法、部分分配法、以分销为基础的方法。

（1）修正后的剩余利润分割法

不同于传统的利润分配法，修正后的剩余利润分割法首先将利润分为常规利润和非常规利润。其中常规利润按照现有的税收规则来进行分配，征税权属于功能和经济活动发生地，非常规利润分配给各个市场辖区。使用该方法的时候，首先要确定一个利润总额，在总利润中减去常规利润，其次是确定非常规利润归属于新课税权的部分，最后按照分配要素将归属于新课税权部分的利润分配给各市场辖区。如图1-2①所示更能清楚地表明上述分配利润的过程。

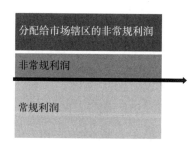

图1-2 修正后的剩余利润分割法的利润分配过程

---

① 根据2020年2月13日OECD发布的"双支柱"方案收入影响测算的PPT绘制而成。

工作计划显然也意识到了该方法需要哪些配套政策进行辅助，进而列出了一些政策选项。第一个问题是跨国集团的总利润如何计算以及报表如何合并。不同国家的会计政策各不相同，是否统一采用国际会计准则？利润总和的核算基础是整个集团还是单个实体？第二个问题是常规利润和非常规利润的划分规则，常规利润采用什么税收规则，是按照传统的还是重新设计一个简化的？将归属于新课税权的部分的利润分配给各市场辖区的时候，需要考虑的分配因素有哪些以及权重如何确定？

（2）部分分配法

部分分配法首先确定要分配的利润有哪些，其次确定分配要素，最后将利润分配至各市场辖区。该方法不区分常规与非常规利润，而是将一部分利润分配至各辖区。在确定要分配的利润时，OECD 给出了三种方法：采用传统的转让定价规则确定的销售实体的利润总和、本地销售额加上一个全球利润区间、参考集团或者业务线的总利润水平。分配要素暂时考虑的因素有员工数、用户数量、资产、销售收入。

（3）以分销为基础的方法

这是一种简化的方法，主要针对那些开展营销、分销活动的企业。首先是根据行业、市场情况、跨国集团本身利润水平等确定基准利润率，然后按照基准利润率确定分配至各辖区的利润数额。比如，一家美国企业为了在日本开展分销活动支出 100 美元，日本采用以分销为基础的方法，以 100 美元的支出为基础，设置 10% 的基准利润率，则税基为 $100 \times 10\% = 10$ 美元。

三种方法没有拘泥于传统的可比非受控价格、利润分割、成本加成法，而是采用了新的概念，加入了新课税权和市场辖区的思想。值得注意的是，这三种方法是新加入的方法，并没有取消或者替代传统的方法，而是与其并行。新旧两套方法的并行在一定程度上有利于各国达成共识，但是新规则适用的范围如何确定，行业或者业务线如何细分，企业亏损如何弥补，支柱 1 和支柱 2 的关系以及如何协调，这些都是需要考虑的。

1.3.1.2 新联结规则

前文提到，传统的居民税收管辖权标准未必正确反映了数字型企业与征税国之间的经济联系，新联结度规则（Nexus）正是为了解决这个问题而诞生。基于BEPS"价值创造"原则，该规则打破了传统物理条件存在的限制，只要企业在某市场辖区内创造了价值，该市场辖区就有权依据新联结度规则和新利润分配规则行使征税权。具体落实上，OECD也给出两种选择：一是修改国际税收协定关于常设机构的认定标准。如果跨国企业远程、持续、显著参与某一辖区内的市场经济活动，就可以认定构成了新型常设机构，可以依据新利润分配规则进行征税。持续、显著参与某一辖区的市场经济指标，可供选择的是：具有连续性的当地收入、用户参与程度等。二是在国际税收协定中增加一条独立的条款，赋予市场辖区新的课税权，为此界定一个新的概念"应税存在"，还要明确应税存在和传统常设机构之间的区别。但是在2019年10月公布的提案中表示，为了避免新联结度规则的设计对现行税收协定条款产生影响，明确提出将引入新的独立条款（采用第二种方案）。

1.3.1.3 第一支柱"统一方法"提案

2019年10月9日，OECD公布了以"新利润分配规则和联结规则"为第一支柱的"统一方法"提案，内容包含三项[①]：（1）在适用范围上，提案主要关注全球范围内大型高度数字化企业和面向消费者的业务，如中介平台、在线广告、B2C、B2B，明确排除了对采掘业与大宗商品征税，某些特定部门如对金融服务业是否征税还在考虑之中。（2）对于新利润分配规则，提案使用了三级营业利润的分配机制。（3）指出新联结制度规则是为了解决在某一市场辖区内未设置实体或者仅有有限实体存在的、高度数字化的企业行为。为了避免

[①] 阿里研究院，全球数字经济税收动态，2019年11月26日。

新联结度规则的设计对现行税收协定条款产生影响，明确提出将引入新的独立条款。

1.3.2　各国针对数字经济税收问题采取的单边行动

截至 2021 年 1 月 15 日，按照毕马威会计师事务所发布的统计信息，全球 82 个经济体颁布有关数字经济征税的间接税（特别是增值税或者商品和服务税）立法措施，11 个经济体公布了数字经济的间接税领域的立法草案或在征求公众意见和建议。在对数字经济征税的直接税（特别是数字服务税、预提所得税和常设机构）措施方面，已经有 25 个经济体颁布了立法，4 个经济体公布了立法草案或正在征求公众建议，9 个经济体表示有意落实对数字经济征税，3 个经济体拒绝对数字经济征税（埃及、智利和德国），7 个经济体在等待全球解决方案。① 全球 40 多个国家已经宣布、提议并在某些情况下已经实行了数字服务税。数字服务税最初是作为欧盟区税收提出的，现在却是各个大洲都在推行的单边措施。在欧盟提出数字服务税方案之前，已经有一些国家推出类似单边措施，例如印度均衡税、匈牙利广告税②等。

1.3.3　开征数字服务税立场的比较

根据对数字服务税立场的差异（见表 1 - 1），我们可以将各国分为三个阵营③：

---

① https：//tax. kpmg. us/content/dam/tax/en/pdfs/2020/digitalized - economy - taxation - develop-
ments - summary. pdf.

② OECD. Tax Challenges Arising from Digitalisation - Interim Report 2018：Inclusive Framework on
BEPS，2018.

③ 值得注意的是，阵营成员并非固定不变的。比如波兰在美国压力下由支持开征数字服务税到放弃数字服务税。智利改数字服务税方案为征收增值税方案。而丹麦是由反对数字服务税变成支持开征数字服务税。

表 1 - 1   世界各国对数字服务税的立场差异

态度	代表国家	目前进度
支持	法国、英国、意大利、印度、奥地利、土耳其、匈牙利、突尼斯	成功立法
	西班牙、捷克、比利时、斯洛伐克、斯洛文尼亚	立法阶段
	加拿大、新西兰、以色列、拉脱维亚、丹麦（由反对变为支持）	声明引入
	波兰（放弃数字服务税）、智利（改成征收增值税方案）	放弃提案
反对	美国、德国、瑞典、爱尔兰、卢森堡、芬兰、马其他	
中立	非欧美发达国家或绝大部分发展中国家	

资料来源：毕马威会计师事务所 KPMG，"Taxation of the digitalized economy" ［EB/OL］. （2020 - 03 - 21）［2020 - 04 - 27］. https：//tax. kpmg. us/content/dam/tax/en/pdfs/2020/digitalized - economy - taxation - developments - summary. pdf。

第一阵营：支持开征数字服务税。目前支持开征数字服务税的原因主要有以下几点：一是落实经合组织和 20 国集团的税基侵蚀和利润转移项目的成果，推动国际社会尽快就解决数字经济时代下价值创造地和利润征税地错配问题达成共识；二是维护税收公平，打击恶意税收筹划，为国内外所有企业提供公平的竞争环境①；三是增加财政收入，缓解预算赤字压力。

第二阵营：反对开征数字服务税。从反对的原因来看，这些国家可以进一步分为三种类型：一是数字企业居民国，主要是美国。数字服务税的纳税人主要为谷歌、亚马逊、脸书和苹果等美国高度数字化的公司，所以数字服务税自提出以来，一直遭到美国的坚决反对。二是低税率国，包括爱尔兰、荷兰、卢森堡和马其他等②。此类国家通过低税率吸引跨国数字公司投资，并因其巨额营业利润和创造大量就业而受益。然而，数字服务税将严重降低低税率国吸引外资优势，因此数字服务税遭到低税率国强烈反对。三是提倡国际多边协商、反对单边措施的国家，主要

①　根据欧盟委员会的相关报告估计，数字公司在欧盟地区的平均有效税率为 9.5%，而欧盟传统公司有效税率为 23.2%。

②　Netherlands and Luxembourg join Ireland as wary of digital tax ［EB/OL］. ［2018 - 03 - 23］ ［2020 - 04 - 27］. https：//www. irishtimes. com/news/world/europe/netherlands - and - luxembourg - join - ireland - as - wary - of - digital - tax - 1. 3437129.

包括德国①、瑞典和芬兰②等。反对原因主要有三点：一是担心招致美国惩罚性措施报复，损害本国经济；二是数字服务税可能会推动征税权更多赋予市场所在国；三是征管成本高、税收收入有限。

第三阵营：持中立态度。关于数字服务税之争，目前主要在欧美发达国家之间。非欧美发达国家或绝大部分发展中国家由于主要精力放在反避税，或者自身数字经济发展水平有限，因此对数字服务税采取中立态度。

1.3.4　欧盟的数字服务税

2018 年 3 月，欧盟委员会提出了一项建议，即建立允许对具有显著数字化存在的企业征税的规则。虽然这是该项提议的长期目标，但它也提出了一项数据测试，作为一项临时措施，在显著数字化存在规则到位之前实施。

欧盟委员会（EC）提议对在线广告服务的收入、数字中介活动的收入或收入以及用户销售征收 3% 的临时数字服务税（DST）收集的数据。全球年度收入超过 9.15 亿美元（7.5 亿欧元），而欧盟范围内应税收入超过 6100 万美元（5000 万欧元）的公司将须缴税。尽管最初的提案在欧盟层面遭到拒绝，但一些欧盟国家和非欧盟国家已将 DST 视为筹集收入的有效途径，并在欧盟提案之后提出了本国的拟议的 DST。

作为回应，美国威胁要征收报复性关税，理由是欧盟的 DST 不公平地针对美国跨国公司（MNC）。虽然只有一部分企业将立即受到 DST 的约束，但如果关税生效，将有更多企业受到影响。

欧盟的数字服务税将对来自数字广告、网络市场和在欧盟产生的用户数据销售的收入征收 3% 的税，如果企业的全球年收入超过 7.5 亿欧

---

① 金方剑. 数字经济税收问题的第三条改革道路：对全球"最低有效税率"方案的研评 [J]. 国际税收，2019（5）.

② Global cooperation is key to address tax challenges from digitalization [EB/OL]. [2018 - 06 - 01] [2020 - 04 - 27]. digitalizationhttps：//www. government. se/statements/2018/06/global - cooperation - is - key - to - address - tax - challenges - from - digitalization/.

元（8.4 亿美元）和在欧盟收入超过 5000 万欧元（合 5600 万美元），那么企业就在征税范围内。这项税收预计每年为欧盟成员国带来 50 亿欧元（合 56 亿美元）的收入，相当于 2018 年欧盟税收总额的 0.08%。

欧洲联盟委员会无法为有待通过的提案找到必要的一致支持。然而，它表示，如果经合组织不能达成协议，它将恢复对数字经济的征税。欧洲再次发起了数字服务税的咨询，将其收入作为欧盟的自有财源。欧盟委员会于 2021 年 1 月 14 日要求就即将到来的全欧盟数字征税提案的设计提供反馈，并发布了影响评估报告。在 2020 年 7 月 21 日的结论中，欧洲理事会责成欧洲委员会提出数字税。目的是在 2023 年引入税收。欧盟委员会表示，欧盟需要一个现代化、稳定的监管和税收框架，以应对数字经济的发展和挑战。虽然欧盟认为应该促进和鼓励数字化，因为它可以提高生产力并惠及消费者，但数字公司也应该为社会贡献自己的公平份额。欧盟委员会表示，开征数字税就是为了解决数字经济的公平税收问题。

2021 年 1 月 19 日，欧盟委员会常务副主席多姆布罗夫斯基斯在欧洲经济与财政部长理事会（ECOFIN）新闻发布会上讲话时表示，欧盟将进一步致力于推行数字税和可持续财政政策。欧盟即将发布 21 世纪的工商税收通讯，概述我们关于数字和企业税收的议程的下一步，随后欧盟将在 2021 年中提出数字税的方案。

1.3.5　单边数字服务税

由于欧盟委员会未能就欧盟范围内的数字服务税达成一致，几个欧洲国家已决定单方面推进数字服务税。此外，欧洲以外的国家也实行数字服务税。虽然每个国家的数字服务税在设计上都是独特的，但大多数国家都采用了欧盟数字服务税提案中的几个基本要素。以下四个国家（法国、英国、奥地利和印度）是实施了具有多种设计要素的数字服务税的典范。

法国

法国于 2019 年 7 月推出数字服务税，追溯至 2019 年 1 月适用。数字服务税对数字接口服务、定向在线广告以及为广告宣传收集的用户数据销售产生的总收入征收 3% 的税。如果全球收入超过 7.5 亿欧元（合 8.4 亿美元）和 2500 万欧元（合 2800 万美元），该公司就在征税范围内。据估计，这项税收每年将带来 5 亿欧元（合 5.6 亿美元）的收入——占法国企业所得税的 1.01%，占 2018 年全部税收收入的 0.05%。

在法国采用数字服务税后，美国贸易代表展开了 301 调查，调查法国数字服务税是不是对美国企业的歧视性税收。调查者认为这项税收具有歧视性，并提议征收报复性关税。为防止被课征报复性关税，法国同意于 2020 年延缓征收数字服务税（尽管纳税义务发生在 2020 年），因为经合组织希望在 2020 年年底前达成协议。

英国

英国的数字服务税于 2020 年 4 月生效，第一笔付款将于 2021 年 4 月到期，对来自社交媒体平台、互联网搜索引擎和网络市场的收入征收 2% 的税收。与其他提议不同的是，该税包括对第一笔 2500 万欧元（合 3190 万美元）应税收入的免税，并且为低边际利润的企业范围内的活动提供一种"安全港"下的可替代数字服务税计算方法。全球收入起征点定为 5 亿欧元（合 6.38 亿美元），国内为 2500 万欧元（合 3190 万美元）。

该税收有望在 2020—2021 财政年度增加 2.75 亿英镑（合 3.58 亿欧元），在 2023—2024 财政年度增加 4.4 亿英镑（合 5.72 亿美元）。2023—2024 财政年度的收入预计占 2018 年全部税收收入的 0.06%，占公司税税收收入的 0.72%。

奥地利

自 2020 年 1 月起，奥地利实施了数字服务税。新的数字广告税对全球收入超过 7.5 亿欧元（合 8.4 亿美元）和奥地利收入超过 2500 万欧元（合 2800 万美元）的企业提供的网络广告收入征收 5% 的税。由于奥地利的数字服务税只对网络广告征收，其范围比法国或英国等国家的数字服务税征税范围更窄。

在奥地利，传统广告要缴纳特别的广告税。人们会说，数字服务税由此在传统广告和数字广告之间建立了平等的竞争环境。然而，数字服务税的全球和国内收入起征点实际上将大多数国内数字广告供应商排除在外，造成了新的不平等。

数字服务税预计在 2020 年能筹集 2500 万欧元（合 2800 万美元），在 2023 年攀升至 3400 万欧元（合 3800 万美元）。相比之下，2023 年该税筹集的收入占公司税收入的比重为 0.33%，占 2018 年全部税收收入的 0.02%。

印度

自 2016 年 6 月起，印度引入了"均衡税"，即对非居民企业提供的在线广告服务的总收入征收 6% 的税。截至 2020 年 4 月，均衡税扩大到对电子商务运营商的收入征收 2% 的税。这些运营商是在印度没有常设机构的非居民企业，不受现有的 6% 均衡税的约束，年收入起征点定为 2000 万卢比（合 284115 美元）。

表 1-2　　　　印度 2016 年和 2020 年均衡税方案的比较

项目	2016 年均衡税	2020 年均衡税
纳税人	向两类付款方提供特定数字服务的非居民企业	向三类付款方提供特定数字活动的非居民电子商务运营商
付款方	1. 印度居民企业；2. 在印度境内设立常设机构的非居民企业	1. 印度居民；2. 在特定情况下的非居民；3. 使用印度 IP 地址购买商品或服务的付款方。其中特定情况是指针对印度用户的广告服务、出售印度用户的数据
税率	6%	2%
征税范围	在线广告服务	电子商务运营商直接销售商品或提供服务；电子商务运营商提供第三方交易平台服务促进商品销售或服务提供；特定在线广告服务；销售印度用户数据
起征点	一年 100 万卢比（约 1.2 万欧元）	一年 2000 万卢比（约 242 万欧元）
商业模式	B2B	B2B 和 B2C

这一变化本质上是将均衡税从网络广告扩大到几乎所有在印度没有应税业务的企业在印度的电子商务，使其成为比欧洲数字服务税征税范

围更广泛的税收，并明确对国内企业进行豁免。

肯尼亚

肯尼亚税务局（KRA）宣布，2019 年 11 月 7 日新引入的数字服务税（DST）于 2021 年 1 月 1 日生效。肯尼亚《2020 年财政法案》引入了被称为数字服务税（DST）的新税种。DST 自 2021 年 1 月 1 日起生效，适用于在肯尼亚通过数字市场提供服务的收入，并将按交易总额（不含增值税）的 1.5% 征收，且应在服务商收到服务付款时缴纳。向肯尼亚境内的用户提供或协助提供服务时，都需要缴纳 DST。

在《2020 年财政法案》引入 DST 之后，主要利益相关者一直关注 KRA 将如何征收 DST。人们对适用于 DST 交易的具体范围以及 KRA 将通过何种机制征收和管理 DST 很关心。

根据 KRA 的说法，对于肯尼亚居民及常驻肯尼亚的企业，DST 可与收入年度应缴的所得税相抵销。对于非居民和在肯尼亚没有常设机构的企业，DST 将是最终税种。

该法案详细说明了在数字平台上发生的一系列需缴纳 DST 的交易。这些交易包括可下载的数字内容，如电子书、电影、移动应用、订阅型媒体（如报纸等）、流媒体服务、音乐、游戏、音乐会和餐馆的电子门票、网约车服务和任何其他数字市场服务。

此举将 Netflix、HBO、亚马逊 Prime 等公司纳入肯尼亚的税收体系，他们签署了向肯尼亚市场提供服务的协议，但并没有注册增值税。该法案还规定，若这些公司不遵守规定，肯尼亚政府将限制他们进入肯尼亚市场。目前，这些公司正在呼吁延迟征收数字服务税。

已实施或提议的大多数 DST 具有相似的特征，并且旨在作为临时措施（尽管印度并未声明其扩大的均衡税是临时措施）。它们是总收入税和交易税的组合，适用于来自广告空间销售、提供数字中介服务（例如在线市场的运营）和销售收集的数据收入的 1.5% 至 7.5% 的税率。在很大程度上，DST 是针对少数大型数字公司的。要受到 DST 的约束，公司在集团级别上通常必须达到双重起征点：全球收入起征点（例如法国、意大利、奥地利和土耳其）以及国内应税销售收入起征点，例如，法国为 3050 万美元（合 2500 万欧元），意大利为 671 万美元（550 万欧元）。DST 收入的来源通常基于用户是否通过位于实施 DST 的辖区的设备进行访问或享受税收服务而加以判断。通常根据设备的互联网协议地址（IP 地址）或其他地理位置方法判断该设备是否位于 DST 管瞎区。

　　当然，DST 之间会有差异。例如，奥地利仅将 DST 应用于数字广告，而波兰仅对流媒体服务评估其 DST。有趣的是，土耳其对数字内容、广告、中介活动和用户数据销售征收 DST。相比之下，印度和肯尼亚从各种各样的数字服务中收取税收。一方面，某些国家和地区并未采用较高的收入起征点。例如，印度扩大均衡税的起征点较低，如果非居民企业的应税总收入超过 2000 万印度卢比（合 260000 美元），则必须遵守该征税规定。另一方面，肯尼亚的 DST 将于 2021 年 1 月 1 日生效，目前尚无申请起征点。最后，各国对 DST 采取了各种豁免措施。

　　美国认为，这些 DST 可以通过主要区别大型美国跨国公司来扭曲市场行为，并相应地为低于收入起征点的本地企业提供相对优势。对 DST 的另一种主要批评是，尽管有一些司法管辖区（例如法国）已声明消费者不应承担税款，但 DST 的征收可能会传递到消费者支出上。目前，亚马逊等几家公司已经宣布因这些 DST 而提高价格。此外，如果两个或多个国家认为那里有一定的收入来源，在征收这些税款时缺乏协调，就可能导致双重征税。当前，只有英国有针对此类情况的规定。

表 1 - 3　　　　　　　　部分国家数字服务税的实践概览

国家/区域	征收范围	起征点	税率	目前状态
欧盟方案	（1）在数字界面上投放定向广告；（2）向用户提供多端数字界面；（3）销售收集到的用户数据以及用户在数字界面上的活动所产生的数据	全球 7.5 亿欧元，欧盟境内 5000 万欧元	3%	2018 年 12 月方案未得到成员国一致同意

续表

国家/区域	征收范围	起征点	税率	目前状态
英国	（1）提供社交媒体平台；（2）提供互联网搜索引擎；（3）提供线上市场	全球 5 亿英镑，本国 2500 英镑	2%	2020 年 4 月 1 日执行
法国	提供数字界面、定向发送广告、基于广告目的的传输用户数据	全球 7.5 亿欧元，本国 2500 万欧元	3%	追溯至 2019 年 1 月 1 日执行
意大利	在数字界面发布广告、为用户提供买卖商品或服务的多端数字界面、传输用户数据	全球 7.5 亿欧元，本国 550 万欧元	3%	2020 年 1 月 1 日执行
奥地利	在线广告	全球 7.5 亿欧元，本国 2500 万欧元	5%	2019 年 12 月 31 日执行
土耳其	通过数字媒体提供广告；通过数字媒体销售数字内容和提供服务；促进用户互动的数字媒体	全球 7.5 亿欧元，本国 2000 万新土耳其里拉（约 314 万欧元）	7.5%（总统有权将税率升至 15% 或降至 1%）	2020 年 3 月 1 日执行
西班牙	（1）在数字界面投放广告；（2）运营多端数字界面（线上媒介）；（3）传输用户数据	全球 7.5 亿欧元，国内 300 万欧元	3%	立法阶段（政府通过、提交国会）
捷克	数字界面的针对性广告、用户数据的传输、用于促进商品销售和服务提供的多边数字接口	全球 7.5 亿欧元，国内 1 亿捷克克朗（约 364 万欧元）	7%	立法阶段
比利时	（1）针对数字平台用户的在线广告；（2）销售用户数据；（3）促进用户互动以及商品和服务转让的数字平台	全球 7.5 亿欧元，国内 2500 万欧元	3%	立法阶段
新西兰	（1）提供媒介平台以便利用户之间直接销售货物或服务；（2）社交媒体平台；（3）内容共享网站；（4）搜索引擎和销售用户数据	全球 7.5 亿欧元，国内 350 万新西兰元（约 195 万欧元）	3%	考虑立法

续表

国家/区域	征收范围	起征点	税率	目前状态
加拿大	用户互动的数字界面（中介服务）；基于用户数据的在线广告	全球 10 亿加元，国内 4000 万加元	3%	考虑立法
印度	在线广告支付	单笔超过 10 万卢比或一年合计超过 100 万卢比	6%	2016 年 6 月 1 日
印度	（1）运用电子商务平台直接销售货物；（2）运用电子商务平台直接提供服务；（3）电子商务平台促进在线商品销售或商品提供	高于 2 千万卢比	2%	2020 年 4 月 1 日

资料来源：毕马威会计师事务所；欧洲 OECD 国家对数字服务税的做法，税收基金会，https：//taxfoundation. org/digital – tax – europe – 2020/（最新访问 2020 年 10 月 29 日）；数字化税收经济，毕马威会计师事务所（2021 年 1 月 15 日）。

尽管 DST 主要针对大型数字公司，但范围和起征点的差异可能会导致更多的公司需要缴纳这些税。例如，印度扩大均衡税也适用于在线教育服务，因此有可能影响高等教育机构。随着更多国家（例如肯尼亚）实施与最初欧盟提议不同的 DST 制度，这种风险只会增加。此外，在尚未就 OECD/G20 包容性框架达成协议的情况下，各国可能会试图通过在应税服务清单中增加新服务或降低其最初实施的较高起征点来扩大其 DST 的范围。因此，在全球范围内销售数字服务的公司，包括这些措施当前未针对或未包括在内的公司，应该考虑对他们的潜在影响。企业应不断跟踪有关这些税款实施的全球动态，并通过审查服务范围和跟踪销售额来确定他们是否有纳税义务。由于各个国家和地区发布的征税指南相对较少，DST 的实际应用尚不清楚，因此存在许多影响业务的不确定因素，包括范围内服务的定义和参数、捆绑交易的处理、外包交易、数据要求以及注册和填报义务。

1.3.6　联合国的方案

联合国发布的 2017 年版《联合国关于发达国家与发展中国家间避免双重征税的协定范本》新增了第 12A 条，允许来源国通过预提税的形式对数字服务进行征税。

2020 年 8 月 6 日，联合国进一步发布了税收协定范本的第 12B 条讨论稿，允许对自动化数字服务的所得进行源泉课税。主要内容包括：

（1）将额外的征税权选项赋予自动化数字服务提供者的客户所在国；

（2）缔约国可以对在本国产生的自动化数字服务根据一个分摊公式所计算的净利润进行征税；

（3）如受益所有人属于另一缔约国税收居民，来源国通过预提税形式所征的税款不应超过服务总收入的一个确定百分比，具体适用的百分比将由税收协定双方通过谈判进行确定；

（4）简易征收的方法有助于实施，并降低行政和合规成本；

（5）税收协定框架下赋予的选择权，有助于双方通过就协定条款的谈判协商以致达成共识。

新增的联合国税收协定范本第 12B 条的讨论稿，允许跨国集团在两种方案中选择一种对提供自动化数字服务的收费支付税款，这一条款将额外的征税权选项赋予了自动化数字服务提供者的客户的所在国，为成员国就自动化数字服务所得的征税权分配提供了一个在税收协定谈判时可供参考的技术框架。

1.3.7　美国的立场以及针对法国数字税的 301 调查

虽然美国对跨国公司征收数字服务税持反对态度，但法律允许各州对数字商品和服务的跨境销售征收销售税。2018 年 6 月，美国最高法院推翻了先前的判决（Quil 案件：卖家必须在州内拥有实体店铺，该州才能针对销售给当地居民的商品或服务要求卖家代收代缴销售税）。在

Wayfair 案件中，法院支持了南达科他州的一项法律，要求某些州外卖家代收代缴州销售税，即使他们在州内没有实体店铺也不例外。目前，美国相关州通过了一项新的有关获得征税权的"经济联结"的数字税法，美国近一半的州都加入了"简化销售和使用税协议"（SSUTA），这些州共用一个更简单、更统一的税收体系，包括从产品定义到税收政策的所有内容；要求年销售额超过 100000 美元或在该州有超过 200 笔独立交易的零售商必须在该州注册、收款并缴纳销售税；纳税人的年销售额包括 B2B 和 B2C 交易额；但是，一些州可能会设置自己的起征点。

1.3.7.1 美国针对数字经济国际税改的立场

2019 年 12 月，美国财政部长姆努钦在给 OECD 秘书长古里亚的信中明确表达了美国对数字经济税收问题的态度：其一，坚决反对数字服务税；其二，关注独立交易原则和税收联结度规则的修改。"第一支柱"聚焦数字化业务和消费品牌中的大型高利润跨国公司，将使美国数字化企业承担过多的税负和税收遵从成本，这是美国不愿意看到的。美国建议将 OECD 包容性框架下提出的双支柱方案的"第一支柱"设定为安全港规则，跨国公司纳税人可以在"第一支柱"和传统国际税收规则之间自由选择，这无疑给"第一支柱"增添了很大变数。

针对美国的提议，OECD 认为，目前尚无法明确"第一支柱"是否可以设定为安全港规则，相当于委婉拒绝了美国的建议。因为如果将"第一支柱"设定为安全港规则，就意味着"第一支柱"将形同虚设，失去了强制执行效力，包容性框架成员的共同努力将前功尽弃。

2020 年 6 月 12 日，针对目前已通过立法进行 DST 单边方案的国家，美国财政部长姆努钦致信法国、英国、西班牙、意大利等国政府官员，对数字服务税这样的单边税收措施提出严重警告。6 月 16 日，美国和欧盟就数字经济税收问题的谈判不欢而散，6 月 17 日，美国贸易谈判代表罗伯特·莱特希泽透露，美国财政部已决定暂停参与谈判，引起争议的焦点是"第一支柱"，即由经济合作与发展组织（OECD）提出的对修改现行利润分配和联结度规则的政策建议。

随着美国新总统拜登掌权，负责税收政策的财政部长耶伦对国际税改方案的态度表示了合作的立场，虽然美国政府保护美国数字经济大企业的立场仍然存在，但参与国际合作的态度预计会更加积极。

1.3.7.2　美国根据"301 条款"对别国数字服务税（DST）的调查

目前，美国贸易代表办公室按照美国《1974 年贸易法》第 301 节的规定，完成了对法国、印度、土耳其、西班牙、奥地利、英国和意大利 7 国的 301 调查报告。[①] 报告的结论是一样的：这些国家开征的数字服务税构成了对美国企业的歧视，使得美国企业处于不利的竞争地位。

需要注意的是，参与数字服务销售的企业还应考虑其外国增值税（VAT）义务。在 80 多个司法管辖区中，非居民向个人提供数字服务（通常包括在线教育）会触发注册，收集和缴纳增值税的义务，即使没有本地机构（例如常设机构）或实体具有非营利状态。此外，这些司法管辖区中的许多司法管辖区的注册起征点都非常低或为零（对增值税负有最低收入要求）。通常，要缴纳增值税的服务类型是指在交付时几乎不需要人工干预就可以实现自动化的服务类型。但是，在某些司法管辖区中，人为干预或缺乏人为干预并不重要。因此，与 DST 相比，目前受这些 VAT 规则影响的企业范围更广。但是，企业可能同时要缴纳增值税和 DST，这会大大增加其税收负担。

近年来，数字经济已经渗入世界经济各个环节，数字经济税收问题越来越多地引发世界各国关注。2020 年，联合国和 OECD 先后发布数字经济税收政策意见稿（蓝图报告）与政策制定意向，提出了各自的数字经济税收问题解决方案。2020 年 8 月，联合国国际税务合作专家委员会发布了《联合国关于发达国家与发展中国家间避免双重征税的协定范本》第 12B 条的讨论稿，允许对自动化数字服务的所得进行源泉课税，为成员国就自动化数字服务所得的征税权分配提供了一个在税收协定谈判时可供参考的技术框架。2020 年 10 月，OECD/G20 应对税基侵蚀和利

---

① https：//ustr. gov/issue – areas/enforcement/section – 301 – investigations/section – 301 – digital – services – taxes.

润转移（BEPS）问题的包容性框架，就应对经济数字化税收挑战的"双支柱"方案分别发布了蓝图报告，全面详细地阐述了"双支柱"方案的整体设计。支柱1的核心是通过改变现行国际税收规则，向市场国分配更多的征税权和剩余利润，以解决经济数字化带来的税收挑战；支柱2的核心是通过建立一套相互关联的国际税收规则，确保跨国企业承担不低于一定水平的税负，以抑制跨国企业逃避税行为，并为各国税收竞争划定底线。

联合国和OECD这两大国际组织同时针对数字经济税收推出解决方案建议，但二者存在较大差异，OECD的蓝图方案基于全新国际税收框架引入市场国新征税权与全球最低税，而联合国方案则仍基于现行国际税收框架，通过在原协定范本第12条增加第12B条规定，将自动化数字服务纳入预提税范畴。从联合国与OECD方案内容来看，二者的优缺点也比较明显，联合国方案基于现行国际税收协定框架，执行简便，缺点是适用范围窄，只限于自动化数字服务业务，如果不能为主要数字输出国所接受，该建议就退化为没有协定基础的单边数字服务税；OECD"双支柱"方案引入革新性机制，强调市场价值贡献，适用范围更宽，缺点是过于复杂，涉及面广，影响面大，主要数字输出国与传统投资中心接受起来比较难。由此可见，由数字经济引发的国际税收规则变革，虽然取得了新的进展，但无法一蹴而就。

日前，来自经济合作与发展组织138个成员的财税官员正在结束最新一轮的谈判，讨论如何避免跨国公司在国家之间转移利润以避免征税。一个大问题是：他们将如何对在某个国家获取收入但又没有实体存在的科技公司征税？这些公司通过数字活动开展业务，并通过在线广告、用户数据销售、搜索引擎或社交媒体平台赚钱。如果没有统一的方法，各个国家将继续自行征收数字税，这可能会引发贸易战。尽管美国一直挥舞着关税大棒，在对法国的数字服务税调查报告后，又陆续发布了6个国家的301调查报告，认定了这些国家开征的数字服务税对美国构成了歧视。但美国前总统特朗普还是暂停了本该在2021年1月7日对法国开征的 25 亿美元的关税。新上台的拜登政府和欧盟的主要国家达成了默契，财政部长耶伦和英国、德国及法国的财政部长的电话会谈中承诺致力于采取多边国家合作的方式解决数字税收问题，这些给数字税收的最终解决带来了令人鼓舞的希望，因此，经合组织秘书长古利亚（Angel Gurria）乐观地认为在 2021 年中期前达成历史性的协议是大概率事件了。

值得注意的是，税基侵蚀与利润转移项目导致的国际税收规则变化对我国高新技术企业有影响。

（1）BEPS 第五项行动计划落地的后续影响。行动计划五是属于 BEPS 行动计划的最低标准，即加入 BEPS 包容性框架的国家（地区）都需要达到的基本标准。税收透明度论坛的同行审议也是推动这一标准实施的机制之一。尽管我国之前已经通过了一轮同行审议，但是后续还应该关注第五项行动计划的进展。

（2）OECD"第一支柱"方案新增了市场国的税收管辖权，并引入了公式分配法作为独立交易原则的补充，对于原来不征税的远程数字化商品和服务销售收入进行征税，可能会影响到较大规模的高新技术企业。举例而言，目前我国所得税制度中，给予了高新技术企业税率优惠的特殊规定，以境内、境外全部生产经营活动有关的研究开发费用总额、总收入、销售收入总额、高新技术产品（服务）收入等指标申请并经认定的高新技术企业，其来源于境外的所得可以享受高新技术企业所得税优惠政策，即对其来源于境外所得可以按照 15% 的优惠税率缴纳企业所得税，在计算境外抵免限额时，可按照 15% 的优惠税率计算境内外应纳税总额（财税〔2011〕47 号）。这使得高企税率优惠政策的国内外所得税税收政策相一致。但是，如果中国的某高企在境外远程开展经营活动，被市场国征税，这部分税款在"第一支柱"的理论中认为是由于用户创造的价值，而不是研发活动创造的，就有可能无法享受高新技术企业的所得税优惠。

（3）OECD"第二支柱"方案的全球最低税方案可能和高企的优惠税率联系更加紧密。"第二支柱"方案希望在全球范围内推广实行最低的税率，目的是降低实行低税或者无所得税的国家（地区）对于投资的吸引力。但是，这一方案解决的是抽象的利润转移风险，涵盖的是不涉及任何"激进"税收筹划的所有安排，各个国家采取的税收优惠政策都可能会受到影响，尤其是以税率优惠为主的税收优惠政策。

其中，比较核心的是最低税率的设定，原则上每个国家都有权设定最低税率，但是可能会有一个基于多边框架的（共同）最低税率。在OECD对94个税收管辖区的名义公司所得税（CIT）税率进行的调查中，2018年未加权的法定公司所得税平均税率为24%（不包括没有公司所得税或零税率的避税天堂）。这些税收管辖区中只有7个税收管辖区的名义公司的征税税率低于15%，只有一个税收管辖区的名义税率低于10%。美国2018年企业所得税改革已经率先实行了企业所得税的最低税制度，经过测算有效税率水平，2026年前为10.5%，2026年后为13.125%。从这个情形来看，如果设定最低税率在10%~15%，享受高企15%的优惠税率不涉及补税的问题，但是超过15%的话，即使外企在中国的子公司享受了15%的优惠税率，回到母国仍然需要补税。

另外，在"第二支柱"方案中，为了实现仅对低于最低税率的利润进行征税，需要避免在多层控股结构中出现经济性双重征税，也就是在企业层面计算一次最低税，股东层面再计算一次最低税。可能的解决方案是将股息收入从所得计入制度中普遍免除，另一种选择是采用国内参股免税制度或其他形式的公司股东层面的减免。这样一来，可能会促进各国国内的所得税制度更多采用免税法，而非采用我国现行的抵免法来消除重复征税。如果引入参股免税，消除企业层面和股东层面的双重征税，那么二者的税率也需要进行协调，也就是企业所得税的税率和个人所得税的股息所得的税率。目前，我国个人所得税股息所得的税率是20%，低于企业所得税25%的税率。因此，"两大支柱"的改革有可能会影响到我国的国内所得税制度，包括降低企业所得税的税率。企业所得税税率的整体降低，将有可能影响到以税率优惠为主的高企税收优惠政策。

在数字经济领域，我国既有大量的互联网企业作为"卖家"，也有大量的"买家"通过平台消费类企业购买外国的商品和服务，所以数字服务税对于我国来说是一把"双刃剑"。一方面，通过开征数字服务税，我国也能够取得一部分税收利益；另一方面，如果外国政府对我国企业征收了数字服务税，这部分税款要么由我国的企业负担，要么转嫁给我国的消费者或用户。从我国互联网企业的角度看，它们向世界各国的用户或消费者提供服务，需要税收的确定性，如果各国的数字服务税五花八门，一国一个税率，一国一种征收办法，这时税收的确定性就无从谈起。从这个角度说，我国的互联网企业也都希望国际社会能拿出一个统一的解决方案，不要让各国通过数字服务税"各自为政"。当然，如果国际社会拿不出一个被各国都接受的统一方案，那么我国为了维护国家的税收利益，今后恐怕也得开征数字服务税。

1.4 国际税收新秩序和中国的角色

2008 年国际经济和金融危机后，世界进入全球治理体系体制性改革与国际秩序转换和重塑新的历史时期。目前的共识是，全球治理体系明显落后于全球化和国际形势的变化，担心全球化的逆转和全球治理的失败将带来一个危机四伏的世界，各个国家和组织纷纷对全球治理和未来国际秩序提出建议与设想，以影响世界的发展方向。就在这一历史时期，中国等一大批新兴市场经济体和发展中国家融入全球化大潮，力量迅速壮大，改写了全球治理体系和整个世界发展的历史，标志着全球治理体系和国际秩序已经开始发生创新性变化。全球化新时期与国际秩序转换期正在同步展开。

正如某些学者指出的那样①，税收是全球治理体系不可或缺的重要组成部分，是全球经济规则协调的重要内容，是促进全球经济复苏的重

---

① 廖体忠.G20 杭州峰会国际税收议题述评［J］.国际税收，2016（10）.

要手段。在经济全球化的背景下，产品生产模式、企业组织形式、国际贸易模式都发生了根本变化，原有的以发达国家为主导的国际税收秩序面临严峻挑战。国际货币基金组织、世界银行、联合国、OECD 和 G20各国以及一些区域性的税收组织和相关国家都在寻求构建公平合理的国际税收秩序。

从全球税制的发展来看，国际税收秩序经历了如下演变：第一次是在第一次工业革命时代和第一次世界大战后，由当时的国际联盟以及后来的经济合作与发展组织主导的国际税收秩序。国际联盟成立的财政委员会发布的一系列研究报告，特别是国际税收协定范本（草案），经合组织税收协定范本（1963 年和 1977 年）对各国的税制，特别是国际税收秩序的形成产生了巨大的影响。这一阶段，作为资本输出国的发达国家扮演了主角。第二次是在两次石油危机后的二十世纪七八十年代，越来越多的发展中国家摆脱了殖民统治，积极争取国际政治和经济新秩序，联合国充当了非常重要的角色。联合国经社理事会通过决议要求联合国经济和社会司要在建立公正的税制方面采取行动，其标志是成立了联合国国际税收特别专家组（以及以后的专家委员会），这是一个由 15 名来自发展中国家和 10 名发达国家的代表组成的一个机构。他们先后发布了一系列研究成果，并制订和发布了 1980 年联合国税收协定范本，反映了作为资本输入国的发展中国家的立场。第三次是 2008 年国际金融危机后，跨国公司的避税问题引发公众瞩目，各国和国际组织积极反思现行的国际税收规则和国际税收秩序。其代表就是由经济合作与发展组织推动，得到了 20 国集团背书的税基侵蚀和利润转移项目（BEPS）。如何实现跨国公司利润在相关国家之间公正的划分？国际社会试图对跨国公司利用国别税制的差异和错配，人为地将利润转移到那些低税或没有税的国家或地区的避税策略制定出相应的对策。

国际金融危机爆发后，国际社会对于完善全球税收治理给予高度重视，取得了积极成果。一是在税基侵蚀与利润转移（BEPS）行动计划方面取得实质进展。2013 年，圣彼得堡峰会就 BEPS 行动计划达成共识。

经过 OECD 和各国近两年的努力，BEPS 行动计划发布最终成果，并建立实施 BEPS 成果的包容性框架，迈出了国际税收改革的重要一步。二是在税收透明度方面进展迅速、成果显著。已有近 100 个国家（地区）承诺在 2017 年或 2018 年底前实施自动情报交换，签署多边税收行政互助公约的国家范围进一步扩大，各项税收透明度审议和监督工作积极推进。三是在加强发展中国家税收能力建设方面，近年来，有关国家和国际组织积极发起各类税收援助倡议和项目，得到了发达国家的有力支持和发展中国家的积极响应。

作为全球公认的治理平台，IMF、OECD、联合国和世界银行成立的新的税收合作平台[①]，以及这些机构关于支持税收改革的有效技术援助机制的建议应在完善全球税收治理上发挥引领作用，不断拓展深化国际税收协调与合作，推动建立公平公正、包容有序的国际税收新秩序。

在吸收 BEPS 成果的基础上，各国纷纷出台本国的防止本国税基侵蚀和利润转移的措施，如一般反避税措施（GAARs）和特定的反避税规则（SAARs）。当前，国际社会一致行动和单边行动并行，为建立新的国际税收秩序笼罩了一层阴影。

中国的"一带一路"为建立国际税收新秩序提供了契机。"一带一路"倡议提出 6 年来，我国同共建"一带一路"国家的贸易总额已经超过了 6 万亿美元，投资超过了 800 亿美元，同沿线国家共建 82 个境外合作园区，成为当地经济增长、产业集聚的重要平台，为当地创造近 30 万个就业岗位。截至 2019 年 4 月 12 日，中国已经与 126 个国家和 29 个国际组织签署了 174 份共建"一带一路"合作文件。[②]"一带一路"倡议是我国进一步改革开放的需要，它为破解全球化困局提供了解决方案，为全球化再平衡注入了新动力。

随着"一带一路"建设不断深入，税收成为影响跨境贸易和投资以

① 马建国. 新华社客户端，各国代表在税收合作平台全球会议上讨论中国经验。https：//baijiahao. baidu. com/s？id＝1592434600737145671&wfr＝spider&for＝pc，2018 年 2 月 15 日。

② 张文春."一带一路"倡议 5 年取得实质性进展，中国社会科学网。http：//www. cssn. cn/jjx/jjx＿qqjjzl/201902/t20190203＿4822829. html，2019 年 2 月 3 日。

及贸易自由化和投资便利化的重要因素，废除国际重复征税、改善营商的税收环境，越来越成为资本、人员、技术等跨境生产要素自由流动的重要保障。有效利用各国的税收优惠政策，提高纳税遵从度，防范国际逃税和避税、解决税收争端和有效地防范税收风险，税收协调和税收合作也越来越成为国际合作的重要组成部分。

"一带一路"沿线国家和地区在发展现状、经济水平、税制设计和征管能力状况等方面存在较大差异，导致税收领域的协调合作面临巨大挑战。但是，通过税收合作，加强政策沟通、提升征管能力、促进贸易自由化和投资便利化、实现互利共赢成为共建"一带一路"沿线各国（地区）税务机关的广泛共识。6年来，"一带一路"税收合作取得了实质性进展，特别是双边机制，即税收协定之外，建立了国际税收合作的多边合作机制。

在"共商、共建、共享"原则指导下，"一带一路"沿线国家和地区国际税收合作的"阿斯塔纳倡议"以及刚刚发布的"乌镇声明"及其"行动计划"的多边机制会不断深化，从而有效地弥补联合国、经济合作与发展组织和G20等国际组织在提供国际税收规则这样的全球公共物品①的不足，持续推动国际税收秩序朝着更加公平合理的方向发展。②

经过改革开放四十多年的快速发展，中国已经成为世界最大贸易国、最大国际储备国和第二大经济体，中国对全球事务的影响早已"今非昔比"。从2016年后，中国对全球经济增长的贡献就超过了30%，是美国的两倍多，已成为全球经济发展最重要的引擎。作为崛起的新兴市场国家和发展中国家的代表，中国必须而且能够在包括税收在内的全球经济治理机制中发挥更大作用，发挥更大影响。在G20峰会中，中国表现出大国担当，"一带一路"倡议取得实质性进展，彰显大国风采，以新思维、新方式、新准则积极参与并推动全球公共物品供给的增加，推动建

---

① 涂永红，张文春. 中国在"一带一路"建设中提供的全球公共物品［J］. 国际视野，2015（7）.

② 张文春（2019），"一带一路"推动多边国际税收合作新机制，待发表。

立新的国际投资、贸易和税收新秩序。

1.5　结语和建议

转向属地原则已经成为发达国家公司税制的一大趋势。美国和其他发达国家在转向属地原则的税制过程中，为了维护本国的财权利益，防范跨国公司的税基侵蚀和利润转移行为，在反避税方面建立了很多值得发展中国家借鉴学习的做法。

作为数字化大国，中国在数字化税收领域不能盲从于经合组织的经济数字化税收方案，更不应该仅仅作为国际税收规则的旁观者，而是积极行动起来，对中国面临的数字化税收挑战进行全方位的思考，并制定出可行的政策措施。

国际税收治理需要我国积极参加国际税收规则的制定，逐步从"规则的接受者"向"规则的制定者"方向转变。[①] 我国要充分利用金砖国家税务局长会议、全球和区域税务征管组织论坛、税收征管论坛、联合国国际税收专家委员会、G20 峰会和"一带一路"高峰论坛等国际平台提高中国在国际税收治理中的话语权，为全球经济增长和发展提供国际税收新秩序这样的全球公共物品。

---

① 李金艳，陈新. 中国与 BEPS——从规则接受者到规则撼动者［J］. 国际税收，2016（3）.

第 2 章　对跨国公司课税的一般分析

2.1　对跨国公司征税的经济分析

2.1.1　国际税收的一般原则[①]

在当今世界上，尽管没有两个国家的税收体制是完全一样的，但是有一些基本原则是大多数国家所采用的，特别是和国际贸易相关的部分。下面将对这些原则进行分析。

2.1.1.1　对所得与资本的课税

国家对所得和资本的征税权一般有两个基础——纳税人的居住地和所得来源地或资本所在地。

（1）对居民要对其来源于整个世界的所得和资本征税，某种程度上就是对资本完全课税。

（2）对非居民则仅仅对其来源于国内的所得或在国内的资本征税。

然而，很少有国家充分行使了税收管辖权。少数国家行使来源地税收管辖权根本不对外国来源所得征税。大多数国家声称对他们的居民在全球的所得征税，但实际上，把某些类型的外国来源所得排除在外也是很普遍的。当然，各国对其来源于国外的所得免税的程度差别是很大的。

[①] Easson，A.，Tax Incentives for Foreign Direct Investment，Kluwer Law International，2004，Chapter 2.

同样，大多数国家对其非居民的来源于国内的某些类型的所得也是不征税的。例如，有些国家对证券组合利息或政府证券利息是不征税的。每个国家都会列出他们自己免税的各类所得和资本，不管是属于居民还是非居民的。

这两个原则的应用结果很显然会造成对所得的双重征税。因为当所得从一个国家流向另一个国家时，其中一国是以所得来源地为基础的，而另一个国家是以居民为基础征税。如 A 国居民公司在 B 国进行投资，并在 B 国取得投资所得，这时 B 国要按来源地管辖权对这笔跨国所得征税，而 A 国也要根据居民管辖权对这笔所得征税。同样，如果 B 国的居民公司在 A 国投资，A 国和 B 国也要分别根据来源地管辖权和居民管辖权对这笔所得征税。因为如果不同时行使两种以上的税收管辖权，在国际资本流动自由程度很高的条件下，单一的税收管辖权无疑会带来税收收入的流失，因此各国出于对自身财政利益考虑的征税行为导致了国际重复征税问题。这种双重征税是可以避免的，但不一定完全能避免。避免双重征税有时是单方面的措施或是通过税收协定，主要是靠减少居民在本国应该缴纳的税收。

2.1.1.2　对货物和劳务的课税

依据 GATT/WTO 的规则，以及间接税主要表现形式增值税的广泛应用，间接税的征税问题已经很集中。GATT/WTO 征税的两条基本惯例规则：一是对进口货物征税不能比相关的国内货物重（一旦进口关税已经缴纳）；二是对任何出口货物不能通过免除超过其已缴纳国内间接税的部分给予补贴。最终的结果是人们都熟知的"目的地原则"，即进口货物在目的地国家负担进口关税并和国内产品一样被征收相同税率的增值税和国内消费税；出口货物征零税率的增值税，从而有效免除了之前在出口国征收的任何税和其他类型的间接税（包括进口货物征的关税随后又出口的都给予退税）。第二条并不是 GATT/WTO 规则的要求，但是大多数国家都采用以促进出口并且结果是选择免除出口货物的国内间接税。当然，并不是所有国家都这样做。有些国家对出口货物中某些产品征出口关税，导致了双重征税。现在还没有像解决直接税重复征税那样好的机制来解决这个问题。

2.1.2 税收管辖权对 FDI 的影响

2.1.2.1 FDI 带来的税收管辖权冲突

税收管辖权是一国政府在征税方面的主权，它表现为一国政府有权决定对哪些人征税、征哪些税以及征多少税等。由于税收管辖权属于一国政府的主权范畴，而国家主权的行使一般遵从两大原则——属地原则和属人原则。故可以将税收管辖权分为三种：（1）地域管辖权（Area Jurisdiction），又称来源地管辖权（Source Jurisdiction），是根据属地原则确立的税收管辖权，指一国对来源或存在于本国境内的课税对象行使征税权，不论与课税对象相联系的纳税人是哪国居民或公民；（2）居民管辖权（Resident Jurisdiction），是按照属人原则确立的税收管辖权，指一国对本国税法中规定的居民（包括自然人和法人）的所得行使征税权，不论其是否具有本国国籍，也不考虑课税对象发生或存在的地点；（3）公民管辖权（Citizen Jurisdiction），也是按照属人原则确立的税收管辖权，指一国对拥有本国国籍的公民行使征税权，不论其居住在何处，也不考虑课税对象发生或存在的地点。

在居民管辖权的行使中，判断一个外国公司是否成为本国的居民纳税人，通常取决于该公司所采取的组织形态：如果外国投资者通过子公司（关联企业）的方式在东道国经营，则无论东道国采取登记注册标准、总机构标准，还是实际管理与控制中心标准来判断居民身份，分支机构（关联企业）一般都被视作东道国的居民公司，须在东道国就其世界范围的所得纳税。而母公司由于不是东道的居民，故仅须就其来源于该国的所得纳税。

由于目前世界上大多数国家对跨国资本所得都同时行使来源地管辖权和居民（公民）管辖权。因此这种并行的税收管辖权可能造成对 FDI 的双重征税：国际重复征税不利于资本的国际流动，不利于资本在全球范围内的有效配置，进而产生了税收管辖权的协调问题。

2.1.2.2　税收管辖权的协调原则及对 FDI 的影响

FDI 所得课税的国际协调原则包括公平和效率两大方面。由于实行居民管辖权的国家承认所得来源国家的优先征税的地位，因此居住国一般采用消除双重征税的方法，而这些方法都是根据公平和效率两大原则提出的。

2.1.2.2.1　税收管辖权的协调原则

FDI 所得课税的国际协调原则包括公平和效率两大方面。

公平原则，包括个人间的公平与国家间的公平两方面。

个人间的公平要求在对 FDI 课税时，应实现不同投资者之间的税负公平。从不同的立场来看，个人间的公平原则又可按照下面三种方式理解：

（1）国际观点，即如果某投资者的综合应纳税额与另一个具有相同税收义务和相等所得的投资者相同，那么他就要受到公平对待，不管这种所得来源于国内或国外，此时居住国应对本国投资者的已纳外国税款给予抵免。

（2）国家观点，即居住国就本国投资者在国外纳税后的所得，按照国内所得进行课税，此时外国税收被看成投资者在国外的经营成本，在本国应纳税额中给予扣除。

（3）超国家观点，即居住国在对本国投资者征税时，不考虑投资者在国外已纳的税款，外国税收与投资者在本国的应纳税无关。

"国家间公平"强调的是，居住国应对在国外投资的本国投资者和国内居民一视同仁。

效率原则，主要体现为税收中性原则。在国际资本流动方面，税收中性原则应体现为税收不影响资本的跨国流动，以使资本能够配置到资源使用效率较高的国家。从不同的立场出发形成的税收中性衡量标准主要有以下方面。

（1）资本输出中性，是从 FDI 的居住国立场来考察 FDI 的有效配置。要求税收不应干扰投资者在本国投资与国外投资或国外各国之间投资的选择，其有效的条件是：投资者在国外的资本边际收益率相等。资本输出中性可以通过两种方式来实现：一是所有国家均实行相等的税率，显然这种方法并不现实；二是在各国税率有差异的条件下，各国均对本国投资者进行 FDI 的所得实行全额抵免（实际上就是居住国行使居民管辖权），包括当外国税率高于本国税率时的退税，于是 FDI 承担的有效税率由居住国税率所决定。

（2）资本输入中性，是站在东道国的立场考察 FDI 的有效配置。要求东道国对本国投资者和外国投资者的所得均应课以相同的税率。通过投资者居住国对投资者的国外所得提供免税的方法（实际上就是居住国行使所得来源管辖权），可以实现资本输入中性，但是东道国为吸引 FDI 而为外国投资者提供的税收优惠会妨碍资本输入中性。

（3）国家中性，是从 FDI 居住国的国家效率来考察税收效率。其实现条件是投资者进行 FDI 的税收资本边际收益率等于其投资于国内的边际收益率，即要求 FDI 居住国在对本国投资者的跨国所得征税时，将其在国外的已纳税款作为成本扣除。

将公平原则和效率原则结合起来考察，我们发现：个人间公平原则的第一种观点——国际观点——与效率原则中的资本输出中性相一致；个人间公平原则的第二种观点——国家观点——与效率原则中的国家中性相一致。

2.1.2.2.2 税收管辖权协调原则对 FDI 的影响①

2.1.2.2.2.1 从全球福利最大化的角度分析

显然，从上面的分析可以看出，当各国都遵循资本输出中性原则时，每个国家本国居民的国内和国外投资所得都要按照相同的有效税率——居住国税率——负担税收，在国际资本市场均衡的条件下投资者无论向哪国投资都将得到相同的税后净收益率，所以这时各国投资者在国内外所取得的税前收益率也相等。说明采用外国已纳税款抵免的方法不会因

---

① 李品一. 论外国直接投资的课税 [D]. 中国人民大学学位论文，2003，第二章.

各国的税率差异造成国与国之间资本生产率（投资的税前收益率）的不同，税收也就不会干扰 FDI 在国与国之间的地点选择。

如果各国都遵循资本输入中性原则，即 FDI 的居住国对投资者外国来源的所得不征税，这样投资者面临的有效税率就仅仅取决于东道国的税率，这无疑将促使 FDI 纷纷投向低税率国家，可见资本输入中性就使税收在 FDI 地点选择上起到作用。图 2－1 直观地说明了抵免和免税两种协调原则对 FDI 流向的影响。

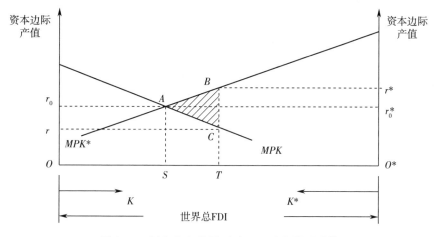

图 2－1　抵免和免税原则对 FDI 流向的影响①

假定世界上只有 A、B 两国，同时假定 A、B 两国各自向对方国家投资，世界总的 FDI 等于 A、B 两国的投资额之和，在图中用横坐标表示。其中，A 国的投资额自 O 起从左向右衡量，B 国的投资额自 O^* 起从右向左衡量。曲线 MPK 和 MPK^* 分别为 A 国和 B 国的资本边际产值曲线，且 A、B 两国的资本所得税率不同。首先假定用免税的方法协调两国税收管辖权：由于两国税率不同，所以在资本市场均衡状态下两国的资本边际生产率不同，$r < r^*$。此时投资的国际配置状况为：A 国获得的 FDI 数量为 OT，B 国获得的 FDI 数量为 O^*T。现在假定用抵免的方法协调两国税

---

① 图 2－1 和图 2－2 分别引自王传纶，朱青. 国际税收［M］. 北京：中国人民大学出版社，1997：97、100.

收管辖权，这时投资的国际配置状态为：A 国吸引的 FDI 减少到 OS，B 国吸引的 FDI 增加到 O^*T，即 ST 部分的 FDI 从 A 国转移到了 B 国；两国的资本边际生产率趋于相等，即 $r_0 = r_0^*$。可见，在采取抵免方式，也就是遵循资本输出中性原则协调时，FDI 更多地流向资本生产率较高的 B 国，世界的经济效率也因此得到了提高。A 国投资量减少 ST 给 A 国造成的产量损失相当于面积 ACTS，B 国因资本量增加而提高的产量相当于面积 ABTS，整个世界因协调方法的改变而增加的产量相当于三角形 ABC 的面积。

2.1.2.2.2.2　从国家福利最大化的角度分析

资本的跨国自由流动固然有利于整个世界的经济效率，但对于一个具体的资本输出国来说，资本输出过多并不一定对其有利。站在某个 FDI 居住国的立场上，用抵免法协调税收管辖权未必有利于本国福利的最大化。图 2-2 说明了资本输出中性对 FDI 居住国的福利最大化来说并非最优。

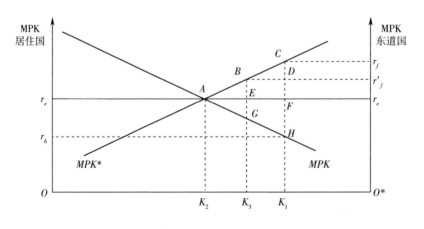

图 2-2　居住国限制资本输出对本国福利的影响

与图 2-1 类似，横坐标代表居住国和东道国的资本总量，纵坐标代表两国资本的边际产值。假定初始的资本配置为：居住国 OK_1，东道国 O^*K_1，此时由于居住国的资本存量较大，故其边际资本收益率 r_h 低于东道国的边际资本收益率 r_f。在资本自由流动的条件下，K_1K_2 资本量会流动到东道国，从而使两国的资本收益率相等（r_e）。此时虽然居住国流出的资本 K_1K_2 给居住国造成的产量损失为 $AH\,K_1K_2$，但居住国可从其 FDI 中取得收益，相当于面积 $AF\,K_1K_2$。因此，居住国 FDI 带来的净福利为面积 AFH（收益 $AF\,K_1K_2$ – 损失 $AH\,K_1K_2$）；东道国因吸引 FDI 而增加的产量为 $AC\,K_1K_2$，扣除支付给居住国的面积 $AF\,K_1K_2$ 部分，东道国的福利净增加为面积 ACF 部分。然而，如果居住国对 FDI 的规模进行限制，只对外投资 K_1K_3，则东道国吸引 FDI 后的边际资本收益率只能达到 r_f 的水平，此时居住国从其 FDI 中获取的收益为面积 $BD\,K_1K_3$，居住国因资本减少引起的产量损失为 $GH\,K_1K_3$，故其净福利增加为面积 $BDHG$ 部分，而东道国的福利增加为面积 BCD 部分。虽然居住国的 FDI 从 K_1K_2 减少到了 K_1K_3，但其净福利却增加了。因为，面积 $BDHG$ – 面积 AFH = 面积 $BDFE$ – 面积 AEG，显然，在一定条件下，矩形 $BDFE$ 的面积可能大于三角形 AEG 的面积。因此，适当限制 FDI 的规模对居住国的福利可能是有利的，但此举给两国造成的损失之和为三角形 ABG 的面积，可见，它的面积是大于居住国增加的福利那部分的。因此，世界的总体福利水平下降了。

当居住国的目标是本国福利最大化时，FDI 的税前收益率 r_f 应当高于追求世界福利最大化的税前收益率 r_e。从居住国的角度看，投资者在国外投资，向东道国缴纳的税款（$r_f t_f$）是 FDI 的成本，居住国能得到的只有 $r_f(1-t_f)$，为了使居住国的福利最大化，投资者应当使 FDI 进行到 $r_f(1-t_f)=r_h$ 时为止（r_h 为居住国的税前收益率）。再考虑到居住国国内税收，居住国的 FDI 要进行到国内和国外的投资税后净收益率相等时为止，即：

$$r_h\,(1-t_h)=r_f\,(1-t_f)\,(1-t_h)$$

其中 t_h 为居住国国内的税率。等式右端表明，居住国对 FDI 的收益课税时，实际上是将外国已纳税款 $r_f t_f$ 作为费用从应税所得中扣除。这也恰好体现了前文所述税收管辖权协调的效率原则中，国家中性的要求，即使居住国本国的福利最大化的要求。

当然，上面的分析中，居住国被视为唯一的资本输出国，东道国只接受内流的 FDI，而不进行对外投资。因此，所谓国家中性的原则也只适用于居住国一国。现实中的国家往往既吸引外资，也会对外投资。如果各国都本着追求本国福利最大化的立场，那么不仅各国的目标不能实现，而且整个世界的经济福利也会因资本流动受阻而下降。因此，联合国和经济合作与发展组织（OECD）都没有将扣除法作为避免双重征税的方法。

2.1.2.2.2.3 税收管辖权对 FDI 影响的实证证据

上文从理论上分析了对外国所得采取不同税收管辖权会给 FDI 流向带来何种影响。总的来说，仅实施所得来源管辖权的国家比实施居民管辖权的国家更有可能导致其国内资本外流，因为这类国家无法对来源于外国公司的所得课税。海恩斯（Hines，1996）的研究证明，就流入美国的 FDI 来看，"免税法国家"（法国、加拿大等）在美国低税州的投资多于"抵免法国家"（日本、英国等）。他在 1998 年的研究还表明，日本的 FDI 在享受完免税期之后，更倾向于在那些与日本签有外国税收抵免协定的国家投资。海恩斯的两个结论有力地支持了本段开头的一般性结论，图 2－3 中给出的数据①也支持了该观点。

图 2－3 中，FDI 外流被分为两种形式：债券股票投资的 FDI 外流和保留收益再投资的 FDI 外流，分别用颜色较深和较浅的部分表示。从 FDI 外流占 GDP 的比重上看，"免税法国家" 1988—1997 年的平均值为 2.3% 左右，而"抵免法国家"则为 1.5% 左右。说明仅实施所得来源管辖权的国家比实施居民管辖权的国家更有可能导致其国内资本外流。但在"保留收益对外投资占 GDP 的比重"上，"抵免法国家"更高，约为 0.6%；而"免税法国家"这种形式的 FDI 外流仅占其 GDP 的 0.4% 左右。"免税法国家"的大量 FDI 外流中，股票债券形式的对外 FDI 占绝对优势，这是因为"免税法国家"对外国子公司汇回的利润不征税，而"抵免法国家"则对这部分利润征税。这样，"抵免法国家"的投资者将

① Reint Gropp and Kristina Dostial, The Disappearing Tax Base: Is Foreign Direct Investment (FDI) Eroding Corporate Income Taxes? IMF Working Paper, 2000.

保留收益继续对外投资的冲动就很强烈。

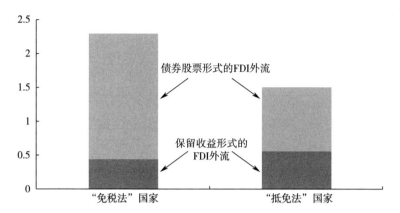

图 2 – 3　"免税法国家"和"抵免法国家"
1988—1997 年的 FDI 外流（按其占 GDP 的比重计算）

2.1.3　税收与 FDI

2.1.3.1　影响 FDI 的相关因素

国外投资和国内投资的一个基本不同之处是国外投资需要在一个陌生的环境中生存和发展，由于各东道国的政治、经济、社会、文化等诸方面的不同，国外投资者面临着许多不确定的因素，它们可能对投资的安全、生产经营活动以及最终盈利带来不同程度的影响。因此，国外投资者在选择投资区位时首先需要考虑东道国的投资环境。投资环境就是影响 FDI 活动的各因素的总和，可以分为硬环境和软环境，这里为了分析的方便，把这些影响 FDI 的因素分为非税因素和税收因素，下面就对这两类因素进行简要分析。

2.1.3.1.1　非税因素

2.1.3.1.1.1　政治和法律方面的因素

政治和法律方面的因素在投资环境中非常重要，它直接关系到投资本身的安全性。由于 FDI 是一种长期的投资活动，所以投资者对投资地区的长期稳定状况和法律依据的完整性和明确性极为关注。这方面的因素具体包括政治体制、政治的稳定性、政府的态度、政府的对外关系、法律制度和司法实践。

2.1.3.1.1.2　经济因素

经济因素是影响 FDI 的直接因素，发达的经济、成熟的市场和宽松的经济政策都对投资者有强大的吸引力。一国经济发展水平的高低往往决定着该国的市场规模和市场的完善性，这些条件又是投资者进行成功经营活动的关键因素。一国的经济政策与该国的经济发展有着密切的关系。它既取决于经济发展水平，又决定着经济发展前景。它对一国的经济结构、产业结构、就业、物价等方面都有直接影响。具体来说，对投资者有重要意义的经济因素包括经济发展水平和市场发展规模、市场消费水平、市场的完善和开放度、经济与物价的稳定状况、劳动力的成本和质量、经济开发政策、贸易政策、货币政策、外汇政策等。这些因素在一定程度上都会直接或间接地影响 FDI 活动。一些外国学者（McDonnell，1991；Dunning，1988；United Nations，1992）研究得出：国内生产总值或者国民生产总值是影响 FDI 的最重要因素之一。[①]

2.1.3.1.1.3　基础设施的建设

基础设施包括两方面的内容：一是工业基础设施的结构和状况；二是城市生活和服务设施的结构和状况。基础设施的建设是与 FDI 密切相关的外部物质条件，外国投资者是不可能到一个能源供应短缺、交通运输不便、信息闭塞和生活条件艰苦的地区进行投资的。

2.1.3.1.1.4　自然地理与社会文化因素

自然地理条件一般是指由于非人为的因素所形成的外部条件，其中某些因素可能会对 FDI 产生直接的影响，如自然资源型投资对自然资源的要求，旅游业投资对某些旅游资源的要求等。构成自然地理条件的因素主要有：地理位置、面积和地形条件，气候和自然风光条件，自然资源的禀赋和分布条件，人口和城市分布情况等。不同的国家由于地理和

---

① Single，Louise E.，and John L. Kramer："Tax Policy and Location of Plants and Profits"，Journal of Accounting Literature 15（1996），pp. 108 – 142.

历史的原因，往往有不同的社会与文化传统，这些社会文化的差异也会影响 FDI 活动。这些因素包括宗教制度、语言与文化传统、教育水平、人口素质和社会心理等。

2.1.3.1.2　税收因素①

经济学理论认为，企业的投资决策受到一系列因素的影响，但最终取决于每一新增投资的边际报酬率。税收作为国家参与国民收入分配的一种手段，必然影响到这一报酬率。根据乔根森的古典投资模型，只要企业追加一个单位的投资所带来的收益（边际收益）大于这笔投资的资本使用成本，企业就愿意进行投资，企业的投资行为将一直进行到投资的边际收益正好等于这笔投资的使用成本。② 投资的资本使用成本是指企业拥有一笔实物资产所产生的全部机会成本，包括利息成本、折旧成本、因特别税收条款而产生的节税额等。对企业征收公司所得税会从两个方面影响企业的投资决策。一方面，对企业的投资收益征税，若税率为 t，税后的投资报酬率降为 $r(1-t)$，这里 r 表示税前的投资报酬率。因此，公司所得税使得投资的边际报酬率下降，会对企业的投资产生抑制效应。另一方面，由于公司所得税往往规定允许对某些资本成本项目的扣除，这些在税前的扣除减少了企业的应税所得，企业由此从中得到一定的税款节省，这实际上降低了资本的使用成本，鼓励了企业投资的增长。在考虑利息成本、折旧扣除以及投资税收抵免的情况下，投资的资本使用成本可以表示为 $i+d-a-b-k$。这里假设通货膨胀为零，"i"代表市场利息率，"d"代表资产的年经济折旧率，"a"代表每单位货币投资的资本利息扣除的节税额现值，"b"代表单位投资在资产折旧年限 T 年中提取的折旧所能产生的节税额现值，"k"为投资税收抵免率。根据乔根森模型，企业投资在政府征收公司所得税的情况下将会进行到以下等式成立：$r(1-t)=i+d-a-b-k$。从以上等式可以看出，公司所得税对企业投资的最终影响，取决于公司所得税制度对上述等式两边的

---

① 郑国孝. 论外国直接投资的税收激励 [D]. 中国人民大学学位论文，2004：第二章。

② 袁振宇，王克方等. 税收经济学 [M]. 北京：中国人民大学出版社，1995：172－175.

影响力度。如果公司所得税制度对投资收益率的影响力度超过对资本使用成本的影响力度，则会抑制企业的投资，反之，则会刺激企业的投资。当然，以上分析由于没有考虑到企业对未来税收的预期，所以只是一般的静态分析。

通过以上分析，我们可以得知理论上税收会对 FDI 产生影响。那么，税收到底会不会影响 FDI 活动呢？对此，许多外国学者采用了计量、模拟、案例及调查等多种方法进行了深入研究，得出了如下结论：税收会在某一程度上影响 FDI。哈特曼以用来分析企业的股息和投资决策的"税收资本化"方法作为理论基础，并利用 FDI 与美国 GNP 的对数比例作为因变量进行研究，结果表明 FDI 与国民生产总值的比率随着税后收益率的提高而提高，随着适用于外国人的相对税率的提高而下降。[①] 斯莱姆罗德（Slemrod，1990）把流入美国的 FDI 的数据分为七个国家，并在模型中考虑了大量的非税变量，采用有效税率的测度标准，通过研究分析得出：美国的边际有效税率对 FDI 总量和转让融资的 FDI 具有一种负的且在统计学上显著的影响。詹姆斯·海因斯在 1993 年曾分析了美国州税对 FDI 区位的影响。分析结果表明，在其他条件相同的情况下，州公司税率 1% 的变化，将诱致外商制造业份额约 8% 的差异。[②] 沙赫和斯莱姆罗德通过将转移支付和保留利润的边际有效税率结合应用于投资方程，考察了墨西哥 FDI 对税收的敏感性。他们的结论是墨西哥 FDI 对墨西哥与美国的税收制度、对跨国公司的抵免待遇、对国家抵免的排序以及对管制环境均是敏感的。另外据统计，七国集团在低税负的加勒比海及南太平洋地区于 1984—1985 年的直接投资额增长了 5 倍之多，超过 2000 亿美元，其增长率远高于其对外直接投资额总额的增长率，可见税收对 FDI 的强大吸引力。[③] 下面用表 2-1 和表 2-2 列示美国关于税收对 FDI 的影响的一些研究成果，其中表 2-1 主要考察的是税收对美国外流

---

① 马丁·费尔德斯坦、詹姆斯·R. 小希恩斯、R. 格林. 胡伯德主编；赵志耘译，郭庆旺校. 税收对跨国公司的影响 [M]. 北京：中国财政经济出版社，1998：178.

② 程惠芳，潘信路. 入世与国际直接投资发展 [M]. 北京：世纪图书出版公司，2000：90.

③ 雷超. 经济全球化所引起的国际税收竞争及其防止 [J]. 税务研究，2001（8）.

直接投资的影响，表 2 - 2 主要考察了税收对美国内流直接投资的影响。[①]

表 2 - 1　　　　　　　投资模型研究：美国的外流直接投资

研究者	方法（数据）	结论
Hartman（1981）	时间序列，通过留存收益融资的美国总投资，1965—1979（每年的 BEA，15 年）	对税后收益的弹性为 1.4，对国内税后回报的弹性是 - 0.66
Bond（1981）	对波多黎各免税期的反应，SIC 2342，1949—1972（劳动部门的统计，152 家公司）	免税期的到期对公司离开这个行业的决定有重要的影响
Frisch and Hartman（1983）	横断面分析，15 个行业的美国总投资，1972（SOI 加总，16 个国家）	附属公司的资产对当地税率的弹性为 - 0.26
Boskin and Gale（1987）	对美国的外流直接投资进行时间序列估算，1965—1984（每年的 BEA，20 年）	用留存收益进行的国外直接投资对税后回报的弹性是 1.2
Newlon（1987）	对美国的外流直接投资进行时间序列估算，1953—1984（修整过的 BEA 数据，32 年）	美国国内和国外的税后回报影响通过留存收益进行的国外直接投资
Grubert and Mutti（1991）	制造行业美国附属公司的资本需求的横断面分析，1982（基准 BEA，33 个国家）	资本需求对当地税率的弹性为 - 0.11
Harris（1993）	外国投资作为美国跨国公司总投资的一部分，1984—1990（Compustat，36 家公司）	具有高资本成本的美国公司 1986 年后大量地转向国外投资
Hines 和 Rice（1994）	美国附属公司资本需求的横断面分析，1982（基准 BEA，73 个国家）	税率提高 1 个百分点资本需求减少 3 个百分点
Grubert and Slemrod（1994）	在波多黎各成立分支机构的需要（税收数据，4099 家公司）	具有更多无形资产的公司更可能在波多黎各有分支机构
Cummins and Hubbard（1995）	用投资欧拉方程式来说明美国公司国外分支机构投资的非均衡性，1980—1991（Compustat，1047 家公司）	税后资本成本每提高一个百分点将每年减少投资 1 到 2 个百分点

---

　　① James R. Hines，Jr. "Tax Policy and the Activities of Multinational Corporation"，Taxing Profit in Global Economy，Oxford University Press，2001.

表 2 - 2 投资模型研究：美国的内流直接投资

研究者	方法（数据）	结论
Hartman（1994）	对美国的内流直接投资进行时间序列估计，1965—1979（BEA 的每年数据，15 年）	通过留存收益进行的直接投资与美国的高税收负相关
Boskin and Gale（1987）	对美国的内流直接投资进行时间序列估计，1956—1984（BEA 的每年数据，29 年）	通过留存收益进行的直接投资对相关税率的弹性为 -1.7
Newlon（1987）	对美国的内流直接投资进行时间序列估计，1956—1984（修正过的 BEA 数据，29 年）	通过留存收益进行的直接投资对税后回报的弹性为 1.1
Young（1988）	对别国在美国国内的直接投资进行时间序列估计，1953—1984（修正过的 BEA 数据，32 年）	通过留存收益进行的直接投资对税后回报的弹性为 1.7
Slemrod（1990）	通过区分投资国别来估计它们在美国的直接投资，1962—1987（调整过的 BEA 数据，7 个国家）	美国的高税收大大减少了通过新转移来的资金所进行的直接投资，而居住国的汇回税对其没有影响
Auerbach and Hassett（1993）	对外国人拥有的美国公司的资本构成进行横断面估计，1980—1990（Compustat，243 家公司）	享有国外税收抵免的投资者在 1986 年后没有表现出向设备密集型公司转移的需要
Swenson（1994）	时间序列估计税收对产业新投资的影响，1979—1991（BEA 数据，18 个行业）	1986 年期间投资对税收变化的弹性为 1.13
Coughlin，Terza and Arromdee（1991）	美国国内新建制造工厂的地点选择，1981—1983（商业调查，736 个工厂）	税收作用不重要
Ondrich and Wasylenko（1993）	美国国内新建工厂的地点选择，1978—1987（商业调查，1184 个工厂）	地址选择的概率对州公司税率的弹性为 -0.57
Hines（1996b）	美国内流直接投资的地点选择，根据投资来源国的税制区分不同的投资，1987，（基准 BEA，7 个国家）	州税率提高 1%，投资缩减 10%

注：BEA 表示美国经济分析局；SOI 表示所得统计；SIC 表示标准产业分类。

通过上面的分析以及国外学者的研究成果可以得知，税收确实会对
FDI 产生影响。既然税收和政策稳定、自然资源和人力资源的可得性、
市场规模、基础设施等非税因素都会对 FDI 产生影响，那么到底哪几个
因素起决定作用呢？其实，这是因投资项目、投资动机、东道国状况的
不同而不同，并且会随着时间的推移，决定因素也会发生变化。在刚开
始的时候，投资者可能比较注重东道国的投资环境，对税收政策考虑得
比较少。但是随着东道国投资环境的普遍改善，投资者会转而注重投资
的成本——收益问题，税收因素因此被提到重要的位置。如对阿根廷
FDI 者的调查显示：1961 年和 1971 年，税收因素被排在所有影响直接投
资决策因素的第 7 位，而 20 世纪 80 年代以后，税收因素就上升到了第 1
位。可见我们在研究税收对外国直接投资者的影响时，要考虑到其他非
税因素的状况。

2.1.3.2　税收在投资决策中的地位①

税收在多大程度上影响 FDI 决策，这个问题在过去大约三十年中是
大量研究的课题，结论也是不同的。一些研究从总体上考察税制的影响，
一些则考察特殊的税种（特别是公司所得税）。而有些则重点集中在特
殊的税收优惠上。理论上的研究建议税收应该是非常重要的，因为它既
影响了生产成本又影响了净利润，这些都是可用来分配的。然而，经济
上的研究注重建立关系（如果存在），在特定国家税收的变化和 FDI 水
平之间，大部分是没有结论的，因为毫无疑问还有许多可能影响 FDI 流
动的可变因素。问题调查的结果反映了被问的问题。当然，市场接近和
资源接近的基本因素被包括在其中，税收通常排名是很靠后的。只有当
第二类因素被包括在内时，排名才会有改变趋势。传闻中的证据可能是
不可靠的。广义上来说，税收要考虑的因素如下：

2.1.3.2.1　在向国外投资的决策中几乎没起作用

既然税收，特别是公司所得税影响可供分配或再投资的净利润，这

---

① 参考 Easson，A.，Tax Incentives for Foreign Direct Investment，Kluwer Law International，2004，
Chapter 2。

表明母国高税率税收可能会诱导企业去实际税率低的国家投资。然而，大部分国家仍然用居民管辖权去对本国居民来源于国外的利润征税，对在东道国缴纳的税收进行抵免；这样，对外国来源利润征税可以达到和本国利润征税相同的水平。因此，也就抵销了去国外投资的税收优惠。前文提到，几乎没有证据表明母国对利润的高税收对到国外投资的决策有重大的影响。母国高水平的个人所得税和社会保险缴款很可能提高劳动力成本，可能成为影响产品转移到成本较低国家生产的一个因素。这有更多证据证明企业，特别是一些高税收的西欧国家的企业被诱导到劳动成本较低的国家投资，尽管税收看起来是使成本有差异的不太重要的因素之一。

2.1.3.2.2　在区位决策中可能起到更重要的作用

一旦投资国外的决策被定下来了，可能的东道国税收水平和税率就要被考虑了。对 FDI 地点的决定的回顾，税收没有被作为主要因素。最近五十年的研究调查证实了这样的结论："虽然税收政策重要，但它不是对跨国经营地点选择最有影响力的因素。大部分经济上的研究倾向肯定调查的结果。影响投资者决策的主要是市场因素和政治因素，并且税收政策对 FDI 地点的选择几乎不起作用。[①] 然而，被广泛接受的观点是税收因素在"边际上"影响 FDI 决策。[②]

1990 年前的研究表明：税收既不是不重要，也不是最重要，是相对较小的影响 FDI 决策的因素。最近的研究发现，税收与 FDI 的流动有显著的关系。[③] 格鲁伯特（Grubert）和穆特（Mutti）作的研究检验了 500

---

①　J. Morisset and N. Pirnia, "How Tax Policy and Incentives Affect Foreign Direct Investment：A Review" (FIAS Occasional Paper, 2001).

②　INCENTIVES AND FOREIGN DIRECT INVESTMENT (UNCTAD/DTCI/28) (New York 1996：United Nations), Chap. IV [hereafter UNCTAD, 1996].

③　S. P. Cassou, "The Link between Tax Rates and Foreign Direct Investment" (1997) 29 (10) Applied Economics, 1295；R. Altshuler, H. Grubert and T. S. Newlon, "Has U. S. Investment Abroad Become More Sensitive to Tax Rates?", NBER Working Paper No. 6383 (1998)；J. R. HINES, Jr., "Lessons From Behavioral Responses to International Taxation" (1999) 52 National Tax Journal, p. 305；H. Grubert and J. Mutti, "Do Taxes Influence where U. S. Corporations Invest?" (2000) 53 National Tax Journal, p. 825.

家美国跨国公司的数据，特别令人感兴趣的是结论：要不是税收因素，19%的美国投资公司就要到不同地方了。

2.1.3.2.3　对某些类型投资更为重要

格鲁伯特（Grubert）和穆特（Mutti）的研究发现，在大部分案例中，一些重要因素并没有在税收上显示出有什么明显的不同，并没有在"边际处"作决策。可能的解释是，对大部分投资来说，税收不是相关的主要因素，但对于某些类型的投资，税收是特别重要的。

市场导向型和出口导向型投资有明显的不同。税收对市场导向型的FDI相对说影响较小，除了可能当东道国的税收过于沉重时。影响产品成本的税收由国内的或其他跨国公司竞争者负担，并且正常情况下要转嫁给消费者。对利润的税收某种程度上也要转嫁给消费者。对比来说，被广泛接受的观点是出口导向的FDI对东道国的税收负担更敏感。Reuber在研究中发现，有48%的出口导向型投资是受税收优惠影响的，而只有9%的市场导向型投资是受税收优惠影响的。[1] 那些税收不仅直接影响产品的成本，也反映在出口产品和劳务的价格中，而且公司所得税的负担也被有效地输出了。

还有证据表明，税收的重要性是随相关工业的类型或活动类型而变化的。威尔森（Wilson）指出："在解释坐落地和来源地决策中，税收的相对重要性是根据工业和商业活动而变化的。制药公司对税收特别敏感，而对化学工业来说，税收则显得不那么重要。市场和分配中心的位置是主要通过税收因素来确定的。在软件业的发展中，税收在经营地决策上是基本驱动因素。这些不同反映了投资的相对流动性和可能经营地的选择范围。"在这部分内容中，威尔森（Wilson）的有关半导体业的观点很有趣：尽管有这些税收和财政的优惠，但公司的选择主要是以非税因素

---

① G. L. Reuber, PRIVATE FOREIGN INVESTMENT IN DEVELOPMENT, Oxford 1973：Clarendon Press.

为基础的，因为国与国之间在竞争中相对税收利益是有效的。[①] 实施中，只有提供优惠的税收环境的国家会把它列到列表上。

上述结论是由 1991 年欧洲裁定委员会（the Ruding Committee）开展的研究支持的。在一个对所有欧盟国家的公司调查中（共有 965 家公司），公司接受了这样的提问："在选址投资国的决策中，把税收视为相对或主要因素的可能性有多大？"对销售批发商的位置，认为税收是主要因素的占38%；认为对相关生产厂有影响的占48%；认为对金融服务中心有影响的占78%。[②]

2.1.3.2.4 税收的重要性在逐渐发展

前文提到，在 1990 年前进行的主要研究都认为在 FDI 的决策中，税收是相对次要的考虑因素。更多的研究表明，税收正成为越来越重要的因素。"最近的工作结果表明，生产厂家的实际资本座落地对税收很敏感，而且随时间推移会越来越明显。"[③] 对于这个发展趋势的一些解释如下：

（1）因为 FDI 的许多障碍都被消除了，剩下的障碍发挥着与日俱增的重要性。税收一直被认为是 FDI 决策中的一个重要因素；今天，许多其他因素比 10 年前更重要了。[④]

（2）全球化进程也是以大量增长的国际产品为特征的。制造一辆成品轿车的组成部件可能来自五六个不同的国家。某种程度上，产品更加趋向出口导向型，对税收差异更加敏感。

（3）共同市场和自由贸易区的建立有着相似的效应，使从一个单一地点向许多国家市场供给变得更为简单，并且同时减少了投资决策的其

① G. P. Wilson, "The Role of Taxes in Location and Sourcing Dicisions", in A. Giovammini, R. G. Hubbard and J. Slemrod, STUDIES IN INTERNATIONAL TAXATION (Chicago 1993; University of Chicago Press).

② "The Impact of Taxation on Intermational Business: Evidence from the Ruding Committee Survey", 1992//2 EC Tax Review 105.

③ OECD, 2001, at 56.

④ UNCTAD, 1996, at 44 – 45; W. S. Clark, "Tax Incentives for Foreign Direct Investment: Empirical Evidence on Effects and Alternative Policy Options" (2000) 48 Canadian Tax Journal, 1139.

他因素的差异。① 市场导向型和出口导向型投资的差异越来越不明显。
同时，FDI 常常归为一类——现在可能两者都存在。②

2.1.3.3　税负水平与税种的选择

正像有一些类型的 FDI 比其他类型的 FDI 更容易受到税收因素的影响一样，有些税种和税收因素对投资决策的影响比其他税种和税收因素的影响更大。对于这些因素相关政策制定者应做重要考虑。

2.1.3.3.1　整体税收水平

几乎没有证据表明整体税收水平对内或对外的 FDI 有多少影响。例如，OECD 成员日本有着相对较低的税收水平，却几乎没有输入的 FDI。它是一个投资资本的主要输出者。那些成功吸引 FDI 的国家，与其市场规模大小等相关，一些相对被认为是低税国，另一些是高税国，其他是处于二者中间。

这表明，某种程度上税收是有实际价值的，对投资者来说，税制结构比整体税收水平更重要。

2.1.3.3.2　公司所得税

公司所得税备受关注，因为它是影响有效利润的重要因素，进而对分配利润造成影响。表 2 - 3 表明，除了比利时和卢森堡以外，大多数成功的国家趋向用较低的、中等水平的公司所得税税率。然而，对潜在投资者来说，所缴纳的公司所得税的总量比法定税率重要得多，也就是说，实际税率是重要的。因此，还要关注税基，特别是关注扣除、折旧和亏损弥补的规则。资本弱化规则的存在和范围也是影响有效利润的一个重要因素。

---

① 　M. Gammie, "The Taxation of Inward Direct Investment in North Amereca following the Free Trade Agreement" (1994) 49 Tax Law Review, 615.

② 　Easson, supra n. 1 at 19. Another explanation for the difference in findings in that the more recent studies have used improved data from a wider range of countries of countries: see OECD, 2001 at 52; Clark, supran. 41, at 1176.

表 2 - 3   **税收水平和 FDI 的表现**

国家和地区	世界排名 （1998—2000）	总税收收入/GDP（%） 1999	公司所得税税率（%） 1999
比利时/卢森堡	1	45.4	40[a]
中国香港	2		16
爱尔兰	4	31.3	25[b]
马耳他	5		35[b]
瑞典	6	52	28
荷兰	7	41.2	35
丹麦	12	51.2	34
捷克	13	39.2	35
爱沙尼亚	16	30.8	26
新加坡	18	27.1	26

注：a. 税收数据仅是比利时的。

b. 在爱尔兰和马耳他，大多数外国投资者缴纳较低税率的公司所得税。

资料来源：UNCTAD；OECD；WORLD BANK，2001。

不管怎样，法定公司所得税税率依然是影响有效利润的重要因素，特别是在投资者不熟悉的国家，有效的计算税基的细节信息可能是不适用的。这表明，那些想要成为东道国的国家，应有一个广泛的公司所得税税基和中等的法定税率。

1991 年，为裁定委员会做的调查中，投资者把法定税率作为所有和税收负担相关的众多因素中最重要的一个，基本上比公司所得税制的类型和计算应税利润的规则更重要（见表 2 - 4）。

表 2 - 4   **公司所得税因素的相对重要性**

因素	总是	经常	有时	从不
对经营利润的税率				
有关的	49.8	28.3	16	6.4
主要的	28.3	29.3	28	14.5
向境外付的股息和利息的预提所得税				
有关的	45.6	27.9	17.2	9.3
主要的	25.9	28.1	28.6	17.5

续表

因素	总是	经常	有时	从不
出于税收目的的利润计算方式				
有关的	38.1	26.1	23.9	11.9
主要的	20.7	26.7	31.7	20.9
遵从税收规则的成本				
有关的	21	22.4	30.4	26.3
主要的	9.8	19.1	32.2	38.9
特殊投资优惠（金融与财政）				
有关的	48	25.1	17.8	9.1
主要的	30.9	26.3	28.9	13.9
附加的预缴公司税、预缴税等				
有关的	32.2	27	25	15.9
主要的	17.4	26.1	33.4	23.1

注：在一项对所有欧盟国家的公司的调查中（有965家公司回应），公司被问及如下问题：决定在哪个国家选址进行商业活动，请指出在决策过程中如下因素哪个方面是相对主要考虑的。将答案（反映的百分比）写在表格中。

资料来源：Report of the Committee of Independent Experts on Company Taxation（Brussels. 1992：EC Commission（The Ruding Report），p. 115。

2.1.3.3.3 其他税收

尽管公司所得税被广泛认为是最重要的税收因素，而从未来外国投资者的观点来看，它不是唯一考虑的税收因素。裁定委员会的调查发现，对股息和利息的预提税对一大部分投资者也是一个很重要的因素。乍一看可能很奇怪。因为预提税是对非居民投资者征收的，并且通常情况可以全额抵免母国的税收。

其他税收中，个人所得税和社会保障税，一般较少考虑，除非它们对劳动资本影响到了一定程度。流转税，例如增值税和FDI没有任何关系，因为它们是转嫁给消费者而不是由生产企业承担的。[1] 最近的调查

---

① 研究表明，直接税对外国直接投资有主要的影响：见 M. A. Desai and J. R. Hines Jr. ，"Foreign Direct Investment in a World of Multiple Taxes"，NBER Working Paper 8440（Cambridge，MA，August 2001）。

发现，增值税的税率与公司所得税及免税期的使用相比是不重要的；资本利得税和转让定价的规则也不重要。[①]

相比而言，进口税和海关关税可能在两个极不同的方面显得重要。高税收和关税构成了关税壁垒，这将诱导跨国公司向某国投资而不是向它出口。一旦跨国公司在他国投资，可能对该公司竞争对手的进口提供保障；用这种方式，可以构成对市场导向型投资的优惠。例如，泰国对FDI 的研究发现，关税和进口税是最重要的税收因素；对于制药公司而言，进口关税比公司所得税更重要。[②]

2.1.3.3.4 税收管理

投资者调查认为对税收制度的实际管理在投资决策中是很小的因素，这意味着投资者没有意识到一个国家税收管理的特性。

在一些国家，人们普遍抱怨税法的运用是随意的、不平等的。对税法的解释从一个区域到另一个区域会发生变化，甚至从一个案例到另一个案例也有所不同。法律对于在一些企业上很严格但对另一些企业一点也不严格，结果是竞争者之间承担不同的税负。对税收管理的抱怨主要在投资环境的评估和对再投资决策起重大影响方面。[③] 有一个因素常被忽视，那就是大部分 FDI 采用再投资形式或对现有投资追加。税收在特定国家初始投资决策中可能不起什么作用，但是它可能对再投资和扩大投资产生重要的影响。经常从企业管理者那里听到这样的抱怨："早知道在这个国家经营这么困难，我是不会来这里的"。这里"不会来"因素不可避免地影响将来的投资计划。

被投资者广泛认可的管理方法是取得预先裁定的能力，即出于税收目的对设定的交易进行预先裁定。当一项投资列入计划时，预先裁定对

---

① H. Wunder, "The Effect of International Tax Policy on Business Location Decisions" (2001) 24 Tax Notes International, 1331.

② R. Halvorsen, "Fiscal Incentives for Investment in Thailand", iin Shah, supra n. 35. Wilson, supra n.

③ A. P. Hall and D. A. Witt, "Investment Climate in Kazakhstan Hampered by Uncertainty" (1996) 6 (9) East/West Executive Guide.

于去除不确定性因素将起作用。有时这种预先裁定程序提供了与特殊一篮子优惠谈判的可能。举例来说，这种预先裁定程序在荷兰有时作为投资优惠的一种形式。①

2.2　东道国税收对 FDI 的影响

前面曾经提到国际税制所具有的一些基本特征，它们对 FDI 都具有影响。结合这些特征，本节将论述东道国的税收对 FDI 的决策、投资结构和运作的具体影响。

2.2.1　东道国税收的概述②

2.2.1.1　居民原则和来源地原则

在东道国的外国直接投资者的潜在所得的纳税额是取决于那个国家所实行的税收管辖权，也就是看那个国家是决定用居民原则还是来源地原则。

2.2.1.1.1　居民原则

一个投资者在另一个国家可以以居民身份或非居民身份从事经营，区别是这样的：以居民身份在东道国经营的是子公司；以非居民身份在东道国经营的是分公司。

案例 1：采用什么样的方式去经营取决于投资本身的类型。在东道国已存在的公司 A 中有巨额利息的存在，而直接投资采取了收购巨额利息的方式，则此外国投资者 B 便成为那家公司的股东，而东道国公司则成为那个外国投资者的分支机构。

案例 2：外国投资者 C 与东道国企业 D 建立一个合资公司，双方都

---

① P. Cannon, "Europe Competes for Investors" (1996) 7 (2) International Tax Review, 15; J. de. Decker, "Belgium Introduces Ruling Practice and Announces Measures to Promote Foreign Investments" (1997) 15 Tax Notes International, 2121.

② Easson, A., Tax Incentives for Foreign Direct Investment, Kluwer Law International, 2004, Chapter 2.

拥有股份，或者形成一种约定关系，更接近合伙企业的性质，也称约定合资企业。

案例 3：当一个外国投资者是新投资的唯一所有者时，经营形式的选择将更加广泛。它可以选择并入当地的一个子公司或者通过分公司、代表机构或类似组织从事经营。选择什么样的经营形式还要受到东道国规章制度的制约，如一些国家不允许外商对企业拥有 100% 的所有权；更普遍的是，在经济的某些领域，100% 的外资所有权是根本不允许的。在这些案例中，唯一的形式是最适合解决的办法，是指在东道国的新公司，将股份在外国投资者和国内的参与者之间分配。还有些国家不允许以非居民公司的分公司形式经营，或不允许以代表机构方式来经营（当然特殊类型公司除外）；实际上是强制外国投资者建立一个当地公司。

一般情况下，选择分公司或子公司的形式对于东道国纳税额几乎没有区别。一般规则是，非居民实体就其在东道国的常设机构的利润课税。在大多数国家，这些利润和居民公司的利润一样负担同一种税。原则上，应税利润是把常设机构当作独立实体按同样的规则计算的。说起来容易做起来难，因为分公司不是一个独立实体，从总体上说它是构成公司运行的一部分。由于没有独立的纳税资格，它不能与总机构签合同、向总机构付款或转移财产给它；资金和财产已属于公司并且任何转移都是为内部服务的。国与国之间的纳税规则差别是很大的，比如，常设机构是否可以扣除从总机构借款的利息，或可以抵扣一部分总机构的管理费用。结果是，一个分支机构有时候可能比相关子公司缴纳更少的税，但更多情况是面临更重的纳税义务。

2.2.1.1.2　来源地原则

一般的原则是，一个国家对它的居民来源于全世界的所得征税，但是对非居民仅对从那个国家来源的所得征税。而实际上，这种差别在决定东道国征税上是很小的。因为通常情况下，如果用 X 国的分公司去 Y 国开展经营，造成在 X 国的纳税数量增加，则没有人会选择这样做。

2.2.1.2　公司所得税

东道国和大多数 FDI 最相关的税收是对经营利润征税，在这里指的是"公司所得税"（CIT）。

2.2.1.2.1 公司所得税制度

各国之间的公司所得税差别很大，但是一般分为两种情况，一种是"古典制"，另一种是"归属制"。不管在哪种制度下，东道国实体——子公司或分公司都会就其利润被征税；而向外国的母公司付的股息，通常只会被征收预提税。①

制度的选择，对公司利润征税的税率会有间接的影响。为了能征到同样数量的税收，古典制公司的所得税应比归属制公司的所得税以较低的税率来征收。古典制公司税存在对经济利润的重复征税；归属制公司税所支付的税款的一部分或全部归属到股东所取得的股息中，它是减轻重复征税的一种有效方法。

2.2.1.2.2 公司所得税税率

大多数国家的公司所得税税率在30%～40%，很少有国家的税率超过45%。但是有一些国家将税率降到30%以下，有的降到了20%以下。② 大多数国家对所有公司采用单一税率，尽管经常会对小公司降低税率（或对初始利润降低税率）或对制造业降低税率。

2.2.1.2.3 税基

名义税率固然很重要，但投资者一般更加关注实际税率，同时考虑的是税基。通过应税利润和相关税率相乘，就可以得出实际的税收负担。因此，用不同方法来计算应税利润和税率同样重要。决定应税利润的规则变化很广泛，下面的几个因素尤其要引起重视：

（1）适用的会计方法；

（2）收入包括的项目③；

（3）允许扣除的项目；

---

① 尽管有些分支机构技术上不能向总机构付股息，有些国家对任何不在该国再投资的利润征"分支机构利润税"，将有效地替代股息预提所得税。

② 在 OECD 成员国家中，公司所得税的平均最高税率已经从 1996 年的 37.6% 降到 2003 年的 30.9%。除了"避税天堂"根本不征收公司所得税外，Estonia 已经对留存利润消除了公司所得税。

③ 特别是对资本利得处理。

（4）折旧的规定；

（5）对亏损的处理。

举例来说，外国投资者会发现，东道国在制约贷款利息方面的规则比通常情况严格，特别是当利息付给外国母公司或折旧准备金没有名义上那么多时。规则允许亏损向后结转特别重要，因为大多数新的 FDI 企业要几年后才有利润。

2.2.1.3　预提税

当外国投资者在东道国建立子公司，而不是在当地通过分公司或其他机构经营，它自己的所得纳税额（而不是它的子公司）一般限制在从东道国汇来的利润或在东道国增加的利润。这一税收采取向外国母公司支付源头预提税的方式征收。预提税（对非居民的付款）通常是最终税，是对支付的总额征税。

预提税通常作为一个国家所得税法中的一部分课征。这种税适用给非居民的较广范围的支付，包括股息、利息、特许权使用费、租金、管理费用、技术费、给非居民的承包费、顾问的劳务费以及其他类似性质的支付。在一些国家，单一的比例税率适用于上述所有付款；有的国家则根据不同类型的付款按不同税率课税。税率变化很大并且趋向高税率，为 25%～30%，但有时更高，尽管某些种类的付款是免税的。例如，澳大利亚和新加坡通常对股息不预提，而美国则征收 30% 的税收，荷兰征收 25% 的税收。相比来说，荷兰对利息是免税的，美国对证券利息是免税的；但是德国则征收 30% 的税收，加拿大征收 25% 的税收。特许权使用费在澳大利亚和美国都征收 30% 的税收，但是在荷兰不征税。OECD 范本描述了对股息最高预提税率为 5% 或 15%，利息为 10%，并且规定在东道国特许权使用费应该是免税的。不管怎样，所有双边协定采用这些税率，特别是特许权使用费的预提税保持相同，尽管税率减到 10% 或更低。还有，一些欠发达国家不愿按 OECD 范本的规定降低他们的税率，他们会规定更高的税率。

2.2.1.4　个人所得税、工薪税和社会保障缴款

个人所得税、工薪税、社会保障缴款，不管是由企业直接支付的，

还是由雇员支付的，都和外国投资者相关，因为它们影响劳动成本。这些税收可能是很可观的，例如，在许多欧洲国家社会保障缴款构成了政府收入的最大来源，在中欧、东欧转型经济时期，工薪税和社会保障缴款经常接近工资的50%。

个人所得税和工薪税对外籍人员的雇佣影响很大。外国投资者通常希望从母国带来一些管理人员和技术人员，至少在新投资开始的那几年，直到当地的技术人员和管理人员都已经培训合格。这些外籍人在东道国经常被征税，不管是居民还是非居民，这要依据在东道国的时间长短以及东道国决定居民身份的原则。通常，外籍人的工资比当地工薪高得多，个人所得税按最高边际税率来征收，结果就是税负比较重。另外，外籍人员经常连续向母国缴纳社会保障费和退休基金，但是这些缴款都不能在东道国扣除，因而显著增加了雇佣成本。这些额外的成本不可能影响大部分投资决策，却是调整雇佣关系结构的一个因素。例如，外籍人士成为境外服务公司的雇员，向当地分支机构提供服务而获得管理费。

2.2.1.5　消费税

消费税相对于增值税来说和外国投资者的关系不大。理论上讲，这些税产生于消费者而不是产生于经营。在市场导向的FDI，同样的税收是由竞争者产生的；而出口导向型的FDI，消费税通常对出口是免缴的。因此，在有些情况下，增值税这样的税收变得很重要，例如：

（1）如果企业把大部分产品用来出口，没有充足的国内供给来抵销在购买中支付的增值税，在这种情况下，应该有资格退回增值税的进项税额。然而，一些税务管理机构不愿意退税。在一些国家有高通货膨胀时，即便退税，也只是当初缴税的一小部分。

（2）大量的增值税是在购买机器和其他类型的生产资料时支付的或进口时支付的。尽管增值税应该最后通过抵扣机制来收回，如果不能马上退税，就要等几年后在新投资开始之前来抵扣税款。

（3）当外国机构采取代表机构的形式，它本身不向东道国居民提供应税产品，因此没有应税产品去抵扣已缴纳的进项税款，因而增加了此代表机构的成本。另外，有一种情况企业可能面临增值税的双重征税。因为同一笔交易在两个国家都被视作应税，或者因为在一国发生的增值税不能够在另一国抵扣。出现这种问题通常是在服务交易的供给中，如跨国租赁业务。

2.2.1.6　进口关税和进口税

在发达国家，关税不是主要的负担；在发展中国家，关税是政府最重要的收入来源之一，并且以较高的税率来征收。较高的关税增加了进口原材料、零部件和生产资料的成本。原材料和零部件及其他部件的税收和关税可能被转移到国内消费者，或在出口时被免除。对生产资料的税收不易补偿，因而会给初始投资增加更多的成本。例如，我国政府曾经宣布，1996 年起对外资公司进口的生产设备不再免征关税和增值税。据估计，这一规定使这种设备的成本增加了 36%。

2.2.1.7　其他税收

对公司初始资本课税（或印花税）是很普遍的，有时对公司的资产或资本是按年征的净财富税。除了很明显地增加外国企业的成本，另一个问题是税收在母国是不能抵免的。

在其他类型的和外国投资者相关的东道国税收中，财产税可能是最重要的。大部分国家都对企业所占用的土地和房屋征税，这种税通常是由处于下一级别的政府征收。其他类型的地方税收也很多，有时使外国投资者很不开心。这种税没有被归入所得和资本课税，因此在母国也不能被抵免。更进一步说，这种税不管企业盈利、亏损都征收。这样的税收相对来说并不重，但它们的累积效应是巨大的。

某些类型的工业经常面临特殊的税收，特别是从事某些自然资源经营的企业，很可能面临附加的消费税、特许权使用费和其他费用的征收。

2.2.1.8　反避税法规

大多数国家在其税法中有一类一般条款，宣布那些不被认可的税收筹划项目是无效的，或被认为是"滥用法律"条文，反对各种类型的避税。除了这类一般规定外，还有两种类型特殊的反避税条款和 FDI 密切相关。

2.2.1.8.1　转让定价

转让定价是指在关联公司内部进行产品和劳务的交易，特别是发生在不同国家的关联公司之间。转让定价因此影响到跨国公司的每一方面。

事实上所有的发达国家和许多欠发达国家在税法中都有关于转让定价的条款，它们变化错综复杂，但是所有转让定价条款的实质都是赋予税务当局一定权力，去检验有关联关系的交易的定价并且用非关联企业之间交易价格替代已被认可的关联企业交易价格。结果是所有在子公司和它的母公司或在子公司和其他成员之间的交易都被检查了。这不仅包括原材料的供应，零部件和产成品，还包括为无形资产支付的费用，比如管理费、知识产权使用费、借款利息、为技术援助和专有技术支付的费用、以及其他类似的交易。转让定价条款背后的目的很明显。没有它们的限制，跨国公司就能够并且经常调整集团间的交易，用这种方法在低税国扩大它们的利润，而在高税国减少它们的利润。

当一个外国投资者在东道国运行一个分支机构时，在分支机构和总部之间以及同一公司的其他分支机构之间是不存在转让定价的，因为它们自己是不能从事交易的。在分支机构这种情况中，相关的权利就是去决定应该给分支机构分多少收入和应支出多少。要是这样做，和转让定价相联系的类似规则也会频繁被应用。

转让定价的调整，可能造成双重征税。如果一国税务部门对已定的交易价格调整，因而提高了在东道国的应税利润，在另一个国家没有相关的向下的调整的情况下则容易对一笔利润征两次税。但是本国的税务当局并没有动力作调整，除非能让它的投资者高兴。然而，税收协定通常包含一种相互责任，有时进行所谓的"相关调整"。

2.2.1.8.2　资本弱化

为了税收方面的目的，通过向母公司支付可扣除的费用，东道国子公司的应税利润可以减少，甚至可以完全消除。这种支付可以采用很多形式，比如向母公司交贷款利息、知识产权使用费、设备租赁的租金、管理费，技术使用费和类似的支付。超额支付的特许权使用费、租金和其他费用，按转让定价的规则是不允许扣除的，当然，超额的利息也不允许扣除。然而，如果利率是合理的，则规则并不适用已经支付的实际数量的利息。因此，如果母公司以借款方式而不是以股权方式向子公司提供资金，则东道国允许子公司扣除支付的利息（如果利率是正常的）。这样，子公司的应税利润将大幅度减少。事实上，支付的利息通常被征预提税，但预提税的税率一般不超过10%，而利润税一般按30%~40%的税率征收。用借款方式而不是股本金方式提供资金，可以大量减少东道国缴纳税收的数量。

东道国尽力用各种方式来应对这种潜在的税收流失。一些国家由于外汇管制不可能向国外借款者支付利息，除非税务当局同意；而另一些国家限制只允许向银行借款的利息扣除。越来越多的国家采用特殊条例解决这一问题，通常指"资本弱化"规则，即规定了最大允许债务与股本之间的比率，在一定比率内支付的利息允许扣除。一个替代的方法是允许税务部门重新把借款交易描绘成股权损失，并把利息的支付视作股息。

2.2.1.8.3 套用协定

尽管几乎所有的双边税收协定都和经济合作与发展组织（OECD）范本接近，但是没有两个协定是完全一样的。在一个特定的东道国内，从不同国家来的投资者的待遇是不一样的。A投资者可能从一个与东道国没有签订税收协定的国家来的；B投资者和C投资者可能从税收协定中获得收益，但是那些协定在一些重要方面是不同的。

对外国投资者具有特别重要的意义是协定之中对"常设机构"的定义和那些设定最大预提税率的条款。举例来说，东道国X和东道国Y的条约可能规定对所有股息按15%税率征预提税；而Z国可能对"直接"股息规定5%的税率。

从20世纪90年代初以来，美国协定包括"对利益限制"的规定。这个规定是为限定协定给予公司的利益，这种公司必须是另一个州的有合同关系的居民和另一州的有真实隶属关系的公司。这使那些为了利用更有利的税收协定，通过其他国家投资到美国的方法变得更加困难。一些国家紧跟美国的步伐，开始在他们的新协定上规定"对协定利益的限制"条款。

2.2.2　东道国公司所得税对 FDI 的影响

2.2.2.1　理论分析

对 FDI 课征的税种中，公司所得税应该是最重要的。东道国对外国公司课征公司所得税的依据主要有两点。首先，外国公司享受了东道国政府提供的基础设施、法律环境等公共产品和服务，根据受益原则，外国公司理应纳税。其次，当外国公司在东道国享有固定生产要素带来的特定区位优势或拥有无形资产等能够带来市场权力的优势时，外国公司就具有了超过"普通"收益率的"经济租"。对这种经济租征税可以有效地增加财政收入。同时，理论证明，外国公司的投融资决策不会因对经济租征税而改变。也有学者认为对经济租征税是公平原则的体现，因为东道国的所有居民都应享受不可再生资源等优势，这种优势不应由外国公司独享，因此对外国公司的经济租金课税就有了充分的理由。

公司所得税对东道国的重要性在于，与个人所得税相比，它可以对较少的纳税人课征可观的税收收入，由于各国会计制度都规定公司必须保留其财务活动的证据，因此公司所得税带来的征管成本和纳税服从成本也相对较小。各国对资本所得课征公司所得税的政策原因在于，公司所得税扮演着个人所得税的"支撑物"的角色，因为公司所得税可以有效地对个人股东保留在企业层次上的资本所得课税，这样就可以防止个人股东偷逃股息应缴纳的个人所得税。因为对个人股东来说，在计算个人所得税时，公司分配的股息是在获得时征税的。然而，当存在保留收益的情况下，政府只在个人股东将其持有的保留收益变现时课征资本利得税，而如果某国对资本利得免税，那么个人股东持有的保留收益实际上就不负担任何税收了。

另外，对于东道国来说，公司所得税通过非居民股东在国内公司的保留收益课税，还起到了对境内外公司的预提作用。因为，作为非居民股东在东道国是不纳个人所得税的，如果没有公司所得税的预提作用，国外股东很可能逃避在东道国的纳税义务。对于 FDI 流入较多的发展中国家，预提作用更加重要。

2.2.2.2 实证分析

既然东道国有充分的理由对外国子公司和分支机构课征所得税，那么东道国所得税对 FDI 的流量和地点选择是否有影响，以及影响程度如何，就成为问题的焦点。

2.2.2.2.1 公司所得税税率与 FDI 流动之间的检验

2.2.2.2.1.1 国外学者研究成果综述

已有的文献主要集中于讨论东道国公司税与 FDI 流入之间的关系，这种检验采用时间序列的计量经济学方法进行，其目的在于确定东道国历年的公司所得税税率变化是否影响 FDI 流入。

时间序列方面的研究开始于著名的哈特曼（Hartman，1984）模型，他采用1965—1979 年的年度数据，在两种 FDI 方式下（用外国公司的保留收益投资和用国内资本对外投资）考察了 FDI 对以下三个变量的反应：①FDI 在美国的税后收益率：$r(1-t)$；②美国的平均资本收益率：$r'(1-t)$；③美国居民适用的资本税率相对于外国居民适用的资本税率：$(1-t')/(1-t)$，a 和 b 两个变量代表了新的 FDI——也就是利用外国公司的保留收益投资——的预期报酬率。其回归方程为：

$$\ln(k/y) = \alpha_1 \ln[r(1-t)] + \alpha_2 \ln[(1-t)/(1-t)]$$
$$+ \alpha_3 \ln[(1-t)/(1-t)]$$

哈特曼的回归分析结果是：①对于利用保留收益进行的 FDI，FDI/GNP 与税后收益率变量正相关；②FDI/GNP 与外国居民和本国居民的相对税率呈负相关。但是，对于利用国内资本对外投资的形式，哈特曼没有给出一个确定的结论。他的基本结论是：税收对 FDI 有很强的影响。

许多外国学者对哈特曼模型进行了修改和扩展，其中包括：博斯金和盖尔（Boskin & Gale）用 1987 年的税率，改变了解释变量和函数形式，对哈特曼的方程进行了重新估计，他们证明哈特曼的结论还是比较准确的，但他们得出的 FDI 对税后收益率的弹性比哈特曼的估计结果略低；杨（Young，1988）用修正后的投资、GNP 和 FDI 报酬率对类似的方程进行了估计，结论是 FDI 对于外国投资的报酬率的弹性、FDI 对外国报酬率/本国报酬率的弹性都比较高。但对于利用保留收益投资的这种形式，估计结果很差，这说明哈特曼的简单模型还不完善；纽伦（Newlon）对该模型进行了补充，采用保留收益投资的条件下，他给出的估计结果是税后报酬率和税率两个解释变量的系数的绝对值都比较大，且显著性较强；国内资金投资于国外的条件下，税后报酬率的系数也比较大。

斯莱姆罗德对哈特曼模型提出了质疑，他认为其数据的误差随着年代的久远而增大，因此他在时间序列分析上做出了几项改进：第一，将虚拟变量引入模型中，较好地解决了误差问题。第二，在模型中引入了其他有可能影响 FDI 的解释变量。第三，他使用了边际有效税率（Marginal Effective Tax Rate）来估计 FDI 对税率的弹性。在此基础上，斯莱姆罗德得出的结论是：保留收益形式 FDI 受美国税率的影响并不显著，而母公司对子公司在投资明显受到美国税率的影响。第四，FDI 总流入量与美国税率呈明显的负相关。

使用 FDI 总量进行估计的学者还有：比灵顿（Billington，1999）与布鲁克曼和范·弗列特（Broekman，1999 & van Vliet，2000）。比灵顿采用 7 个 OECD 国家 1986—1993 年的 FDI 总流入量，估计取对数后的 FDI 与法定税率的平方之间的关系，结果比较显著，但弹性较小。布鲁克曼和范·弗列特采用欧盟 15 国 1989—1998 年的 FDI 总流入量，利用简单线性回归估计 FDI 对税率的弹性为 −2。

德弗卢克斯与格里菲斯（Devereux and Griffith，1998）对美国公司在欧盟的投资进行了研究，并采用了有效税率作为衡量税收对 FDI 影响的变量，其结果为：平均有效税率对 FDI 的影响似乎比边际有效税率更大。

另外，还有些学者使用多国之间的 FDI 流动汇总数据。例如，贾恩（Jun，1994）将 10 个 OECD 国家流入美国的 FDI 数据汇总，采用线性假定并使用替代变量度量税收，回归结果并不显著。佩恩和杨（Pain and Young，1996）采用 1977—1992 年德国和英国流入其他 11 国的 FDI，在对数假定下将 FDI 滞后变量也包括在回归方程中。他们的结论是英国流出 FDI 与东道国税率有明显的负相关，且弹性值较大；而德国流出的 FDI 与东道国税率相关性不显著，弹性值也较小。另外，中国金融研究中心魏尚进研究员也在类似的假定下，对 1991 年 11 个国家在 46 个国家（地区）的投资进行回归，得出的结果也非常显著。

2.2.2.2.1.2　公司税率与 FDI 流动关系的一些证据

从前文的概述中可以看出，尽管国外有些学者计量研究得出的 FDI 对税率的弹性值大小不一，但他们都倾向于一个基本的结论，即 FDI 流入与东道国税率呈负相关。表 2－5 对此给出了一些较为直观的证据。首先给出的是 20 世纪 90 年代以来，欧盟及 OECD 各国公司所得税税率的变化，表 2－5 列举了 OECD 部分国家公司税率的变化情况：

表 2－5　　　　　OECD 国家公司税率的变化（1990—2002 年）　　　单位：%

年份 国别	1990	1991	1993	1994	1997	1999	2001	2002
德国	43	43	43	37.5	37.5	35	38.4	38.4
比利时	43	39	39	39	39	39	39	39
丹麦	40	38	38	34	34	32	30	30
西班牙	35	35	35	35	35	35	35	35
法国	39.5	38	34	33.3	33.3	33.3	—	—
爱尔兰	43/	43/	40/	40/	38/	25/28	20	16
意大利	36	36	36	36	36	37	—	—
荷兰	35	35	35	35	35	35	35	34.5
英国	35	34	33	33	33	20/30	30	30
瑞典	52	30	30	28	28	28	28	28
芬兰	40	23	25	25	28	28	29	29

续表

年份 国别	1990	1991	1993	1994	1997	1999	2001	2002
奥地利	61.5	30	30	34	34	34	34	34
葡萄牙	36.5	36	36	36	36	37.4	35.2	33
美国	34	34	34	34	34	31	30	30
日本	37.5	37.5	37.5	37.5	37.5	27	27	27
瑞士	—	—	—	—	28.5	25.1	24.7	24.5
加拿大	—	—	—	—	44.6	44.6	42.1	38.6
澳大利亚	—	—	—	—	36	36	34	30
韩国	—	—	—	—	30.8	30.8	30.8	29.7
挪威	—	—	—	—	28	28	28	28

资料来源：根据 European Commission、OECD 和 KPMG 的资料整理得出。

　　从表中的数据可以看出，20 世纪 90 年代，欧盟各国的公司税名义税率基本上都有所下降。各国降低公司所得税税率的初衷不限于吸引 FDI，但是公司税率的普遍下降对 FDI 流入不可能不产生影响。那么，是否低税国家对 FDI 真的有很大的吸引力？是否高税国必然伴随着大量的 FDI 外流呢？IMF 的报告对此给出了一些描述性的证据，见图 2 - 4 和图 2 - 5。

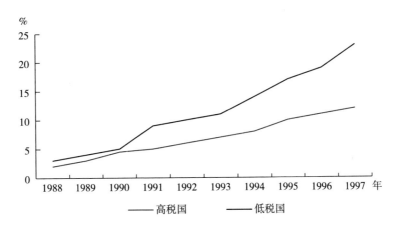

　　注：图中的低税国和高税国分别是税率最低与最高的五个国家，需要指出的是，这些低税国和高税国的构成每年都有所变化。低税国中通常包括瑞士、美国、英国，高税国一般包括德国、澳大利亚和加拿大。

图 2 - 4　1988—1997 年低税国与高税国的累计 FDI 总流入（占 GDP 百分比）

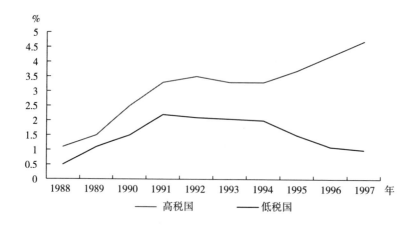

注：低税国的累计 FDI 流入占 GDP 的比重大约相当于高税国该比重的 2 倍。图 2－5 表明，低税国的 FDI 净流出量占 GDP 比重明显小于高税国，低税国在相同时期的 FDI 净流出大概只相当于高税国的一半。

图 2－5　1988—1997 年低税国与高税国累计 FDI 净流出（占 GDP 百分比）

上述证据所解释的主要是经济发达国家的公司税率和 FDI 之间的关系，关于发展中国家的公司税率和税收优惠政策，作者引用 IMF 的报告：Tax incentives in Cambodia, Lao PDR and Vietnam 中所做的横截面分析，该报告选取了 10 个国家：老挝、越南、柬埔寨、印度尼西亚、马来西亚、韩国、新加坡、泰国、菲律宾和中国作为样本，分别估计出了 FDI 与名义公司税率、FDI 与税收优惠额度之间的回归方程。

其中，FDI 的数值，除老挝和柬埔寨之外，其余取自 IMF 统计的 1998—2000 年的平均值；而老挝和柬埔寨的数值取自世界银行 2002 年的统计；税收优惠指数（Tax Incentives Index）的计算方法是：将 1998 年普华永道（Price Waterhouse Coopers）的税收摘要所统计的税收优惠数额取自然对数，但老挝和柬埔寨这两个国家的税收优惠数额为 1999 年的数据；标准差在回归方程的括号中给出。

从图 2－6 中可以看出，本国名义公司税率与 FDI 占本国 GDP 比重却呈比较明显的负相关，也就是说，较低的名义公司税率有利于吸引 FDI 流入。

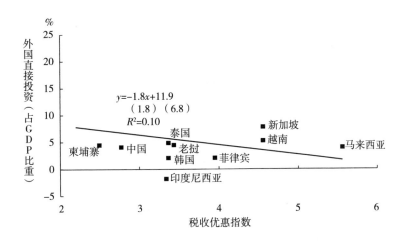

图 2 - 6　部分发展中国家外国直接投资与税收优惠

［资料来源：IMF 历年数据；普华永道（Price Waterhouse Coopers, 2001）；

世界银行（World Bank, 2002）；以及该报告作者的估计］

2.2.2.2.2　公司所得税税率对 FDI 选址和组织形式的影响

单纯分析税率与 FDI 流量之间的相关性还不足以说明东道国公司所得税对 FDI 的全面影响，因此很多学者对东道国公司税如何影响 FDI 在本国选址，以及如何影响跨国公司的企业组织形式进行了研究，下面对其进行简要的概括。

格拉伯特与穆蒂（Grubert & Mutti, 1991），海恩斯与莱斯（Hines & Rice, 1994）分析了 1982 年美国税率对所有美国拥有的财产、工厂和设备（Property, Plant, Equipment, PPE）跨地区分布的影响，他们分析了 PPE 在 33 个国家制造业的分布情况，得出的结论是 PPE 的分布对当地税率的弹性为 - 0.1。也就是说，在 1982 年，如果其他可观测的决定 FDI 的因素不变，10% 的税率差异会导致 1% 的 PPE 数量的差异。海恩斯和莱斯将样本国家的数量扩大到 73 个，并在样本中包括了更多类型的企业，得出的弹性绝对值在 - 3.3 ~ - 6.6 之间，远高于格拉伯特和穆蒂的估计值。此外，海恩斯和莱斯还证明：金融资本对税收的敏感程度远高于真实成本。随后，格拉伯特与穆蒂又于 2000 年再次将样本扩大至 500

家美国制造业公司在 60 个国家（地区）的投资，估计他们的投资对平均有效税率的弹性，也得出了绝对值较大的负弹性。

阿尔特舒勒等人（Altshuler 等，2001）比较了 58 个国家在 1984 年和 1992 年的 PPE 对于税收敏感程度，结论是该值从 1.5 变化至 -2.8。可见，PPE 对税收的敏感度显著增加。

海恩斯（Hines，1996）对如下两种投资于美国的 FDI 的分布进行了比较，一种是居住国政府对投资者应纳的美国联邦和州所得税给予税收抵免，另一种是居住国政府对来源于美国的所得不征税，在比较中，他采取了州影响固定的方法。影响固定法隐含地控制了难以计量的一些州的特点（比如硅谷和曼哈顿市中心这样较为特别的地点）。比如，通过比较德国投资者（德国对外国来源所得免税）在多大程度上比英国投资者（英国对外国来源所得给予税收抵免）更倾向于在低税州投资，来鉴别税收的影响。证据表明，1987 年，1% 的税率差异带来的结果是，两类国家投资者（外国来源所得免税和外国税收抵免）投向制造业的 PPE 的数量差异为 10%，拥有分支机构数量的差异为 3%。直观的解释是：投资相对于税收的弹性为 -0.6。

海恩斯（Hines，2001）比较了日本和美国在世界范围内的 FDI，发现日本的投资集中于其签有"税收饶让"协定的国家，"税收饶让"协定能减少外国所得在居住国须缴纳的税款。

另外，一些学者研究了 FDI 选址的概率与当地公司税率之间的关系。例如：巴提克（Bartik，1985）研究了美国 50 个州的法定公司所得税税率对跨国公司在各州设立新厂的概率的影响，结果为二者之间存在明显的负相关。帕普克（Papke，1991）研究了美国各州有效税率对不同行业的跨国公司在各州设厂的概率的影响，结论是设厂概率对于有效税率的弹性，根据不同行业有很大的区别。德弗尔克斯与格里菲斯发现：美国公司选择在法国、德国和英国三者之间投资的概率与各国的平均有效税率呈负相关。

在 FDI 的产业分布方面，斯文森（Swenson，1994）认为，美国税收的改变通常会不同程度地影响投资规模，1981 年和 1986 年的两次税制改革的效果尤为明显。他发现，美国 1986 年税制改革法案通过后，外国投资者集中投资的行业是资本上升最快的行业。

在跨国公司的组织形式方面，考夫林等人（Coughlin 等，1991）考察了 1981—1983 年，外国投资者在美国设厂的决定因素，在其他因素不变的条件下，他们的结论是州公司所得税的影响并不显著。

昂德里奇与瓦斯兰特（Ondrich & Wasylenko，1993）采用了 1978—1987 年这一相当长的时间内更多的新设厂样本，结果发现，州公司税率对新厂设立的地点选择有重大影响。他们将相同的利润模型应用于设立在各州的工厂，结论为新设厂的数量对当地公司税率的弹性为 −0.6。

斯文森（Swenson，2001）对外国投资者在美国进行的不同类型的交易（诸如设立新厂、工厂的扩张、合并与收购及合资设厂）分别进行回归分析。结果表明税收的影响随交易类型不同而不同：高的州公司税率与新厂设立和工厂扩张呈负相关，但与外国投资者的收购呈正相关。

2.3　母国税收对 FDI 的影响

大多数国家要求对本国居民的全球收入征税。本国企业或者本国居民在另一国经营生意，结果常常在母国和东道国一样被征税，因此，母国的税收对 FDI 也是有一定影响的。

2.3.1　对来源于外国的所得征税①

如上所述，大部分国家就其居民在世界范围的所得征税，这条规则很少有例外。例外有时是这个国家税制中的一部分，有时是税收协定给予的。当然，也有大量的"避税天堂"对任何类别的收入不征税，或者只是征收名义上的税。

---

① Easson，A.，Tax Incentives for Foreign Direct Investment，Kluwer Law International，2004，Chapter 2.

2.3.1.1 属地原则

在主要的资本输出国家或地区中，中国香港可能是独一无二的有纯的属地原则的税制。也就是说，对于中国香港居民（包括公司），香港政府从来不对其从外国来源的所得征税。过去的十年里，许多拉丁美洲的国家有属地原则的税制。除此之外，还有一些国家建立了特殊的控股公司和境外公司体制，使有些符合条件的公司就其外国来源所得免税或以很低的税率缴税。

2.3.1.2 经营利润

对其居民在世界范围的所得征税的国家通常会对在另一国家从事经营产生的利润征税。因此，这个公司通过分公司在国外经营，应就属于那个分公司的利润在母国征税，因为那些利润是它全球利润的一部分。这种方法的一个重要的结果是那个国外分支机构的亏损，减少了全球大量的利润。另外，很多没有采用属地方法的国家从来没有免掉外国来源经营利润的税收，尽管免税的方法经常变化。

2.3.1.3 从国外分支机构汇回的股息

当一个跨国公司通过在东道国建立的公司进行经营，东道国的公司或是整个控制的子公司或是有大量利息的分支机构。一般这个公司不会在母国被当作居民公司。它也不会在母国经营。结果是，跨国公司的母国没有对外国子公司利润征税的管辖权。只有当向母国或分支机构股东以股息的分配时，那些利润在母国才会被征税。这个原则通常叫作"递延原则"。

在一般原则下，外国来源的股息包括在接受者应税所得之中（在东道国缴纳的税要减免）。然而，许多国家对从国外分支机构汇回国的股息免税，特别是来自于来源国积极经营的股息。结果是股息被频繁地汇回母国而没有额外的税收负担。

2.3.1.4 其他所得

从跨国公司的外国分支机构得到的各种类型的所得——利息、租金、特许权使用费、管理和技术费用和类似的缴费，一般要在母国被征税，除非那个国家适用属地原则。母国也可能对外国分支机构财产处置实现的资本利得征税，或是对外国分支机构的股份征税。

2.3.1.5　进口税和关税

母国的间接税和外国投资的运行几乎没有什么关系。然而，从外国分支机构或分公司进口的货物，一般要缴纳增值税和关税。

2.3.2　消除双重征税

国际双重征税指的是收入在东道国已经被课税了，但在母国再次被征税。根据现代国际税收规则，主要是靠母国来确保双重征税的消除。下面有几种方法。

2.3.2.1　免税

如果母国对外国来源所得免税，则双重征税显然会被消除。这可以通过单边的或税收协定来解决。单方面免税，不管是采用一般属地管辖，还是对某些类别的外国来源所得免税，通常由税收协定规定，因此只适用部分国家。

2.3.2.2　外国税收抵免

由于免税，居住国通过单边或协定允许对在来源国的缴税进行抵免。一般混合的制度是普遍的，即在居住国一些类型的收入被免除，而另一些收入被抵免，很少有国家采取纯粹的免税制度或纯粹的抵免制度。

各种各样的税收抵免制度（也有免税制度）的基本特征是外国收入来源所得在居住国是应纳税的，但是通过来源国缴税的抵免，双重征税能够被消除，这样就可以抵销居民纳税人就外国收入来源所得已经缴纳的税款。外国税收抵免的数量总是限制在居住国的税收数量之下，如果来源国缴税比居住国还多，则没有哪家公司或个人愿意在居住国纳税。

实际上，外国税收抵免限额采用两种形式，或两种形式合并。一般采用的是分国限额法，即对于从每个国家所取得的收入分别计算。在这种替代的全球限额方法下，外国收入来源所得和外国税收被合计成一个计算结果，整个抵免限制在居住国要缴纳的整个税收之下。这种方法允许高税和低税来源国合计。很多国家，特别是美国，采用了更加复杂的体制，把不同类型的外国来源收入分类放在各自的"篮子"里，在一个"篮子"里平均分配，但它们之间不平均。某一公司从它的外国分支机构得到的利息允许抵免，不仅是为任何来源国股息预提税，而且也允许抵免分支机构利润的所得税。税收抵免制度的另一个重要特征是，一些制度规定超额的外国税收的前转和后转。一个纳税人公司在特定的年份可能缴纳超过可以抵免限额的更多的外国税收。在这种情况下，超限额部分允许转到下一个年度抵免。

2.3.2.3 税收饶让抵免

当税收抵免方法被用来削减双重征税时，对来源国应纳税的减免造成在居住国抵免数量的减少，造成母国应纳税额的相应增加。通过给予税收优惠或是一般的低税率来吸引外资在潜在母国是没有意义的，因为节省的税收效益不是给投资者而是给投资者的母国了。

和这个问题相关的是税收饶让抵免。发达国家（除了美国）采用抵免的方法，一般在和欠发达国家的税收协定中都包括这样的条款。尽管最近几年税收饶让不再像以前那样流行，并且几个 OECD 成员国也在他们的协定中限制使用税收饶让。税收饶让条款的效应是母国承认对东道国的税收抵免，被视为被饶让是给予直接投资者特殊优惠措施的结果。通常情况下，饶让适用利润税的扣除，也适用于对股息、利息、特许权使用费预提税的扣除，是在特定的优惠条款下授权的。

2.3.3 反避税条款

对于母国来说，因为推迟纳税原则免除了双重征税，对向外的 FDI 产生了相对较少的税收，尽管没有特殊的税收筹划介入。然而，资本输出国家，像东道国，很重视保护他们的税基并且认为需要反避税条款去处理某些情况。

2.3.3.1 转让定价

当外国投资者向东道国投资时，转让定价和其母国的关联度比较大，并且转让定价规则既适用于他们国家自己的跨国公司，也适用于以外国为基础的跨国公司，既适合对内地也适合对外交易。这种趋势表明转让定价的规则越来越严格了，并且他们是主要的原因，也就是说，转让定价主要是东道国的问题。然而，那些对转让定价调查采用强硬方法的国家似乎对他们的跨国公司和外国跨国公司的子公司都有相同的怀疑。

2.3.3.2　对协定利益的限制

套用协定主要是和东道国相关的。令人担心的是，很大程度上，入境投资者将通过与东道国有优惠税收协定的国家将间接投资，以取得税收减免或预提税的扣除，这并不是总是有效的。现在这种类型的"利益限制条款"几乎不适用于母国。人们经常遇到税收协定的特定条款。这种条款否定了协定的利益或部分利益，是针对一个或另一个缔约国的某种类型的公司或其他组织。特别地，当对某些类型的收入（例如公司利润）给予免税时，则对于从优惠税收体制中受益的所得，给予它们的免税将成为相当普遍的实践。

2.3.3.3　受控外国公司法律

除了转让定价，母国的一些基本的事务是将潜在的应纳税所得——股息、利息、特许权使用费、租金和费用，保留在国外而不会被汇回国内。根据上述规则，跨国公司的外国子公司赚取的收入，只是在跨国公司母公司征税，而且是当它汇给母公司所得时，或当母公司有权接收它时，母国的股息的税收可以被避掉，只要不申报；对于利息、特许权使用费、租金、费用和类似的收入，通过转移到一个国家的关联公司，几乎不缴税或只缴很少的税。

美国首先开始反对延迟纳税规则中的避税可能，并在 1962 年采用了所谓的"F 分部"规则（Sub Part F）。在 20 世纪末，基本相似的规则，一般是指"受控外国公司"（CFC）规则，被大多数 OECD 成员国和少数非成员国采用。尽管 CFC 规则在细节上变化很大，但它们都会采用同一基本方法：一个国家对它自己国家的居民个人或公司，就其从非居民公司或其他实体（像信托）分来的相应比例的收入征税，只要相关收入产生了，就不管它是否被分配。通常情况，外国公司（或其他实体）一定被母国居民所控制，不过只有那些持有大量股份的股东才适用这个规则。

一些国家把适用 CFC 的规则限定在"避税天堂"或低税区成立的公司。这些区域可能被定义了，或者被特别列出了。实际上，CFC 规则几乎对 FDI 收入不适用；它们主要指向消极投资收入的避税，并且大多数国家的这些规则都不适用积极的经营收入。然而，在国外从事积极经营的分支机构也从证券投资或消极资产中取得收入，因此，它和外国关联企业的收入，在母国 CFC 规则下，也要被征税。当然，要看这些规则是怎样制定的。

2.3.4 母国公司所得税对 FDI 的影响

2.3.4.1 汇回利润课税对 FDI 的影响

由于大多数国家都对本国公司世界范围的所得征税，因此母国对本国居民公司在外国的收入所得如何课税，必然对跨国公司的行为产生影响。跨国公司在东道国的组织形式主要有两种——建立分支机构（分公司）和注册子公司。其中，分支机构不是东道国居民，必须将利润汇总至母国总公司纳税，因此只涉及外国已纳税款的抵免问题。母国通常采用限额抵免的方法消除对海外分支机构利润的双重征税。值得研究的是，跨国公司的海外子公司由于不是母国居民，只将税后利润汇回母国母公司，因此母国只能对汇回的利润课税（目前各国都只在海外子公司利润汇回国内时征税，而不是在利润实现时征税）。因此，子公司汇回利润的课税会对跨国公司的经营方式产生一定的影响，进而影响到东道国的税收政策效果。下面对此进行阐述。

2.3.4.1.1 汇回利润课税对融资决策的影响

在评价国外学者分析公司税率对 FDI 流动影响时，我们曾提到过哈特曼模型，该模型把跨国公司融资的方式分为保留收益再投资和发行新股筹资两种手段。由于母国对子公司汇回利润征税，子公司如果将税后利润用于再投资而不汇回，则可避免国内税收。这样看来，似乎母国对汇回利润的课税会鼓励子公司更多使用保留收益再投资的融资决策。但是哈特曼指出，如果假定母国迟早要对子公司累积的利润课征等量的税额，那么就不会影响子公司的融资方式。

哈特曼的假设存在很多限制，在以下情况，两种融资形式各有利弊。首先，虽然将保留收益再投资有利于减少利润汇回的应纳税，但如果子公司以发行新股的方式为 FDI 筹资，就会降低母公司持有的股权比例，这样就减少了向母国汇回的利润，进而降低汇回利润应纳的国内税款，所以发行新股对子公司同样具有税收上的好处。其次，阿特舒勒、纽伦和兰德尔夫（Atshuler，Newlon 和 Randolph，1995）指出，母国对汇回利润课征的税率有可能发生变化，如果子公司预期未来的汇回利润适用税率将提高，那么将保留收益继续投资意味着将来利润汇回时会面临更高的税率。因此，用保留收益投资是不利的。再次，哈特曼的结论假设母国和东道国的税基相似，但里克尔和明兹（Leechor 和 Mintz，1993）认为，如果子公司用保留收益再投资能享受加速折旧等税收优惠待遇，那么子公司以后再将利润汇回国内时，追加部分的投资所得享受的税收抵免就会比较低（因为在东道国实际已纳税款减少了），形成抵免限额的节余。母公司若有以前年度未抵免完的外国税款，就可以利用这部分节余，此时保留收益再投资又对子公司有利。最后，格拉伯特（Grubert，1998）指出，子公司还可以其他形式向母公司支付营业利润，比如利息、特许权使用费、管理费以及其他可扣除的费用等。所以，尽管保留在子公司的利润不受母国的税收的影响，但以利息、特许权使用费等形式汇回母国的费用却受其在母国的适用税率的影响。此时母国税收对子公司是否选择将利润汇回就有更复杂的影响。

2.3.4.1.2　汇回利润课税方式对 FDI 的影响

母国通常以两种方式对外国子公司的利润课税，一是在利润汇回国内时课征，通常称为"递延课税"。二是在利润实现时课征，即按权责发生制课税。两种方式对海外子公司的税后收益以及东道国的税收优惠效果有不同的影响："递延课税"下的母公司税后收益大于权责发生制下的税后收益（东道国和居住国所有税收），即母国"递延课税"有利于跨国公司进行对外直接投资。

2.3.4.2 税收饶让对 FDI 的影响

东道国为吸引 FDI 流入，往往对投资者给予税收减免等优惠待遇，这样，投资者的外国已纳税款远远低于本国应纳税款。但是，根据母国的税收抵免规定，这部分需要由母国政府补征。这样，东道国的优惠政策往往起不到作用，投资者的实际负担的税款并没有因东道国的优惠而减轻。为了鼓励投资者对外投资，各国通常采用"税收饶让抵免"的方式，将投资者在东道国享受优惠的那部分，视同已经缴纳的税款，计入其抵免限额中。下面举例说明：假定母国 A 国某公司在东道国 B 国拥有分公司，获利 100 万元。A 国所得税税率为 40%，B 国所得税税率为 30%，但该分公司享受免税期优惠。在 A 国实行税收抵免的情况下，分公司在 B 国不缴纳所得税，将利润 100 万元汇回 A 国，应在 A 国缴纳所得税 40 万元。如果 A 国不实行税收饶让，则该公司可抵免的外国已纳税款为零，须在 A 国补税 40 万元；如果实行税收饶让，则 A 国将分公司享受优惠的 30 万元税款视为已在 B 国缴纳，则该公司可抵免外国税款 30 万元，只补交 10 万元国内税款。从该例可以看出，如果母国不实行税收饶让，外国投资者负担的有效税率与不享受优惠时相同，东道国的税收优惠起不到作用，并不能吸引外国投资者，同时还放弃了税收收入。

由于实行税收饶让的主要是发达国家，因此长久以来，税收饶让都被视为一项对发展中国家的援助政策，旨在鼓励发展中国家更多地吸引外资。

然而，部分国家并不赞成税收饶让，主要依据有以下几点。

第一，税收饶让不属于 FDI 选址的决定性因素，因此，跨国公司获得的税收好处只能算是一种"意外"好处。有证据表明：大型跨国公司在鼓励各国之间签订税收协定时，很少考虑是否含有税收饶让条款。

第二，从母国的角度看，投资于国外的公司可以享受到税收饶让的好处，相比之下，投资于国内的企业税负较重，在竞争中处于不利地位。

第三，由于各国几乎相对海外子公司的汇回利润递延课税，因此如果子公司无限期地推迟汇回利润，那么税收饶让就毫无必要。对于东道国来说，如果其目标是 FDI 存量的增长，那么税收饶让反而可能对其不利。因为，如果没有税收饶让，子公司可能因利润汇回国内享受的抵免额太少而选择在东道国再投资，而税收饶让恰好使子公司在母国的税负大大减轻，因此，打消了其再投资的冲动，尤其是当子公司不确定将来是否继续实行税收饶让政策时，其尽早汇回利润的冲动就会更加强烈。

第四，税收饶让是在资本流动壁垒较高、跨国交易不甚频繁的背景下产生的，而全球化加快了资本流动的速度和交易的复杂性，很多跨国公司可以凭借各种现代化手段，利用税收饶让条款避税。

第五，税收饶让面临着许多征管方面的难题，例如，当东道国只对特定领域的 FDI 给予优惠时，母国很难确认海外子公司是否属于优惠对象，是否有资格享受饶让。因此，母国实行税收饶让带来了难以准确估计的成本。

2.4 第三国税收对 FDI 的影响①

2.4.1 第三国中间公司的作用

许多 FDI 结构渗入不只两个国家。在母国的跨国公司的母公司和东道国的分公司、子公司或分支机构之间，有一个或更多的中间公司（或其他实体）介入。中间公司是坐落在其他国家的。有时，以这种方式安排经营的原因和税收没有任何关系；有时则完全是税收因素推动的；有时这种结构是非税考虑安排的，但税收在决定中间公司的实际位置时起了很大的作用。

---

① Easson，A.，*Tax Incentives for Foreign Direct Investment*，Kluwer Law International，2004，Chapter 2.

很多跨国公司的结构是相当精密的。大部分涉及中间公司的结构要遵守一个或其他两个基本的方式。在第一种类型的结构中，中间公司有所有权功能。子公司在第三国建立，该子公司反过来通过分公司或子公司在最终东道国来运行。在第一种类型的结构中，中间公司提供了三种服务功能。在第三国建立的子公司为集团各成员国提供各种服务。

使用中间公司的税收目的有：

（1）以最少的可能的税收成本从原始东道国抽回收入；

（2）对最终母国的收入避税或减少税收；

（3）中间公司缴纳很少或不缴纳税收。

因此，集团关注的不仅是在中间国家取得收入的税收，而且关注中间国家与最初东道国之间的税收关系，以及中间国家和最终母国之间的税收关系。从某种意义上讲，中间国家既是东道国又是母国，所以以前谈及的东道国及母国的税收问题也适用。

2.4.2 东道国、母国与第三国之间的税收关系

2.4.2.1 东道国税收的减除

通常情况下，东道国通过套用协定来减税或避税。投资者避税利用有"优惠规定"的常设机构，这个常设机构是在东道国与投资经过国的协定之下的。更普遍的是利用在特殊税收协定中预提税的低税率来避税。举例来说，东道国 A 按它国内法律规定对利息预提税按 25% 税率征收；A 国与 X 国没有税收协定，它与 Y 国的协定是 10% 的税率，与 Z 国定的是零税率。从 X 国到 Y 国的投资者，可以通过设在 Z 国的中间公司向在 A 国的子公司贷款来减少税收。

2.4.2.2 母国税收的减除

在受控外国公司规定的讨论中，母国的税收可以避免，方式是通过不汇回收入、股息、利息、特许权使用费；或将这些收入留在国外，给跨国公司提供资金。实际上，对跨国公司也可能将在高税国家赚的收入汇回国，从而在母国不会被进一步征税，再用那些所得去资助国外进一

步经营。第二种减少母国税收的方法是利用优惠税收条款。如果所得从东道国直接汇回可能被课税,但是通过第三国汇回能免税,当然前提是第三国与母国有这样免税条款的税收协定。

2.4.2.3　中间国的税收

如果所得在第三国所负担的税收比东道国、母国或比在两国节省的税收的数量大,通过第三国转移所得显然就不值了。幸运的是,对于跨国公司来说,现在很容易找到适合的避税地或提供"优惠税制"的国家,在这里,某种类型的控股公司或中心对其境外活动的所得不被课税或以非常低的税率征税。

这种管辖权的广泛应用是很明显的:人们可以看到大量的投资从塞浦路斯流向俄罗斯,从毛里求斯流向印度,或从加拿大向外投资经过巴巴多斯。正像格莱茨说的:"只要看看流入的和流出的直接投资,就可以说至少对公司,税收起了很大的作用。举例来说,卢森堡向美国提供的直接投资几乎和法国、加拿大一样多,而从美国向百慕大和巴拿马提供的投资当然不仅是从经济因素考虑就能下结论的。"①

---

① M. J. Graetz, "Taxing International Income: Inadequate Principles, Outdated Concepts, and Unsatisfactory Policies" (2001) 26 rooklyn Journal of International Law, 1357, 1361.

第3章 对外国直接投资的
税收激励的经济分析

20世纪80年代以来，世界经济中出现了两个引人注目的现象：其一，外国直接投资超越了国际贸易，成为国际经济联系中更主要的载体；其二，外国直接投资超过了国际银行间贷款，成为发展中国家外资结构中更重要的构成形式，各国政府为了争夺有限的国际资本，纷纷放松对外国直接投资的准入"门槛"，从"原则限制，例外自由"走向"原则自由，例外限制"。各国之所以竞相吸引外国直接投资，主要是因为外国直接投资是一种长期的、稳定的国际资本，能对东道国的经济产生积极的影响，譬如：促进东道国的资本形成、扩大就业、增加出口、提高技术水平等，最终起到加快东道国经济增长、提高其人民生活水平的作用。税收作为一个"楔子"，不仅会影响外国直接投资的资本成本，还会影响外国直接投资的收益，因此税收成了外国直接投资者选择投资区域时不得不考虑的一个重要因素。一般来说，在其他投资环境因素相同的条件下，高税收会抑制投资，国际资本会流入税收低的地方。为了吸引全球有限的外国直接投资，各国采取了多种激励手段，包括财政激励、金融激励及其他激励手段，其中税收优惠是这些激励手段中最主要的手段，尤其是广大发展中国家普遍采用的引资手段。税收优惠措施的普遍运用，引发了全球性的减税浪潮和税收竞争：20世纪80年代，各国普遍降低了公司所得税税率，引发了第一次减税浪潮；进入21世纪后，出现了第二次由欧盟国家减税大战引起的全球减税浪潮。可见，税收优惠已成为国际竞争的一个比较因素，是世界各国引资战略中的重要组成部分。

改革开放以来，除个别年份有所下跌外，我国吸收外国直接投资的规模一直以较快的速度增长，在一定程度上促进了我国经济的发展。哈罗德—多马模型表明经济增长的决定因素是平均储蓄率（平均投资率）和投资效率，其中资本积累对经济增长有决定性影响。实践证明，资本形成是我国改革开放以来经济增长的主要推动因素，而且根据预测资本形成仍将是我国经济增长的主导因素，资本对经济增长的贡献度将达到60%以上（武剑，2000）。由于外国直接投资能够有效地促进我国的资本形成，从而促进我国经济的增长，因此如何更好地吸引外国直接投资仍是我们需研究的课题。我国税收优惠政策伴随着对外开放过程，在吸引外资和引进国外先进技术以及推动和促进我国经济的发展和产业结构的调整方面发挥了重大作用。但随着我国加入世贸组织，税制所面对的客观经济环境发生了质的变化，基于 WTO 一般要求以及我国经济结构进一步整合调整的需要，遵循公认的多边贸易规则，创造国内更为透明的投资环境，建立更加广泛、稳定的市场准入机制，合并内外资企业所得税，调整和完善现行税收优惠政策，已成为必然选择。跟国外相比，我国关于外国直接投资和税收这两者关系的研究还不够深入，没有形成一个完备的理论体系。因此须借鉴国外这方面的研究成果，以便我国的税收优惠能够更具有成本效益。下面就从外国直接投资理论开始分析。

3.1　外国直接投资的一般理论及对东道国经济的影响

3.1.1　外国直接投资的含义

外国直接投资（FDI）虽然是一个经常谈到的名词，却没有一个公认的定义，各有各的说法。国际货币基金组织（IMF）认为：FDI 是在投资人以外的国家（经济区域）所经营的企业中拥有持续利益的一种投资，其目的在于对该企业的经营管理具有有效的发言权。① 经济合作与发展组织（OECD）认为：FDI 是非当地居民为以下几种情况进行的投资：（1）创设或扩充全资子公司或分支机构，并取得该企业充分所有权；（2）参与新设立或参股已有企业；（3）长期借款（5 年及以上）。② 综合以上两种观点，不难看出 FDI 是指一国投资者（自然人或法人）以有效控制企业经营管理权为核心，以获取利润为主要目标，以对外投资为媒介，通过在海外设立独资企业、合资企业、合作企业等形式而进行的一种特殊而复杂的投资行为。FDI 具体包括：设立跨国公司分支机构、附属机构、子公司，或同别国资本共同创办合资企业；通过购买外国企业股票而拥有该企业达一定比例的股权（如美国规定，凡拥有外国企业股权达 10% 以上者均属直接投资）；以国外所得利润进行再投资等。

3.1.2　外国直接投资的动机

3.1.2.1　市场追求型外国直接投资

市场追求型外国直接投资，目的在于巩固、扩大原有市场，开辟新市场，避开各类贸易保护壁垒，直接或间接进入当地市场。出于这种动机的对外直接投资可细分为三种类型：第一，规避和突破贸易障碍的投资，正常的贸易手段难以绕过东道国关税和非关税壁垒时，海外直接投资便成为进入对方市场的有效选择；第二，为稳定和扩大市场而进行的投资，当企业对出口的市场开辟到了一定程度之后，在当地进行直接投资生产和销售更为有利，势必导致企业的对外直接投资；第三，为开拓新市场而进行的投资。

3.1.2.2　要素追求型外国直接投资

世界各国由于自身要素禀赋条件的制约，很少能同时具备经济发展所必需的所有生产要素，因而以寻求本国稀缺性的或相对廉价的生产要素为动机的对外直接投资就产生了，主要有四种类型：自然资源追求型

① 罗余才，严俊. 国际直接投资与中国现代化［M］. 北京：中国财政经济出版社，2002：175.
② 鲁明鸿. 国际企业管理［M］. 北京：中国青年出版社，1996：25.

投资、劳动力资源追求型投资、技术和管理追求型投资和资金追求型投资。

3.1.2.3　全球发展战略型外国直接投资

跨国公司为了谋求自身长远利益、在世界范围内树立良好的企业形象，在建立起自己的国际生产体系之后，开始以全球为目标，依据资源和市场的分布状况在世界范围内进行灵活、有效和统一的经营。同时，有计划地安排投资、生产、销售和技术开发等业务活动，使有限的资源得到更有效地利用，从而获得长期而非短期的最佳经营效果。这是对外直接投资的最高境界。

其实，跨国公司进行对外直接投资无论出于何种动机，均旨在为其谋取长远的综合利益，在实质上仍以追求利润最大化为最高或最终目标，这是由资本的本性所决定的。马克思曾经明确指出："如果资本输出国外，那么，这种情况之所以发生，并不是因为它在国内已经绝对不能使用，是因为它在国外能按更高的利润率来使用。"[①]

所以，跨国公司对外直接投资的最根本的内在动力就是追逐高额利润率，使企业得到长远的发展。

3.2　外国直接投资的一般理论

早在 19 世纪 60 年代，作为外国直接投资载体的跨国公司就已出现，当时在经济比较发达的美国和欧洲国家，一些大型企业通过在海外设立分支机构和子公司，进行跨国经营和生产。经历了一个多世纪的漫长岁月，跨国公司由小到大、由少到多，获得了很大的发展。尤其是第二次世界大战以来，由于生产力水平的不断提高，技术更新速度不断加快，运输、通信条件不断改善，使跨国公司和对外直接投资活动得到了前所未有的迅猛发展。跨国公司和对外直接投资活动的蓬勃发展，促进

---

① 肖卫国. 跨国公司海外直接投资研究［M］. 武汉：武汉大学出版社，2002：101.

了外国直接投资理论的跟进和发展。据统计，目前国外有关直接投资的理论多达 20 余种。下面简要介绍几种影响比较广泛的对外直接投资理论。

3.2.1 垄断优势理论

1960 年，美国学者海默（Hymer）在其博士学位论文《国内企业的国际经营：关于对外直接投资的研究》中，首次提出了垄断优势理论。后经其导师金德尔伯格以及约翰逊等学者的补充，发展成为研究外国直接投资最早的、最有影响的理论。[①] 该理论的基本观点为：外国直接投资是结构性市场非完善性，尤其是技术和知识市场非完善性的产物，因而"纯正"的经济学和贸易理论并不适用于解释外国直接投资；企业在不完全竞争条件下所获得的各种垄断优势是该企业从事海外直接投资的决定性因素或主要推动力量；跨国公司倾向于以海外直接投资方式来利用其独特的垄断优势。

垄断优势理论提出了研究外国直接投资的新思路，从而将外国直接投资理论与国际贸易理论和国际资本流动理论独立开来，较好地解释了第二次世界大战后一段时期美国大规模对外直接投资的行为，对后来的理论研究产生了重大影响。但该理论也有一定的局限性：一是无法解释为什么拥有技术优势的企业一定要对外投资；二是不能解释跨国公司在直接投资中的地理布局和区位选择问题；三是无法解释发展中国家的对外直接投资，特别是发展中国家向经济发达国家的直接投资。

3.2.2 产品生命周期理论

美国哈佛大学教授 R. 弗农（Vernon）在垄断优势理论的基础上，将国际贸易理论与对外直接投资理论有机地结合起来，对外国直接投资

---

① 逄增辉. 国际直接投资理论的发展与演变［J］. 经济评论，2004（1）.

理论提出了另一种解释，认为对外直投资是伴随产品生命周期运动而进行的。[1] 该理论将产品生命周期划分为三个不同阶段，即产品创新阶段、成熟阶段、标准化阶段，以解释企业根据生产条件和竞争条件而作出的对外直接投资决策。它较好地解释了发达国家产品不同阶段的转移情况，从"国内→发达国家→发展中国家"，生产成本从次要因素上升到主要因素，解释了公司最初进入国外市场时考虑的因素，以及随后在国外市场进一步扩张时考虑的因素。

　　该理论是以"二战"后美国对外直接投资为研究对象，针对战后美国向西欧的对外直接投资模式提出的，主要解释了以下经济现象：产品创新国生产并出口到发达国家，发达国家投资生产，创新国减少生产和出口，最后在发展中国家投资生产，创新国停止生产改为由海外进口。随着国际经济的发展，这一发展模式显得越来越不适用：第一，不少新产品是由发展中国家的企业推出，还有一些新产品不是由跨国公司的居住国扩散到国外，而是一开始就由国外的子公司进行海外设计、研制、销售。第二，现在产品的更新换代越来越快，创新的速度也日新月异，如果还按照产品周期的理论进行对外直接投资，显然是不符合市场需求的。第三，很多发展中国家，他们不具备这样的优势，也不可能沿袭这样一种道路。所以，产品生命周期理论在用来解释对外直接投资时仍然有很大的局限性。

3.2.3　市场内部化理论

　　"内部化"是 1937 年科斯在《企业的性质》中提出的[2]。他认为市场交易是有一定成本的：当市场失效或市场不完全时，会导致企业的交易成本增加；当市场交易所需成本高于企业内部协调成本，企业内部交易活动将取代外部市场交易活动，自己来从事这些交易并使之内部化。

---

① Vernon，Raymond，1966. "International Investment and International Trade in the Product Cycle." Quarterly Journal of Economics，May.

② Cose，R. H.，1937. "The Nature of the Firm." Economics. Novermber，pp. 386 - 405.

英国学者巴克利、卡森和加拿大学者拉格曼从中得到启示，提出了"市场内部化理论"，[①] 其基本观点为：用自然性市场非完善性代替结构性市场非完善性，并以此作为市场内部化理论的关键性前提；内部化优势促成了企业的海外直接投资；海外直接投资在跨国公司的国际交易方式中居于主导地位。

内部化理论强调企业通过内部交易降低成本，内部化超越了国界就产生了对外直接投资。内部化理论的出发点是市场的不完全性，它分析企业对外直接投资仅仅从市场不完全的角度出发，它忽略了国际经济环境的影响、其他的投资动机、企业竞争力等因素。

3.2.4　比较优势理论

日本一桥大学教授小岛清考察了 20 世纪 70 年代以来日本的对外直接投资活动，并将其与美国的对外直接投资相比，发现日本对外直接投资的方式与美国不同："日本是后工业国，许多投资企业与西方名牌跨国公司相比，在技术上并不具有绝对的垄断优势，日本对外投资之所以能够成功，是因为对外直接投资企业能够利用国际分工的原则，充分发挥自己的比较优势。进行对外直接投资企业一般都是在日本国内生产已达到比较优势的部门，为了维持这些企业的生产规模，就需要到日本以外相对具有比较优势的国家或地区进行投资，以建立新的出口基地。"[②] 他还提出对外直接投资的动机主要涉及四个方面：自然资源、低成本劳动力、寻求市场、生产和销售国际化。

比较优势理论是从国际分工和比较成本原理来分析对外直接投资的，它注重从投资国而不是从公司出发讨论投资动机，因而它和垄断优势论有明显的不同。它比较了"二战"后一段时期美、日对外直接投资模式的不同特点，较好地解释了日本的对外直接投资行为，因此证明了企业

---

① Buckley, P. and M., Casson, 1976. The Future of the Multinational Enterprise. London：Macmillan, p. 69. Rugman, A. M., 1981. Inside the Multinationals：the Economics of Internationa Markets. London：Croom Helm, p. 28.

② 席酉民. 跨国企业集团管理 ［M］. 北京：机械工业出版社，2002：21.

的垄断优势并不是进行对外直接投资的必要条件。但是，此理论的分析是以投资国而不是以公司为主题，它假定所有对外直接投资公司的动机是一致的，即投资国的动机，这种假设过于简单，从而削弱了该理论的说服力。

3.2.5　国际生产折衷理论

该理论由英国经济学家邓宁（Dunning）在 1981 年出版的《国际生产与跨国企业》一书中提出。[①] 邓宁归纳并吸收了以往各派学说的成果，综合了垄断优势论、内部化理论和区位优势理论，将对外直接投资动机、条件、能力、区位等因素综合起来考虑，全面解释了为何要进行对外直接投资、到哪里投资和如何投资，以及企业在跨国直接投资、出口贸易和技术转让等国际化经营形式中做出选择的条件和动因。国际生产折衷理论的核心内容是：企业从事海外直接投资是由该企业本身所拥有的所有权优势（Ownership Advantage）、内部化优势（Internalization Advantage）和区位优势（Location Advantage）三大基本因素共同决定的。

表 3-1　　　　　　　　企业优势与企业跨国经营方式选择

经营方式	所有权优势	内部化优势	区位优势
技术转让	√	×	×
商品出口	√	√	×
对外直接投资	√	√	√

资料来源：《国际直接投资理论的发展与演变》（逄增辉，经济评论，2004 年第 1 期）。

国际生产折衷理论是迄今为止最完备的、被人们广为接受的综合型国际生产理论，被称为外国直接投资领域里的"通论"。它不只限于讨论跨国公司国际生产的决定因素，而且力图解释跨国公司的整个国际经济活动，创建了"一个关于国际贸易、对外直接投资和国际协议安排三

[①] Dunning, J. H., 1977. Trade, Location of Economic Activity and the Multinational Enterprise: A Search for an Eclectic Approach, First published in B. Ohlin Per Ove Hesselborn and Per Magnus Wijkman ed. The International Allocation of Economic Activity. London: Macmillan.

者统一的理论体系"。特别是区位优势因素的加入有助于解释外国对美国的直接投资。但是，国际生产折衷理论也无法解释部分国家在尚未同时具备三种优势的情况下对外直接投资的现象，没有涉及社会经济关系和战后国际政治经济环境的重大变化。

3.3 外国直接投资对东道国经济的影响

外国直接投资是一国的对外投资者将生产要素（如资金、技术、原材料和零部件、管理经验、销售情报）投放到东道国，从事生产经营活动并拥有经营管理权的经济行为。这样的投资活动势必会通过各种渠道影响到东道国的经济。下面就外国直接投资对东道国的经济影响进行简要论述。

3.3.1 要素转移效应

3.3.1.1 资本

从有利的方面来说：外国直接投资的注入增加了东道国的资本存量；无论是新建投资还是购并方式的投资，一般均会为东道国带来后续性追加投资，从而有助于增加东道国的资本存量；外国直接投资的注入（无论是新建投资还是购并形式投资），通常会引致居住国企业的追加或辅助投资；跨国公司可通过为东道国当地资本市场提供有吸引力的投资机会而动员当地储蓄，成为引发国内投资的催化剂。但是也有不利的方面：跨国公司的实际资本流入很少，它们的大多数资本来自于利润的再投资和当地的储蓄。如果这些资本是从当地用于其他生产性用途的国内储蓄挖来的资金，那么就会造成更大的资金缺口，使当地企业面临更严重的资金短缺。

3.3.1.2 技术

外国直接投资在一定程度上能够促进和推动东道国的技术进步。主要表现在以下几方面：吸收外国直接投资是东道国获取国外先进技术的重要途径；跨国公司海外直接投资促进了先进技术、劳动技能、组织管理技巧等在东道国的扩散；跨国公司的研究与开发机构的日趋分散化促进了东道国的科研活动，进而有利于东道国形成自己的研究与开发能力。但是，我们在吸收跨国公司的技术时要注意技术定价及相应的销售条件、技术的适用性和产品的适用性。

3.3.1.3　管理

跨国公司在东道国投资时，通常会带去东道国所缺少的高级管理人员和管理技能，这有助于东道国经济的发展，而且在外国公司撤走后可能更为重要。受过训练并在跨国公司分支机构中担任过管理和技术职位的当地人以后还会继续留在当地，这也有助于当地企业经营能力的提高。同时，跨国企业对当地的供应者和竞争对手，也可能起到有利的示范作用。当然，也存在着一些问题：如果在跨国公司子公司内部的管理人员和高度熟练的技术职位都由居住国人担任，这种作用就会很小；如果外国拥有的子公司通过竞争搞垮了当地生产者，那就会产生消极的影响。

3.3.2　产业结构效应

跨国公司在东道国的直接投资活动遍布于各个产业，从而会对东道国的产业结构造成一定影响。具体表现在以下两方面：跨国公司海外直接投资促进了东道国新兴工业的发展，进而推动了东道国产业结构的升级；跨国公司海外直接投资极大地推动了东道国传统工业的技术改造，进而有助于东道国产业结构的调整。

3.3.3　就业效应

外国直接投资对东道国就业的影响，主要表现在对就业数量、就业质量和工作环境的影响。一方面，外国直接投资往往会带来就业人员的增加，它不仅表现为直接就业人员的增加，还表现为通过采购和加工及其他方面的间接就业人员的增加。另一方面，如果跨国公司采用的是资本密集型和劳动节约型的技术，其投资所产生的就业影响可能会小得多，造成不利的影响，同时也可能会挤垮当地劳动密集型企业，从而造成更多的失业。如果跨国公司采取购并当地企业，而不是新建企业的方法来投资时，增加就业数量就会很小，甚至造成更多的失业。在就业质量和工作环境方面，相对于国内企业，特别是发展中国家的国内企业，跨国公司分支机构雇员的工资待遇、工作条件和福利都比较好，它可以对东道国产生一种示范效应，促进发展中国家东道国的工资提高和工作条件的改善。同时，在现实的经营活动中，跨国公司为了自己的经营利润和切身利益，也十分重视对其雇员的培训，努力将跨国公司的经营技术与当地的人力资源开发结合起来，因而在客观上促进了东道国人力资源的开发，提高了东道国就业人员的智能和技能素质。

3.3.4 国际收支效应

跨国公司在国外建立子公司时，东道国国际收支中的资本项目表现为外汇收入的增加，它有助于弥补东道国的外汇缺口，但这只是暂时的表现。随之而来的则是外汇的支出，其中包括支付给投资国的红利、利息、特许权使用费及行政管理费等，最终跨国公司的直接投资对东道国国际收支的影响是正是负还得视具体情况而定。因为跨国公司通常利用转让定价转移利润，使跨国公司的总体利润提高，结果可能对东道国的国际收支平衡产生不利的影响，使东道国从外国投资中所得的收益比预计的要少，甚至遭受净损失。

3.3.5 主权效应

上述因素对东道国来说可能会带来净收益，也可能带来净损失，但是跨国公司对东道国主权方面的影响通常是有害的。跨国公司的直接投资可能促进东道国经济的发展，也会使东道国丧失一定的经济主权。从跨国公司和东道国之间的关系来看，使东道国主权受损的根本原因在于东道国和跨国公司之间在政策目标方面的冲突。东道国政府的政策目标是以整个国家利益为前提的，是为了努力发展国民经济和提高人民生活水平。而作为跨国公司所追求的政策目标是在全球范围内实现利润最大化。当两者的利益发生冲突时，跨国公司可能会漠视甚至破坏东道国的政策目标，妨碍东道国国家政策的执行，这对东道国来说是不利的。跨国公司还可通过转让定价来逃避纳税，拒绝按东道国的税收政策对国民收入进行再分配。从跨国公司和居住国政府的关系来看，许多国家政府不仅对其本国的母公司而且对于整个跨国公司都行使管辖权。在跨国公司内部，子公司并没有完全的决策权利，有关投资决定、财务政策和贸易政策，以及销售、购买和雇用等决策可能全部由母公司做出。而且母公司为了与居住国政府搞好关系，就会阻止在国外的子公司采取和本国政府意愿不一致的行动。另外，跨国公司由于财力雄厚，能在很多方面操纵东道国经济，常以各种借口向东道国或居住国施加压力，因而引发了许多世界性危机。当然，东道国政府也会采取一些控制措施和政策，来减少跨国公司对其主权的损害，但是由于跨国公司的实力雄厚，有左右世界市场的力量，东道国政策所起的作用很小。再者，当东道国与跨国公司发生争端时，跨国公司还可以寻求居住国政府的保护和支持，这就使东道国难以完全控制这种损害。

3.4　外国直接投资的发展趋势

联合国贸易和发展组织发布的《2018 年世界投资报告》显示，2017年全球外国直接投资（FDI）下降了 23%，为 1.43 万亿美元。这与全球国内生产总值（GDP）及贸易增长加快形成了鲜明的对比。2017 年，全球外国直接投资下降，主要是由于跨境并购大幅下降造成的。

下降的主要原因是流入发达国家的跨国投资大幅下降，为 37%。美国作为吸收跨国投资的最大的国家，它吸收的外资下降了 40%，英国在2016 年是全球吸收外资的第二大国，它在 2017 年吸收的外资下降了92%。这两个最大的吸收外资国的外资大幅度下降，影响了国际直接投资的总体流动水平。其实，美国和英国投资大幅度下降的原因在于 2016

年有几个大型和超大型的跨国并购，把这两国吸收外资的水平大大地提高了。如果排除了这两个因素的话，下降幅度没有这么大。

美国在 2016 年上半年有几个超大型的、以避税为目的的并购。当时几家美国企业在欧洲并购了几个小型公司，然后把公司的总部从美国迁到了位于欧洲的新购置的公司。总部的迁移使这些公司原本在美国的内资资产变成了外资。在当年的统计中，这无形中"扩大"了美国吸引的所谓"外国投资"。

为了避免跨国公司进行这种以避税为目的的重组，美国政府出台了《减税与就业法案》，美国吸收的外资也在 2017 年恢复到了正常水平。但美国的新税法会对全球的外国直接投资产生重大影响。按照联合国贸易与发展会议的估计，美国 2017 年的减税措施可能对全球 2.4 万亿美元的国际资本流动产生冲击。

美国新税法的影响主要在对全球的投资存量方面。什么叫存量呢？就是说美国的跨国企业在海外的投资累积起来多年的投资建厂和海外资产。我们把它称为外资存量。美国在海外的外资存量有 6 万亿美元。其中有三分之一，大概 2 万亿美元以现金的形式存留在海外，一部分用于在海外的再投资，另一部分就是暂存在那儿，也就是说没有回汇到母国，因为汇回母国以后要上税，税率很高。由于有这么一大笔海外资产，美国进行了新的税改，降低了回汇的税率，而且是一次性地缴税，不管是留在海外还是汇回本土，都要缴税。

在这种情况下，美国一些大的跨国公司就可以在低税率的情况下，把在海外滞留的资金回汇到本土。但回汇会对海外存有这些现金的国家产生重大的影响，也就是说美国在这些国家的外资存量将大幅度下降。同时，原来存在海外的现金有一部分是可以用于在当地再投资的，这样一来就不会在当地再继续投资，就会影响到许多国家吸收外资的水平。

根据贸易和发展组织的报告，中国仍是发展中国家中最大的吸收外资国和对外投资国。2017 年，中国吸收的外资在全球排名中位居第二，仅次于美国。与此同时，2017 年，中国对外投资全球排名第三，在美国和日本之后。不过，2017 年中国对外投资的额度也减少了 36%，降至 1250 亿美元。这是多少年来的第一次下降。下降主要有两个原因：一方面，一些国家的投资保护主义盛行，使中国在海外的投资受到影响。比如说，被东道国认为是敏感的产业、敏感的领域的一些跨国并购被阻止了或劝阻了，或者没有得到批准。这一方面是由于中国在海外的一些投资主要是在一些高科技领域和农业等比较敏感的领域。另一方面，中国政府在 2017 年出台了一些对外投资的政策，不鼓励或者限制中国的一些企业在海外的某些领域进行投资，比如说房地产、购买俱乐部、购买酒店等。中国政府限制在这方面的对外投资，同时也是为了避免有些企业通过这样的投资把资金转移到海外去。所以，由于在这两个方面因素的影响，中国的对外投资下降了 36%，下降的幅度是很大的。尽管下降幅度很大，2017 年中国对外投资在全球排名中排在第三位，仅次于美国和日本。

《世界投资报告》显示，2017 年除了大型并购减少之外，已宣布的绿地投资额也下降了 14%。绿地投资更确切地说应该叫新建投资，它区别于跨国并购。跨国并购实际上是一个跨国公司在海外的东道国购买了一个企业，或者购买了海外资产。新建投资是跨国公司到一个新的国家新建了一个工厂，或者新建了一个分支机构。实际上这两种投资对东道国的经济发展的影响是不同的。新建投资需要建立一个新的工厂或者建立一个新的分支机构，首先要进行最基本的投资，投资建厂，购买机器设备，然后雇用工人等。这就是说，可以直接地带来就业和生产能力的扩张。那么跨国并购呢，从东道国的角度来说，它实际上就是一个企业由原来的东道国的企业家所有，转变为由这个跨公司所拥有。当然从长远的角度看，跨国公司接手企业后，它可能给这个企业带来了一些技术性的转让，也可能为企业未来的出口参与到国际竞争中，参与到全球产业链中，它起到了促进作用。因此这两种方式对东道国的发展都是有一定益处的。

全球投资回报率下降是导致投资低迷的原因之一。2017 年，外商投资的全球平均回报率为 6.7%，低于 2012 年的 8.1%。其中，非洲、拉丁美洲及加勒比地区的投资回报率降幅最大。报告指出，外国资产回报率下降可能会影响外国投资的长期前景。

报告显示，目前投资保护盛行，相比以前有越来越多限制投资的措施。另外，主要国家的贸易关系紧张、地缘政治风险加大等，都是绿地投资下降的主要原因，跨国公司对外投资更加谨慎。特别是政治局势不稳定，政策变化比较大，前一段时间，全球经济增长缓慢，导致跨国公司的投资收益率下降、回报率下降。在这种情况下，跨国公司对外投资的积极性就有所下降。

3.5 外国直接投资的税收激励理论分析

3.5.1 影响外国直接投资的因素

通过上文的分析以及国外学者的研究成果可以得知，税收确实会对外国直接投资产生影响。既然税收和政策稳定、自然资源和人力资源的可得性、市场规模、基础设施等非税因素都会对外国直接投资产生影响，那么到底哪几个因素起决定作用呢？其实，起决定作用的因素随着投资项目、投资动机、东道国状况的不同而不同，并且随着时间的推移，决定因素也会发生变化。在刚开始的时候，投资者可能比较注重东道国的投资环境，对税收政策考虑得比较少。但是随着东道国投资环境的普遍改善，投资者会转而注重投资的"成本—收益"问题，税收因素因此被提到重要的位置。如对阿根廷外国直接投资者的调查显示：1961 年和 1971 年，税收因素被排在所有影响直接投资决策因素的第七位，而 20 世纪 80 年代以后，税收因素就上升到了第一位。可见，我们在研究税收对外国直接投资者的影响时，要考虑到其他非税因素的状况。

表 3 – 2 政府目标与提供的税收激励措施的用途

政府目标	提供激励的依据	激励措施的选择
提升业绩：促进出口	出口的规模经济效应；国家形象建设；实际汇率和均衡汇率之间的差异	对资本货物、设备或原材料及与生产过程有关的零部件等豁免进口关税；豁免出口关税；对出口所得优惠处理；对企业的外汇收入减免所得税；为了提高出口业绩对国内销售实行税收抵免；退还关税；对进口原材料缴纳的关税提供税收抵免；对出口的净国内成分给予所得税的抵免；海外支出的扣除和出口产业的资本津贴；按照净增值额给予降低所得税或税收抵免
技术转让	外溢效应；规避风险	机器设备的加速折旧；降低所得税/免税期；投资和再投资津贴；对技能培训的津贴；对股息/特许权使用费降低税率
提升业绩：就业/培训	劳动力市场的不完善；外溢效应	免税期；对就业培训费用的津贴；按照雇员总人数的纳税扣除；降低社会保险税（费）
提升业绩：国内附加值	供货商的发展；对下游产业的外溢效应	免税期；降低所得税的法定税率；亏损额的向前和向后结转；按照营销额和促销额的纳税扣除；按照销售总额的纳税扣除
部门投资	外溢效应、产业战略与政策和国家安全	对资本货物、设备或原材料及与生产过程有关的零部件等豁免进口关税；机器设备的加速折旧；降低所得税/免税期；投资和再投资津贴；技能培训的津贴；亏损额的向前和向后结转；对资本利得的优惠待遇
区域性激励	共享的基础设施；公平因素	同上

资料来源：UNCTAD，税收激励与外国直接投资的全球调查报告，2000 年。

表 3 – 3 FDI 的主要税收激励措施

以利润为标准	降低公司所得税税率；免税期；允许免税期内发生的亏损冲销以后或以前取得的利润
以资本投资为标准	加速折旧，投资和再投资减免
以劳动力为标准	降低社会保障缴款；按雇员数量或其他与劳动力相关的支出从应税收益中扣除

续表

以销售为标准	按销售总额降低公司所得税
以增值为标准	按产品的纯粹本地成分（纯粹本地成分是指销售价减去资本设备的折旧以及进口原材料和用品的价值）降低或抵免公司所得税；按取得的净值（取得的净值是销售价减去原材料和零部件、日用品及资本设备的折旧）抵免所得税
以特定费用为标准	按与市场营销或促销活动有关的支出降低公司所得税
以进口为标准	对资本品、设备或原材料、零部件以及生产过程相关的投入品免征进口关税
以出口为标准	与产出相关的，如免征出口关税；对出口所得给予税收优惠待遇；对赚取外汇的特殊活动或产成品出口降低所得税。与投入相关的，如对进口原材料退还关税、抵免；对出口品按当地成分抵免所得税等

资料来源：张文春：对外国直接投资优惠的经济分析（经济理论与经济管理，1999 年第 1 期）。

3.5.2 税收激励的必要性

所谓税收激励是指税法中规定的给予某些活动、某些资产、某些组织形式以及某些融资方式以优惠待遇的条款，所有这些条款的基本意图就是要鼓励特定活动的资本形成与积累。对外国直接投资进行税收激励，主要基于以下几方面的考虑。

3.5.2.1 双因素理论

美国心理学家赫兹伯格于 1959 年提出了著名的双因素理论，他认为影响工作积极性的因素可分为两类：保健因素和激励因素。双因素理论针对满足的目标而言，其中保健因素是满足人们对外部条件的要求，激励因素是满足人们对工作本身的要求。前者为间接满足，可以使人们受到外在激励，后者为直接满足，可以使人受到内在激励。这种理论也可以用来分析外国直接投资活动，外国直接投资者作为追求高额利润的经济主体，同样会受到保健因素和激励因素的影响。因此，政策决策者可以通过加强双因素中的激励因素（包括税收激励）来促进资本形成，从而达到吸引外国直接投资的目的。

3.5.2.2 幼稚工业说

对外国直接投资进行税收激励的一种常见解释是"幼稚工业说"。

其基本要义与国际贸易理论中支持保护措施的"幼稚工业说"是完全相同的，即在一国某一产业发展的初期，由于生产规模小，技术也不十分成熟，生产的成本较高，该国在这一产业不具有比较优势。如果能够引入外国资本，并以此带动技术和管理技能的引进以及东道国市场竞争机制的建立与完善，那么随着生产规模的扩大、产量的增加、技术的成熟与进步，东道国该行业生产的平均成本下降，该国就可获得在这一产业的比较优势。然而，由于存在着缺陷或失效的现象，完全依靠市场自身的力量是无法实现这一目标的。譬如，由于资本市场的缺陷，企业可能面临着在筹资方面受到的限制。这与个人在筹资方面受到的限制是同样的道理，一个人在年轻时无法以其未来收入为基础进行借贷，会导致其现期消费不足。同理，由于市场上存在着信息不对称，投资者可能因无法判断企业某一投资项目是否能够盈利而对投资于该项目望而却步，于是出现投资不足。"幼稚工业说"认为，外国直接投资的投资激励措施的目的正是为了纠正"市场的不完全性"（下文有具体分析），使投资能够反映某一项目在长期内降低成本的潜力。

3.5.2.3　资本的稀缺性

外国直接投资可以弥补东道国国内的资本稀缺，并且通过乘数效应促进经济的发展。外国直接投资不但可以促进技术进步，还可以在一定程度上增加就业，优化产业结构，这使得国际资本成了大多数国家竞相争夺的对象，尤其是资本稀缺的发展中国家。但是，在一定时期内国际上可供资本的数量是既定的，一国吸引过多的资本，就意味着他国能加以利用的资本相应减少。他国为了保持其可利用外资的规模，就会采取包括税收优惠在内的一切激励措施来吸引有限的国际资本。在税收竞争日益激烈的今天，如果某一个国家参加涉外税收优惠的竞争，实际上就是在提供公共产品，而其他国家则是在"搭便车"。[①] 因此，为了争夺稀缺的国际资本，各国不得不采取税收激励，以防自己在资本争夺战中处

---

① 于洪. 经济全球化与我国涉外税收优惠政策 [J]. 财经理论与实践，2000（107）.

于不利地位。

3.5.2.4 市场的不完全性

在标准的、无外部竞争性的情况下，规模收益率不变，瞬时调整没有成本，税收激励就没有必要。否则，这种情况下采取税收激励，反而会使不同资产和各部门间的收益率不等，从而导致资源配置无效率。但在现实的经济生活中，往往存在着外部性、信息不对称、失业、不完全竞争、规模经济等现象，这可能导致边际投资的社会收益率比私人收益率高，从而使得私人部门的投资不足。因此，需要政府采取税收激励来刺激投资，促进资源优化配置。①

3.5.2.4.1 外部性

我们考察一下研究与开发投资的情况。鉴于研究与开发活动具有外溢性，研究与开发的投资者并不能得到研究与开发活动的全部利益，而很多未投资者却能享受到其成果。这种开发投资者与享用者的矛盾想通过私人谈判来解决几乎是不可能的，只能通过政府干预。此外，研究与开发资本也具有共用品的特征，知识一旦创造出来，几乎人人都能免费使用，这对免费搭车行为产生了强烈刺激。德朗格和萨默斯就设备投资也提出了有关论据。② 他们指出，在完善的市场经济条件下，设备投资的社会收益率大于私人收益率，因为这种投资对经济增长产生了正的外部性。因此，应当对设备投资给予特殊优惠待遇。③

3.5.2.4.2 风险与不确定性

人们通常认为，特定投资的收益对风险厌恶者来说大打折扣，故那些具有风险但其社会收益率很高的活动投资很少。因此，政府为了促进这些投资活动，必须降低投资者的风险成本，采取税收优惠的形式，降低投资者的资本成本，从而促进高风险、高社会收益率的投资。

---

① 张文春，郭庆旺. 鼓励投资和创新的税收优惠：理论与实践［J］. 税务研究，2000 年（3）.

② DeLong, J. B. and L. H. Summers, Equipment Investment and Economic Growth, Quarterly Journal of Economics, 1991, 106.

③ Scot t, M. F., *A New View of Economic Growth*, Clarendon Press, 1989.

3.5.2.4.3　信息不对称

信息不对称可能是政府资助某些特定投资（如研究和开发投资）的强有力的论据。研究和开发投资者与金融家之间的信息不对称限制了研究和开发项目的资金来源，研究和开发产品市场的信息不对称也限制了研究和开发企业取得利润的能力。此外，信息不对称还会在以下两个方面导致投资不足：第一，由于企业的局外人在开始阶段对企业的资质不甚了解，企业的管理人员为了吸引投资者，可能会采取增发红利的办法，这样一来，企业进行新投资的成本增加了，导致投资低于投资者充分掌握信息时的水平；第二，企业只有在新投资能够给现有持股人带来正净现值（投资的回报大于投资和偿债开支之和）的情况下才会筹资进行新投资。由于债权人和持股人相比在获得补偿上具有优先权，如果对投资的未来收益没有把握，持股人一般不会愿意让筹资超过仅够支付投资开支的水平。因此，为了纠正这种由于信息不对称而造成的投资不足，须采用包括税收优惠在内的投资激励措施。但应该注意的是，旨在矫正这种信息不对称的投资税收优惠需要权衡考虑，因为这类优惠鼓励了劣质企业进入市场，导致优质企业投资不足。

3.5.2.4.4　失业与不充分增长

凯恩斯主义医治失业的处方之一就是通过税收制度对新投资提供优惠。但是，在高失业、低盈利和低公司应税所得的情况下，税收优惠是否有效果，还值得怀疑。倘若存在着超额能力，这种优惠显然是不需要的。当然，倘若经济增长因投资不足而处于困境，税收优惠自然具有促进经济增长的作用。

3.5.2.4.5　不完全竞争与规模经济

在存在不完全竞争和规模经济的情况下，选择性的税收优惠（诸如对出口行业的税收优惠）就会使这些行业降低成本，占领较大的市场份额。

3.5.3　经验分析

从上节一些国外学者的实证研究可知，税收会对外国直接投资产生一定程度的影响，并且税收优惠会促进外国直接投资，而外国直接投资会促进东道国的经济发展。因此，税收激励如果有作用的话，应该是促进了经济的发展。国际经验显示，实行投资优惠（主要是税收优惠）的地区经济增长普遍快于没有实行投资优惠的地区（见表3－4）。这也为税收激励的必要性提供了一个有力的证据。

表3－4　　　　　　　1973—1985年各国（地区）经济增长　　　　单位：%

国家或地区	投资优惠地区	投资无优惠区	国家或地区	投资优惠地区	投资无优惠区
印度	8.3	5.6	新加坡	11.2	7.1
韩国	9.1	5.2	墨西哥	7.1	3.9
中国台湾（地区）	13.1	6.8	印度尼西亚	7.9	3.2
巴西	9.2	4.1	塞内加尔	4.9	2.4
泰国	9.1	5.2	加拿大	7.1	4.0
乍得	5.3	2.6	新西兰	9.2	3.9
埃及	8.1	3.6	西班牙	7.2	4.2

资料来源：联合国贸发会议跨国公司与投资公司《投资鼓励与外国直接投资》。

税收激励既包括直接税的激励，又包括间接税的激励，但是税收对FDI的影响，主要是体现在对公司利润课征的公司所得税上，个人所得税和社会保障税对FDI的影响并不明显，除非它们会在很大程度上影响劳动力成本。而消费环节的征税，如增值税，很大程度上转移给消费者承担。[①] 并且，因为公司所得税由于具有预提、征收租金以及筹措收入这三个功能，所以不能为了刺激外国直接投资而取消公司所得税，故本文主要分析公司所得税对FDI的激励。

3.6　税收激励的基本工具及作用机制

3.6.1　税收激励的基本工具

税收激励是整个投资激励体系中的一部分，是通过影响投资的收益

---

① 陈涛．税收激励、国际税收竞争与外国直接投资［J］．涉外税收，2002（9）．

和资本成本，从而鼓励特定活动的资本积累，以促进投资增长的一些税收优惠条款。广大发展中国家为了鼓励广泛的或特定部门和特定地区的外国直接投资，采取了一系列的税收激励措施（见表 3 - 4），既有间接税方面的，也有直接税方面的。其中公司税方面的激励工具主要有优惠税率、免税期、投资税收抵免与扣除、投资成本的快速摊销以及融资激励等措施。

表 3 - 5　　　　　　　　　　　**FDI 的主要税收激励措施**

以利润为标准	降低公司所得税税率；免税期；允许免税期内发生的亏损冲销以后或以前取得的利润
以资本投资为标准	加速折旧，投资和再投资减免
以劳动力为标准	降低社会保障缴款；按雇员数量或其他与劳动力相关的支出从应税收益中扣除
以销售为标准	按销售总额降低公司所得税
以增值为标准	按产品的纯粹本地成分（纯粹本地成分是指销售价减去资本设备的折旧以及进口原材料和用品的价值）降低或抵免公司所得税；按取得的净值（取得的净值是销售价减去原材料和零部件、日用品及资本设备的折旧）抵免所得税
以特定费用为标准	按与市场营销或促销活动有关的支出降低公司所得税
以进口为标准	对资本品、设备或原材料、零部件以及生产过程相关的投入品免征进口关税
以出口为标准	与产出相关的，如免征出口关税；对出口所得给予税收优惠待遇；对赚取外汇的特殊活动或产成品出口降低所得税。与投入相关的，如对进口原材料退还关税、抵免；对出口品按当地成分抵免所得税等

资料来源：张文春. 对外国直接投资优惠的经济分析［J］. 经济理论与经济管理，1999（1）.

3.6.1.1　优惠税率

不少发展中国家和发达国家为了鼓励外国直接投资，一般都临时性地或永久性地给予某些特定类型的活动或所得（如非居民投资者获得的收入）较低的税率。从直观上看，这似乎会提高投资者的税后收益率，促进投资的增长，但这种税收激励由于受到以下四个条件的影响，往往不能达到预期的效果。其一，优惠税率一般不能随投资额的变化而改变，从而减弱了这一激励措施的激励效应；其二，发展中国家实施的优惠税率政策，一般不允许新企业将创业期间的亏损结转到以后会计年度用以扣除应税所得，而只能用这亏损来冲减企业的税后利润，这就使得优惠税率相对无效；其三，如果有效边际税率相对较高，那么采取优惠税率的效果就比较明显，但有效边际税率本来就低，这种作用就不明显了；其四，这种激励措施的效果还取决于投资对优惠税率的预期，如果优惠税率的激励措施是长期性的，那么对投资的刺激作用就较大，如果是暂时性的，作用就小些。可见，优惠税率由于受到这些条件的影响，不能成为刺激投资的有力工具。

3.6.1.2 免税期

免税期是税收优惠税率的一种特殊形式。一个国家免税期的最常见方式是，在目标行业或目标区域从事经营的新公司在其正式经营的一定年度内，可以完全或者部分免除公司所得税，免税期以后则按适用的所得税率全额纳税。除包括我国在内的许多发展中国家外，加拿大、法国等发达国家也在某些行业采用免税期政策。对于政府来说，这一税收激励措施的关键是新成立公司标准以及免税期开始时间的界定。除此之外，还要采取有力措施以防跨国公司将应税所得转移到享受免税期的公司中，从而达到避税目的。从表面上看，虽然免税期将会使公司的所得税负担为零，激励效果明显，但是从新设公司的角度看，免税期并不像人们想象的那样宽松，只有当企业可以将折旧延期到免税期之后，有效税率方能为零。

3.6.1.3 投资税收抵免和扣除

在投资税收抵免的条件下，特定行业的公司（如正在成长中的小企业和从事高风险活动的企业等）可以将购置固定资产、研究与开发投资以及资本存量的支出，在其应纳税额中按一定比例扣除。当然，投资税收抵免对投资的刺激作用，还要取决于超过投资税收抵免限额的那部分能否前转，如果能够往前转，激励作用就更加明显。另外，投资税收抵免会促进资产的更新速度，因为相对于跟短期资产同等生产效能的长期资产来说，短期资产会获得更多的抵免额。投资扣除是指企业在缴纳公司所得税时可以从应税所得中扣除相应的份额，并以此来激励企业增加投资。税率越高，同样的投资扣除额减少的应纳税额就越多，而投资税收抵免跟公司所得税税率的高低就没有多大关系。有实例可证明，投资税收抵免和扣除在刺激投资增长方面，比降低税率更有效。罗格·高登和达里·乔根森（Gordon，R. H.；D. Jorgenson，1974）就投资税收抵免对投资的影响进行了估计，结果是：在 1964—1974 年，如果投资税收抵免率从 7% 提高到 15%，将会使股本增加 12.5%。投资税收抵免由于其激励效果明显，被越来越多的国家采用，例如希腊、马来西亚、墨西哥和巴基斯坦等国都允许投资税收抵免，土耳其则对优先发展的产业和科学研究与开发活动提供 100% 的投资扣除。对于境内的外国子公司，东道国需要考虑的一个重要问题是，税收抵免和扣除的积极政策效应是否被外国税收抵免的税制安排所抵消。如果存在这个问题，将会减弱投资税收抵免和扣除的激励作用，并将部分税收收入转让给外国财政部门。

3.6.1.4　投资成本的快速摊销

投资成本的快速摊销是指特定类型的成本可以快速注销，这也是激励投资的一项有力工具。最常见的是固定资产的折旧可以加速扣除，甚至可以作为费用列支。一般而言，任何类型的成本都可以加速扣除，包括有形投资和无形投资（如研究与开发投资、勘探费用和广告费用等）以及融资（利息）成本等。例如，新加坡规定企业用于研究和开发方面的费用支出可按 200% 扣除。同样的道理，有关亏损冲销规定的力度大小在这里也显得很重要。加速折旧作为一种有效的间接优惠方式，正被越来越多的发展中国家采用。据一项对 32 个发展中国家税收制度的调查，有近一半的国家实行加速折旧。[①] 加速折旧的具体做法各国有不同的规定，通常做法是允许企业对符合优惠规定的固定资产在购置或使用的当年提取一笔初次折旧。初次折旧占固定资产原值的比例一般较大，

---

① 朱青. 税收优惠与吸引外资——发展中国家的经验和问题［J］. 涉外税务，1998（12）.

企业可以在很短时间内将折旧提完，如巴西对批准的项目在第一年，允许50%甚至100%的折旧。也有的国家规定，享受加速折旧的固定资产必须符合一定条件，如韩国规定，投资于高科技项目或厂址设在经济特定地区的企业可对固定资产提取额外折旧；新加坡规定企业在优先工程项目、技术性劳务和科研开发等领域投入固定资本可一次性提取投资额50%的初次折旧;[①] 马来西亚则允许符合条件的项目支出，在前两年即可完全注销。

3.6.2 税收激励的作用机制

由本章第一节的分析可知，公司税从两个方面来影响公司的投资决策：一是对资本的边际收入征税，可能使投资的边际收入下降，抑制投资行为；二是允许某些资本成本项目进行扣除，产生节税，降低资本成本，鼓励了投资行为。因此，在其他条件不变的情况下，任何旨在提高资本成本的税收措施，将抑制投资的增长；而任何旨在使资本成本下降的税收优惠措施，将刺激投资。[②] 上述这些税收激励工具，主要是通过影响资本使用成本来刺激投资的。下面逐个进行具体分析。

我们假设，c = 资本成本，q = 公司的投资数额，r_g = 投资的税前收益率，i = 市场利率，d = 经济折旧率，u = 公司所得税税率，z = 价值 1 元资本的将来折旧扣除现值，y = 价值 1 元资本的利息扣除现值，那么在不征收公司所得税的情况下，资本成本的决定式是：

$$c = q(i + d)$$

而在征收公司所得税的情况下，资本成本的决定式变成了：

$$c = q(i + d)(1 - uz - uy)/(1 - u)$$

这样在采取优惠税率这一激励措施时，由于 u 的降低，一方面使分母 $(1 - u)$ 增大，从而降低资本成本，促进投资；另一方面会减少 uz 和 uy 的值，减少了折旧扣除和利息扣除的节税额，从而增加了资本成本，

---

① 朱青. 税收优惠与吸引外资——发展中国家的经验和问题 [J]. 涉外税务，1998 (12).

② 郭庆旺. 当代西方税收学 [J]. 大连：东北财经大学出版社，1994：42 – 48.

会抑制投资。可见，优惠税率的最终激励效果取决于它对两方面的影响力度。上述等式中各参数的值不同，激励的效果也不同，但在一般情况下，优惠税率能促进投资。免税期实际上是优惠税率的特殊形式而已，因为在免税期内公司不必缴纳公司所得税，所以 $u = 0$，资本成本变为 $c = q(i + d)$，它跟纳税时的资本成本相比是增加了还是减少了要视具体条件而定，如果 $(1 - uz - uy) > (1 - u)$，或者 $(z + y) < 1$，那么免税期使得资本成本跟正常纳税相比有了下降，从而促进了投资，相反则会抑制投资。

投资扣除是指除了正常折旧和利息扣除外，还允许公司按其投资的一定比例从应纳税所得中扣除。假设扣除比例为 k，则投资扣除产生的节税，每元投资为 uk。相应的资本成本的表达式调整为：

$$c = q[(i + d)(1 - uz - uy - uk)]/(1 - u)$$

投资税收抵免是指除了正常折旧和利息扣除外，还允许公司按其投资的一定比例从应纳税额中直接中扣除。假设税收抵免率为 k，那么资本成本表达式变为：

$$c = q[(i + d)(1 - uz - uy - k)]/(1 - u)$$

与正常纳税相比，投资扣除和投资税收抵免，都因新增节税，降低了资本成本，有利于促进投资。

投资成本的快速摊销这一激励措施用的最多的是加速折旧。假设允许公司按比率 d 折旧，那么价值一元资本的折旧现值是 $z = \sum (1 + i)^{-t} d(1 + d)^{-t} = d/(i + d)$。加速折旧就是提高允许折旧的比例，假设允许折旧的比例为 a，并且 $a > d$，那么 $z = a/(a + d)$。虽然分子和分母都有了增加，但分子增加得更快，所以价值一元资本的折旧现值有了增加，从而也就减少了资本成本，促进了投资。我们可以用一个更为详细的例子来说明。假定直线折旧法的折旧提取符合经济折旧，并用年限数字总和法代表加速折旧的一种方法，购入的设备定价为 10000 元，经济使用寿命为 5 年，估计残值为 1000 元，税率为 30%，资金的机会成本率为 20%，则可以得到表 3 - 6 和表 3 - 7。

表 3-6   两种不同方法的折旧提取速度

方法	一年	二年	三年	四年	五年
直线法	20%	20%	20%	20%	20%
年限数字总和法	5/（5+4+3+2+1）33.33%	4/（5+4+3+2+1）26.67%	3/（5+4+3+2+1）20%	2/（5+4+3+2+1）13.33%	1/（5+4+3+2+1）6.67%

表 3-7   两种不同方法的折旧提取和税款节省额   单位：元

方法		1	2	3	4	5	合计
直线法	折旧提取额	1800	1800	1800	1800	1800	9000
	折旧提取额现值	1500	1250	1042	868	723	5384
	税款节省额	540	540	540	540	540	2700
	税款节省额现值	450	375	313	260	217	1615
年限数字总和法	折旧提取额	3000	2400	1800	1200	600	9000
	折旧提取额现值	2500	1667	1042	579	241	6029
	税款节省额	900	720	540	360	180	2700
	税款节省额现值	750	500	313	174	72	1809

从表 3-6 和表 3-7 计算的结果可以看出，年限数字总和法税款节省额的现值比直线法多 194 元（1809-1615），这意味着加速折旧提取使资产有效价格从 10000 元降到 8191 元（10000-1809），这对投资者的投资行为无疑是一个很大的激励。

3.6.3 各税收激励工具的比较分析

由上面的分析可知，优惠税率以及免税期这两种税收激励工具在一定条件下跟正常纳税相比，还有可能增加资本成本。但投资税收抵免和扣除以及加速折旧这几种税收激励工具只有一种正的激励作用，那就是降低资本成本。对于优惠税率来说，公司税率的一次性降低比逐渐降低的优惠性差，而且在投资优惠水平既定的前提下，税率降低会比投资税收抵免和扣除放弃的收入更多，因为它们除了减少新投资的应纳税额外，还会减少现有资本和经济租金的应纳税额。

　　免税期对投资的最终影响取决于资本折旧扣除和税收损失可以结转到免税期以后时期的程度。在不允许向以后年度结转的情况下，倘若某些企业处于亏损状况，那么在初建时期被课税可能会得益。倘若亏损可以完全向以后年度结转，这种特定情况下的实际补贴可能过于慷慨。同时，免税期可能为投资者提供了把应税所得转移到享受免税期待遇的活动上，从而获取税收套利的机会。其中转让定价是最主要的套利途径，转让定价现已成为国际税收实践中最复杂也是增长最快的领域，目前，各国还未形成监督管理转让定价的有效机制。转让定价不但增加了政府的监督管理成本，而且便利了跨国投资者的偷税和避税，这使跨国投资者转让定价的免税期难以成为有效的税收激励工具。此外，与投资税收抵免或投资扣除相比，免税期以牺牲长期投资为代价以鼓励短期投资，而投资税收抵免或投资扣除则是以较低的收入成本鼓励长期投资。[1]

　　投资税收抵免和投资扣除，对资本成本的影响基本相似，但投资扣除最终的激励效果受到了公司税税率的影响。同样的扣除比例，公司税税率越高，节税额就越多，而投资税收抵免则不受公司税税率影响。在公司税税率为 50% 的情况下，20% 的投资扣除对公司的影响，与 10% 的投资税收抵免相同。比如公司的投资额是 10 元，应税所得额是 10 元，应纳税额为 5 元。在投资扣除制度下，20% 的投资扣除使该公司缴纳 4 元 ［（应税所得额 10 元 - 投资额 10 元 × 20%）　× 50%］税，少缴 1 元税金；在投资税收抵免制度下，10% 的抵免率使该公司也同样缴纳 4 元（应纳税额 5 元 - 投资额 10 元 × 10%），也少缴 1 元税金。

　　虽然理论上已证实投资税收抵免与加速折旧在减轻投资税负方面具有相同的效果，但是在实际应用中，一般都认为前者优于后者，具体有以下几方面原因：第一，通过投资税收抵免实现的税负减轻，其过程意义都较简单明了，只要在已决定的税负中减除一定数额即可。对于投资

---

　　① 张文春，郭庆旺. 鼓励投资和创新的税收优惠：理论与实践 ［J］. 税务研究，2000（3）.

决策者而言，投资税收抵免的税负减轻程度事先完全可以确定，有助于在制定投资决策时作全面考虑。通过加速折旧实现的减轻税负，首先由增加折旧额开始，再经过降低应税利润额，最后才是减轻税负。不仅过程曲折，而且税负的减轻程度也可能受税率的影响，很不容易确定。第二，就减轻公司的投资税负而言，投资税收抵免所减轻的税负是永远的减轻，该公司并不因此而使以后的税负有任何加重。但是，加速折旧则不然，有降低该资产以后使用期间折旧基础的效果，故以后各年度的税负，由于可计提的折旧减少而相应增加；甚至以后各年度税负的增加数，可能因以后年度公司税税率的提高而超过加速折旧所减轻的税负。第三，投资税收抵免是通过在已决定的税负中直接扣除来减轻税负，不改变企业的成本及利润的计算，不隐瞒企业的经营成果。加速折旧所实现的税负减轻，因须在正常折旧外增加折旧，故要抬高成本，下压利润，有时会造成公司财务核算中的成本与利润的失真现象，混淆真正经营成果。更重要的是，在公司以成本作为产品定价或其他决策依据时，加速折旧使定价决策失误。这种失误在一国物价水平需要稳定或国际竞争需要加强时，常构成一个不利的因素。相反地，投资税收抵免并无这种不利影响。[1]

3.7 税收激励效果的评价

3.7.1 居住国税制对东道国税收激励效果的影响

外国直接投资者虽然得到东道国给予的各项税收优惠而暂时减轻了税收负担，但是当他把利润汇回居住国时，居住国若重新征税，则东道国所减免的税收必然转移到居住国国库里，因而抵消了东道国的税收激励效果。因此，东道国的税收激励最终能否发挥作用，在一定程度上取

---

[1] 郭庆旺．税收与经济发展［M］．北京：中国财政经济出版社，1995：99.

决于投资者居住国对外国来源所得的课税方法。投资者居住国对外国来源所得的课税方法主要有扣除法、免税法、税收饶让、外国税收抵免等方法。在这些方法中，免税法和税收饶让能使东道国的税收激励发挥更大的效果。但对于居住国来说，税收损失太多，且有碍于资本输出中性的实现。而外国税收抵免法，能够兼顾东道国和居住国的利益，并且让东道国优先行使来源地管辖权，因此，此法是大多数国家采用的方法。下面我们分析税收抵免法对东道国税收激励效果的影响。

假设东道国的平均有效公司所得税税率为 u^*，子公司在东道国获得的税前利润为 II，子公司应纳的东道国公司所得税为 T^*，k 表示支付给母公司的利润份额，D 表示分配给母公司的税后利润，D^n 表示母公司的股息收入，w^f 表示东道国的非居民的预提税税率，则有如下等式：

$$u^* = T^* / \mathrm{II}$$

$$D = k\mathrm{II}(1 - u^*)$$

$$u^* k\mathrm{II} = u^* D/(1 - u^*)$$

$$D^n = D(1 - w^f)$$

$$T^* = k\mathrm{II}[u^* + w^f(1 - u^*)]$$

$$T^{R*} = k\mathrm{II}[w^f(1 - u^*)]$$

其中，T^* 代表母公司得到的那部分利润所要缴纳的东道国总的税收，T^{R*} 代表汇回时才发生的东道国税收。因为东道国的公司所得税不管是保留还是分配都要缴纳，因此预提税是唯一相关的汇回税。

下面我们考察在居住国的纳税情况，如果 u 代表居住国的公司所得税税率，$k\mathrm{II}$ 这部分利润可以获得的抵免额为 FTC，则母公司的国外所得应纳的母国税额为：

$$T = uk\mathrm{II} - FTC$$

$$FTC = \min(u,c)k\mathrm{II}$$

$$c = u^* + w^f(1 - u^*)$$

所以，$T = (u - \min\{u, [u^* + w^f(1 - u^*)]\})k\mathrm{II}$

在采取外国税收抵免的情况下，会存在超限抵免和外国税收抵免不足两种情况，下面分别给予考虑。

如果是超限抵免，则：

$$(FTC/k\amalg) = u \leq [u^* + w^f(1-u^*)]$$

$$T = 0$$

$$T^c = T^* + T = T^* = k\amalg[u^* + w^f(1-u^*)]$$

$$T^R = T^{R*} + T = T^{R*} = k\amalg[w^f(1-u^*)] = w^fD$$

母国和东道国的综合汇回税率为：$t^R = \partial T^R/\partial(k\amalg) = w^f(1-u^*)$

如果是外国税收抵免不足的情况，则：

$$(FTC/k\amalg) = [u^* + w^f(1-u^*)] < u$$

$$T = (u - [u^* + w^f(1-u^*)])k\amalg$$

$$T^c = T^* + T = uk\amalg$$

$$T^R = T^{R*} + T = (u-u^*)k\amalg > 0$$

$$t^R = \partial T^R/\partial(\lambda\amalg) = u - u^* > 0$$

从上面的分析可以得知，在超限抵免的情况下，公司的总税收负担取决于东道国公司所得税的平均有效税率和预提税率，这样，东道国的税收激励效果就没有被居住国抵销。但在外国税收抵免不足的情况下，公司的总税收负担只是取决于居住国的公司所得税税率，因此完全抵销了东道国给予的税收优惠。

东道国的税收激励效果，不仅取决于居住国的课税方法，还在一定程度上取决于东道国和居住国所得税率的高低。下面我们用表3－8来概括税率高低对东道国税收激励效果的影响。①

因此，在东道国的税收激励程度以及居住国的课税方法一定的情况下，东道国的税率越高，有关FDI的税收激励效果越大，但从长期看，东道国的税率不能太高；在相对税率以及东道国有关FDI的税收激励程度不便的情况下，东道国通过税收协定争取适用免税法和税收饶让，是提高税收激励效果的最有效途径。

---

① 郭庆旺. 当代西方税收学［M］. 大连：东北财经大学出版社，1994：63.

表 3-8　　　　　　　　　不同情况下东道国税收激励的效果

资本输出国的方法及其影响	资本输出国税率低于资本输入国税率					资本输出国税率高于资本输入国税率				
资本输出国的课税法	免税法	直接抵免法	间接抵免法	税收饶让	扣除法	免税法	直接抵免法	间接抵免法	税收饶让	扣除法
资本输入国的税收激励效果	正	无任何效果	纳税延期	正	正	正	正	正	正	正
国家间税收收入有无转移	无	有	有	无	有	无	无	无	无	有

3.7.2　税收激励效果的评估方法

在发达国家，税收激励对外国直接投资影响的经济评价方法，从较为简单的舆论调查评述到经严格推导和验证的模型研究，从部分均衡分析到一般均衡分析，从宏观经济分析到微观经济分析，已经形成一个较为完整的定量分析体系。但是在发展中国家，有关该领域的较系统的分析似乎尚在起步发展阶段。目前，关于税收激励对 FDI 影响的评估方法主要有以下 5 种，下面逐个进行说明。[①]

3.7.2.1　公司调查评估法

对公司高级管理人员进行抽样调查，通常被用来评估税收对 FDI 的激励效用，特别是税收对研究与开发投资的激励效用。这种方法是调查者通过分层随机抽样，选择一定数量的被调查公司，并对这些公司的高级管理人员进行面访，以弄清他们对税收激励的实际效用的基本看法，比如政府放弃的税收收入到底换回了公司多少额外的投资。曼斯费尔德和斯威兹以及古辛格等人采用这种评估方法分别对发达国家和发展中国家的税收激励及其效用进行了考察，得出的结论是税收激励对外国直接投资虽然有促进作用，但是放弃的税收收入却并没有带来更多实际的或是预期的额外投资（新增投资）。[②]

---

① 邵金鹤. 税收对投资影响的评估方法［J］. 外国经济与管理，2001（1）.

② 安沃·沙赫. 促进投资与创新的财政激励［M］. 匡小平、秦泮义、张文春，等译，北京：经济科学出版社，2000：112 - 113.

公司调查评估法不可能对税收激励的效用作出完全客观准确的测定与评价，因为这种评估方法不能对政策变化前所考察的行为提供任何数据支持。因此，由该种方法得出的分析结果只能作为其他评估方法的参照或是补充。

3.7.2.2　资本存量灵活调查模型分析

该模型是考察发展中国家税收激励政策对外国直接投资影响的非常适用的分析工具。在该模型分析中，可以使用可变的、非制约性的技术，并同时能对固定生产要素短期偏离其均衡值的幅度加以控制与量化。该模型假设资本意愿存量同产出量之间有一定的固定联系，认为税收激励措施通过降低资本的相对价格引起资本意愿存量的变动来实现对投资的影响。其模型分析体系由霍尔—乔根森方法导出，并得出如下结论：由税收激励措施引起的资本使用者的成本降低越多，资本意愿存量的变动就越大，从而对投资的推动作用也就越大；反之，则越小。后来，伯恩斯坦、沙赫和巴夫斯等人将该原理运用于生产结构的分析研究中，进而推导出更为精细、具体的分析模式，即税收激励的有效成本模型，考察了税收激励对巴基斯坦、墨西哥和土耳其等国的有效性问题。[①]

3.7.2.3　Q 理论方法

托宾的 Q 理论模型的要旨是只要用于购买资本的 1 美元支出能使一个公司的市价升值超过 1 美元，那么这个公司就会继续投资。由于 Q 被定义为现存资本的市场价值对其替代成本的比率，因此只要 Q 大于 1，企业的投资活动就会发生。萨姆斯曾利用该原理分析考察各种税收政策对外国直接投资的影响作用。他在假定规模技术收益不变和债务对资本存量的比率不变的条件下，导出了所谓萨姆斯的线性投资函数。Q 理论虽然尚未用于发展中国家税收激励对投资影响的定量分析，由此引出的一般前瞻分析模型的推广应用却在不少发展中国家的税收激励效用分析中尽显风采。

---

① 安沃·沙赫. 促进投资与创新的财政激励 [M]. 匡小平、秦泮义、张文春、罗宁，等译. 北京：经济科学出版社，2000：578 – 617，695 – 713.

3.7.2.4　一般前瞻分析模型

该模型中支配外国直接投资的决策规则与 Q 理论相同，但这两种理论在关于不可观测的预期与可观测的变量间如何联系的问题上有所不同。该模型的分析思路是：将投资问题分解为预期形成后获取投资品的决策；预期以滞后变量为基础，从预期方程中推导出的参数被用来预测未来变量，而未来变量又被用来替代不可观测的预期。这些未来变量最后可用以评估生产投资和调整参数。拉加哥普、沙赫和巴夫斯等人将模型的分析方法应用于生产结构的分析框架中，研究评估了巴基斯坦、墨西哥和土耳其等国的投资激励问题，并取得了一些进展。[①]

3.7.2.5　生产结构分析法

该方法实际上是上述三类模型分析在生产结构框架研究中的推广应用，可用来系统考察税收激励对公司生产和投资决策的影响。这种分析体系的基本步骤是：先确定短期、中期和长期均衡条件下各税收激励工具带来的新增资本；然后确定因各税收激励工具导致的政府收入损失额；最后再计算这两者的比率即"效益—成本"比率，用以测定由税收激励工具导致的政府收入损失所带来的新增资本。当成本等于效益时，说明放弃的收入与由此带来的收入持平；当成本大于效益时，说明税收激励带来的额外投资不足以弥补因此而引起的收入损失；当成本小于效益时，说明放弃的收入能带来更多的额外投资。

3.7.2.6　边际有效税率模型和一般均衡模型

边际有效税率是指对边际投资征收的相对税额，它是资本税前收益率与储蓄税后收益率之间的差额。税收激励会降低边际有效税率，从而使享受税收优惠的经济活动或公司增加额外投资。上面那些分析模型主要用来测定直接税收激励对外国直接投资的影响作用，而边际有效税率则可用来测定间接税收激励对投资的影响作用。因而，这种方法被广泛应用于各种税收激励的效应分析中。如鲍德威等人运用边际有效税率模

---

① 安沃·沙赫. 促进投资与创新的财政激励 [M]. 匡小平，秦洋义，张文春，罗宁，等译. 北京：经济科学出版社，2000：620－691.

型对东盟各国和南美的巴西、哥伦比亚等国的税收激励效应进行了实证
分析。[①] 边际有效税率模型的一个最主要局限在于，它不能告诉人们政
府放弃的税收收入所带来的额外投资，而生产结构分析模型则克服了这
一致命的缺陷。上述分析方法都是局部均衡分析模型，在模型体系中舍
弃了经济中最复杂的相互关系。而一般均衡模型可对经济进行分解式的
考察，进而对所有重要的关联性作出定量的估计。因而，它是评价税收
激励效应的有效工具。费尔德斯坦和沙赫运用分解可计算的一般均衡模
型，分析考察了墨西哥和巴基斯坦的税收激励效应，得出的结论是投资
税收抵免对外国直接投资具有更强的促进作用。[②]

3.7.3 税收激励效果的实证结论

迄今为止，已经有许多经济学家采用上述方法实证分析了发展中国
家和发达国家为吸引外国直接投资而采用的各种税收激励工具的有效性，
尽管他们所使用的方法不同，各东道国和居住国的经济情况也存在着明
显差异，但结论却比较一致。[③] 这些结论大致可归纳为以下 8 个方面：

（1）不当的税收激励措施将导致政府税收损失大于引资数额。发展
中国家和发达国家的经验都表明，广泛的税收激励措施（如免税期和一
般公司税税率降低）成本很高，它通常使政府损失的收入超过由其实施
所产生的新投资的价值。而税收损失用其他经济活动的税收增加来弥补，
会对经济运行产生不利影响。巴西、墨西哥等国的经验表明，对某些优
先行业给予激励措施会引起其他行业要求享有同等优惠待遇，最终导致
激励措施的不利影响随着时间的推移而剧增。其结果是使税收制度更趋
复杂，在经济整体运行中以公平和低扭曲方式等筹措收入的能力受损并
不可避免地引起逃税和避税活动。

---

① 安沃·沙赫. 促进投资与创新的财政激励 [M]. 匡小平，秦泮义，张文春，罗宁，等译，北京：经济科学出版社，2000：359-459.
② 安沃·沙赫. 促进投资与创新的财政激励 [M]. 匡小平、秦泮义、张文春、罗宁，等译，北京：经济科学出版社，715-746.
③ 张文春，郭庆旺. 鼓励投资和创新的税收优惠：理论与实践 [J]. 税务研究，2000（3）.

（2）免税期不是达到较好投资激励效果的政策工具。免税期作为发展中国家最常用的政策工具，其对资本使用成本的影响既具有正效应，也具有负效应，但其对投资的总效应取决于资本折旧扣除和税收损失可以向免税期之后年度结转的程度。一般而言，免税期对于利用不可折旧生产要素的企业比较有利，它为企业投资者将应税所得转移到可以利用免税期的活动上提供了税收套利机会。因此，免税期政策工具将有利于短期经营而有损于长期投资。

（3）低于资本输出国的公司税税率降低（比如说低于30%）通常会使税收收入的损失大于投资的增加。实际上，这种税率降低往往会产生一种预期，预期将来的税收会迅速增加，很可能会抑制投资。

（4）在激励投资的政策中，目标定位于机器、设备以及研究和开发等新投资且提供预先激励的选择性税收激励具有较好的成本效率，这无论在理论上还是在实践中均有其合理性。其理论依据是投资对经济增长具有外部性，而且消除了经济活动代理人与融资活动代理人之间的信息不对称。从实践上看，在股票市场不完善的情况下，税收制度允许投资全部费用列支会使政府成为一个股权合伙者，并能促进投资。

（5）发展中国家的许多制度性特征抵消了税收激励措施对投资的鼓励作用。例如，如果企业拥有充分的市场支配能力，具有将税收负担完全前转的措施，则税收不会影响资本的租金率，从而政策不会发挥作用。对于受到信贷资金约束的企业，投资活动将受到投资激励措施的很大影响。其他形式的政府干预措施，如稀缺外汇资金的分配和某些行业的保护措施，使投资激励措施在很大程度上会导致对投资行为产生边际效应的租金的再分配。

（6）税收制度的可靠性是税收优惠发挥作用的根本保证。如果税收制度变化无常，一项政策就会被看作是暂时的而不会起作用。同时处于不可靠税制下的投资者要求预期收益率要大大高于无风险贴现率。因此，比较难以逆转的激励措施，如投资税收抵免、加速资本扣除等措施，可能比税率降低对投资的促进作用更大。

（7）消除税收和非税收抑制因素（如缺乏基础设施、法律不完备、制度安排缺陷等）对刺激投资更为重要。在一些发展中国家，例如巴基斯坦、墨西哥的基础设施和管理制度、马来西亚的关税制度，都对投资活动造成了严重障碍。法律制度也很重要，一国财富水平的提高和担保品的增加会大大降低不对称信息的成本，担保品的增加会降低债权人面临的风险，企业家在必须以其更多的财富承担风险时，不大可能从事不良项目的投资活动。提高个人以财富作为担保品能力的政府政策，如通过增加产权和建立法律制度等，会增加有发展前景项目获得资金的机会。

（8）吸引外国直接投资需要特殊的税收激励措施。原则上，东道国要根据居住国对外流投资的课税制度对不同的外国投资者予以差别待遇，但这很可能导致不公平的税收待遇。

总之，在制度上建立可持续的经济政策与税收政策，消除税和非税的抑制因素，给投资者建立一个可以信赖的投资环境，而后实施明确的税收激励政策则更具成本效率。

第 4 章　税收特区的政策设计

1959 年，爱尔兰建立第一个香农自由港，被称为现代税收特区（STZ）的起点。自从 1959 年爱尔兰建立第一个现代 STZ 以来，税收特区的建设已成为一个全球性的现象，特别是在发展中国家，税收特区具有普遍性。税收特区的类型很多，包括经济开发区（EDZs）、出口加工区（EPZs）、自由经济区（FEZs）、自由贸易区（FTZs）、自由区（FZs）、经济特区（SEZs）、特区（SZs）和免税区（TFZs）。它们的目标基本上是一致的，即吸引外国或国内投资，创造就业机会，从而促进特区及周边地区及国家的经济发展。

从本质上讲，税收特区制度是政府为了争取更大的税基而采取的税收优惠制度。然而，这种形式的税收竞争政策工具不同于避税地。避税地侧重于为税收筹划、金融业务、资产持有和其他减少外国企业和富人在其居住国税收负担的安排提供便利，因此，它们一般不以吸引大量实质性经济活动为目标。与之不同，税收特区应通过吸引大量经济活动来发展国内经济。但这并不意味着税收特区是完全无害的。1998 年，经合组织发表的报告首次讨论了优惠税制和避税地的潜在有害影响，该报告分析了有害的税收竞争现象，确定了避税地和有害优惠税制的判定标准。它还建议各国在国内立法、税务协定和国际合作方面采取一系列措施，以打击有害的税收实践。除了理论框架外，1998 年报告还提议设立一个有害税收实践论坛（FHTP），审查和监测经合组织成员国的税收优惠制度。2013 年，经合组织（OECD）和 20 国集团（G20）通过了 BEPS15

项行动计划，以解决税基侵蚀和利润转移问题。在 BEPS 第 5 项行动计划中，经合组织授权 FHTP 对打击有害税收实践的措施进行更新。有关有害税收实践的第五项行动计划报告被列为四项以"最低标准"（Minimum Standard）执行的报告之一，这意味着该报告虽然不具有法律约束力，但须对包容性框架（Inclusive Framework）成员国的相关制度进行统一审查和监督，其中就包括中国的税收特区有关制度。

国外对税收特区的理论研究较国内更广泛和深入。荷兰国际财税文献局（IBFD）就税收特区这一议题专门成立了联合研究小组，并于 2019 年出版《国际税收协作时代下的税收特区》一书，系统阐述了国际税收框架下税收特区的有关问题。具体而言，国外对于税收特区的理论研究集中在以下方面：一是税收特区的定义及分类；二是税收特区内优惠政策的制定；三是税收特区制度的国际协调，包括两大税收协定范本、BEPS 行动计划及世界贸易组织对税收特区制度的约束。Pita Grandal（2019）将税收特区定义为"比周边辖区或国家的普遍适用的税收制度更优惠的地区"，并特别强调了税收特区与避税地的区别。[①] Gilberto de Castro Moreira Junior（2019）列举了 7 类典型的税收特区，包括自由贸易区、保税仓库、出口加工区、自由港、专业园区、单一工厂区和企业园区[②]。Sebastian James（2009）[③] 基于边际有效税率降低的比例测算了 11 种税收优惠政策的减税效果，结果表明投资抵免政策在降低企业税负方面最为有效。此外，各国政府应定期编制税式支出预算表，以衡量和监测税收激励措施的成本及效益。Antti Laukkanen（2018）[④] 阐述了国际税

---

① A. M. Pita Grandal, Chapter 2: The Concept of Special Tax Zones in Special Tax Zones in the Era of International Tax Coordination (A. Laukkanen, P. Pistone & J. J. P. de Goede eds., IBFD 2019), Books IBFD.

② G. de Castro (Jr.) Moreira et al., Chapter 3: Types of Special Tax Zones in Special Tax Zones in the Era of International Tax Coordination (A. Laukkanen, P. Pistone & J. J. P. de Goede eds., IBFD 2019), Books IBFD.

③ James S. Tax and Non – Tax Incentives and Investments: Evidence and Policy Implications [J]. Ssrn Electronic Journal, 2009.

④ Laukkanen A. Special Tax Zones in Developing Countries and Global Tax Policy [J]. Bulletin for International Fiscal Documentation, 2016, 70 (10).

收视角下税收特区在税收管辖权、受益原则、公平交易原则方面的问题，及各国税收特区制度与 BEPS 行动计划、WTO 规则间的协调。

4.1　经济特区与税收特区的比较分析

几十年来，在一个经济特区①内适用特殊政策以促进经济发展和商业活动的现象一直存在。这些政策可能涉及非税务事项，如价格优惠的土地，或税务事项，如自由贸易区②的关税免税政策。为了全面研究这些涉税问题，IBFD 在《国际税收协作时代下的税收特区》一书中没有使用现有术语，而是引入了一个新的、广泛的概念，即"税收特区"（STZ），旨在涵盖所有这些不同类型的区域。

税收特区（STZ）的概念指税收制度比周边辖区或国家的普遍适用的税收制度更优惠的地区。税收特区具体划分为许多种类，包括经济开发区（EDZs）、出口加工区（EPZs）、自由经济区（FEZs）、自由贸易区（FTZs）、自由区（FZs）、经济特区（SEZs）、特区（SZs）和免税区（TFZs）等。它们的最终目标基本上都是一样的，即吸引外国或国内投资，创造就业机会，从而改善特区及周边地区或国家的经济发展，推动本国经济增长以造福本国公民。

尽管从广义的概念上讲，税收特区制度适用于无经济实质的主体，例

① 《现代经济词典》对经济特区的定义为：一个主权国家或地区，在对内、对外经济活动中，为了实现特定的经济目标，在其境内所开辟的实施特殊经济管理体制和特殊经济政策的区域。经济特区通常具有以下特征：（a）在地理位置上具有一定的封闭性，通过法律法规划定区域；（b）有单一的管理或行政机构；（c）以吸引投资为设立目的之一；（d）有单独的关税或税收优惠政策，税收征管程序相对简化。经济特区的主要形式有自由港、自由区、自由贸易区、保税区、免税区、自由边境区、出口加工区、多功能综合性经济特区等。中国社会科学院经济研究所，刘树成主编. 现代经济词典. 南京：江苏人民出版社，2005 年，第 560 页。

② 也称"自由区"、免税贸易区或自由关税区。指不属于一国海关管辖的港口或海港地区。在自由贸易区，外国货物可以免征关税自由进出，而且一般可以进行加工、买卖、重新分级、分类、重新包装、装配和制造。通过设置自由贸易区可吸引外资、吸收外国先进的技术和管理、扩大对外贸易，扩大就业，推动本国经济的发展。自由贸易区一般设在国家的重要口岸内，或其附近。黄运武. 新编财政大辞典，沈阳：辽宁人民出版社，1992 年，第 345 页。

如特殊目的的公司或信箱公司，这些公司可能被用于避税，甚至可能受益于特区内特殊的税收保密制度。然而，IBFD基于20个税收特区样本的研究表明，税收特区须构建透明的商业环境、服务于有经济实质的主体，避免有害的税收优惠、遏制企业的税基侵蚀和利润转移行为，才能发挥其积极作用。因此，本文将真正的税收特区与避税地区分开来，仅研究前者。

税收特区不同于避税地，尽管两者都提供优惠的税收政策，但在除此之外的其他方面，税收特区都与避税地显著不同。例如，税收特区提供一个完全透明的商业环境、税收特区中企业有实质经济活动以及税收特区遵从税务信息交换的规则。此外，虽然税收特区最初是作为保税仓库而创建的，但随着越来越多制造商的入驻，税收特区不断促进着服务和创新的发展。

表4-1　　　　　　　　　　　税收特区与避税地的异同

特点	税收特区	避税地
面积	通常是在一个特定的司法管辖区或国家内确定的一块区域	通常是一个独立的小国或一个特定的管辖区，通常是一个岛屿
基本特征	主动经营而非被动持有资产	被动持有资产而非主动经营业务，无实质性活动（如信箱公司）
典型代表	自由贸易区一般靠近港口，没有关税	英语圈岛屿，针对银行和其他金融服务发达的基础设施
主要目标	优化营商环境，通过对贸易和其他业务的税收激励实现区域发展	为符合条件的公司提供税收优惠，通过投资和优惠税收制度实现区域发展
主要业务活动	物流（即港口、运输和仓储）、成本效益高的制造、贸易和金融服务	金融和保险服务、财富管理、知识产权、行政服务和船舶登记
主要税收政策	免税期，不征或低增值税，不征或低企业所得税，不征或低资源税	不征收增值税，不征收或低企业所得税，不签订税收协定，不征收进出口税，不征收或降低资源税
关税	无关税	无进出口税
其他优惠政策	不征收或限制征收消费税，如对酒精、烟草等征收的消费税	不征收或限制征收消费税，如对酒精、烟草等征收的消费税
营商环境	公司易于设立，行政机构有限，公司通常在特定时间内获准经营	公司易于设立，行政机构有限，不提供税务信息，缺乏透明度，通常提供法律和会计服务

虽然税收特区的制度框架并未在全球范围内达成共识，税收特区的具体制度由每个主权国家的立法者自行决定，但真正的税收特区应该具

有以下性质：

第一，税收特区具有政策优惠性。所有的税收特区制度都规定了在某些条件下纳税人可享受的税收优惠，都旨在减轻纳税人的税收负担。

第二，税收特区具有反避税性。税收特区旨在构建税收优惠制度，而不是避税和洗钱的制度，享受税收优惠的纳税人须有实质性的经济活动。[①]

第三，税收特区具有区域特定性。税收特区是一个在地理上被划定的区域，其适用的税收政策与周边地区显著不同。

第一代税收特区包括港口、机场、保税仓库等，在这些特区内，间接税的减免促进了国际贸易的发展。第一代税收特区内仅有贸易活动，没有工业制造活动。第二代税收特区内开始出现加工制造活动，企业进口原材料、机器和设备，在特区内加工成产成品后免关税出口，或享受其他形式的税收优惠，如加速折旧、低税率、免税期等。这些特区促进工业发展、出口和就业，从而拉动了财政收入的增长。在第三代税收特区内，优惠制度的税收优惠普遍适用于各种服务，包括金融、技术和创新服务。

税收特区通常分为特定的区域类型，如自由贸易区[②]、海关保税仓

---

① A. Laukkanen, The Development Aspects of Special Tax Zones, 70 Bull. Intl. Taxn. 3, secs. 2. 2. and 4. 3.（2016），Journals IBFD.

② 自由贸易区 FTZ：主要目标是通过货物的制造和流通来刺激经济活动和投资，允许货物在不受海关干预的情况下再出口，并促进这些地区和所在国的经济发展。为实现这一目标，组成自由贸易区的国家集团之间的贸易壁垒在没有海关当局干预的情况下减少或消除，并享受相互的税收优惠，例如货物和服务的进口、出口、结构调整和修改，允许成员领土之间自由流通。

海关保税仓库：是指未经海关许可，不得进出的海关监管区域。其理念是货物可以在不缴纳关税的情况下储存、处理或进行生产操作。只有当这些商品转移到国内的消费者手中时，他们才需要纳税。海关保税仓库是自由贸易区的一个较小的替代品。

出口加工区：指专门从事出口制造业的工业区，通常有 10—300 公顷的围栏。它们为企业提供自由贸易条件和宽松的监管环境。它的目标是吸引外国投资者、合作者和买家，这些投资者、合作者和买家可以方便地进入一些经济体工业产品的世界市场，从而创造就业和外汇。在传统的出口加工区模式中，该区内的整个区域都是专门为出口加工制度下获得许可证的外向型企业设立的。相比之下，混合型出口加工区通常被细分为一个向所有行业开放的综合区，而不考虑出口导向，并为出口导向的、在出口加工区注册的企业保留一个单独的出口加工区。

自由港：一般来说，自由港将特殊条件应用于更广泛的活动，并包含更大的分隔区域。任何类型的活动都可以在自由港进行，包括旅游和零售服务，这种结构允许个人在该地区生活。此外，自由港通常提供更广泛的奖励和好处。由于自由港的性质是不限制任何类型的商业，不像其他类型的特区。

库、出口加工区、自由港、专业性园区和单一工厂。

自由贸易区：一方面，进口至自由贸易区内的商品无须申报缴纳关税，除非其进入关税区供国内消费（此时进口商可以选择按进口原材料或产成品的税率纳税）；另一方面，运至自由贸易区的待出口货物在进入该区域时即可享受出口货物的退税政策。自由贸易区通常位于发展中国家，20世纪20年代开始在南美出现，在乌拉圭和阿根廷获得了成功。因此，在20世纪60年代和70年代，自由贸易区的数量在世界范围内迅速飙升。全世界有约3500个自由贸易区，它们分布在135个国家，提供了6600多万个就业岗位。[①]

海关保税仓库：由海关当局划定、认可和授权并受其控制的区域。该区域内货物一般可在规定的条件下无限期储存，只有当这些商品转移到国内的消费者手中时才需要纳税。海关保税仓库类似自由贸易区，但一般规模较小，且涉及的工业制造活动较少。在中国，海关保税仓库包括江苏省张家港保税物流园区、广东省盐田港保税物流园区等。

出口加工区：在传统的出口加工区模式下，整个区域都是专门为出口加工区制度下获得许可证的外向型企业设立的。[②] 混合型出口加工区内则单独设立向所有行业开放而不考虑出口导向的综合区。20世纪70年代，出口加工区广泛建立于亚洲和拉丁美洲，而在过去20年中，它们在非洲等新兴经济体中越来越普遍。最近，中国、印度和俄罗斯等几个大型新兴经济体针对工业和贸易政策的转变通过了新的出口保护区立法。越来越多的出口加工区不仅引入了传统制造业，更进一步瞄准了服务业。目前，有100多个国家建立了出口加工区，向外国市场供应货物和服务。[③]

---

① http://www.unep.fr/ozonation/information/mmcfiles/7745 – e – factsheet _ freetradesandtradei-nods _ 2015. pdf.

② World Bank, Special Economic Zone: Performance, Lessons Learned, and Implication for Zone Development (World Bank 2008). p. 10.

③ M. Engman, O. Onodera & E. Pinali, Export Processing zones: Past and future role in trade and development, OECD Trade Policy Working Paper No. 53, p. 5 (OECD 2007).

自由港：与其他类型的税收特区相比，自由港通常将税收优惠条件应用于更广泛的商业活动，并包含更广阔的地理区域。《京都公约》把实践中的自由港称为自由区，并且把这一区域界定为："一国的部分领土，在这部分领土内运入的任何货物，就进口税及其他各税而言，被认为在关境之外（并免予实施惯常的海关监管制度)① ……"自由港的主要特点如下：

广阔的区域：自由港通常覆盖广阔的空间，为工厂选址提供更多选择。

广泛的商业活动：任何法律允许的商业活动都可以在自由港内进行，从仓储、制造到转运甚至旅游服务。此外，个人可以在自由港内居住。

免税优惠：自由港内注册公司和居民个人均能享受税收优惠政策。公司进口货物的数量和种类不受其出口产品相关情况的限制，免税和退税商品可在零售或批发环节出售和购买，并在区内消费。

同时面向国内市场：通常，自由港内的公司可以在申报缴纳有关进口税费后，向国内市场和消费者出售产品。②

第一代自由港是新加坡等城市国家和纳闽（马来西亚）和巴淡（印度尼西亚）等岛屿。2018 年 4 月 14 日，新华社受权发布《中共中央国务院关于支持海南全面深化改革开放的指导意见》，提出要在海南全境建设自由贸易试验区，探索建设中国特色自由贸易港，从此开始了中国自由港的建设步伐。

专业性园区：专业性园区是为促进特定行业发展而划定的区域，该区域提供特定的工业基础设施和优惠措施。③ 一般来说，专业性园区可

---

① 《京都公约》：即《关于简化和协调海关业务制度的国际公约》（*International Convention on the simplification and Harmonization of Customs Procedures*），海关合作理事会 1973 年 5 月 18 日在日本京都召开的第 41/42 届年会上通过，1974 年 9 月 25 日生效。在《京都公约》的附约中，这部分领土称为自由区。在实践中某些国家，则采用了自由港、自由客栈的名称。

② World Bank，Special Economic Zone：Performance，Lessons Learned，and Implication for Zone Development（World Bank 2008）．p. 16.

③ P. Pakdeenurit & N. Suthikarnnarunai，Member，IAENG，IMECS，12 – 14 Mar. 2014，Hong Kong；and W. Rattanawong，Special Economic Zone：Facts，Roles，and Opportunities of Investment，IMECS，12 – 14 Mar. 2014，Hong Kong.

以是科技园区、石油化工园区、物流园区和机场基地区，可以容纳金融服务、旅游、赌博、互联网、医疗服务和教育等行业。具体来说，各国专业性园区设立的目的不同，例如马来西亚的纳闽专业性园区的目的是吸引金融行业的企业入驻，除了程序便利以及低运营成本外，纳闽中心还提供了一系列税收优惠，例如2010年生效的税收事先裁定制度，保障了纳税人纳税义务的确定性。①

单一工厂制度：单一工厂制度旨在鼓励某一特定行业或企业的发展。在某些情况下，单一工厂制度集中施行于某个工业、互联网或软件园区。然而，这类制度不强制要求享受优惠政策的企业落户于某个地理区域，而是根据企业从事的业务是否符合标准来考量是否给予其享受优惠政策的资格。②

企业园区：企业园区是税收特区制度在城市发展中的应用。这些地区旨在通过税收优惠、基础设施建设、开放管制和财政补贴推动区域发展、提高社区生活质量、振兴贫困地区。企业园区大多位于发达国家，如法国、英国和美国。自2012年以来，企业园区建设一直是英国政府长期经济计划的核心，自2012年4月起，该国各企业园区共引入了635家企业，吸引了超过24亿英镑的私营部门投资，建设起世界级的物流设施，创造了近24000个就业机会。③

当前世界范围内税收特区的数量是显著的，几乎所有的中美洲和拉丁美洲国家都有不同种类的税收特区。亚洲国家如伊朗，非洲国家如摩洛哥、尼日利亚、突尼斯同样如此。表4-2列示了10个典型国家和地区的税收特区。

---

① World Bank, Special Economic Zone: Performance, Lessons Learned, and Implication for Zone Development p. 3 (World Bank 2008).

② International Business Publications, Inc. (IBP), Japan Special Economic Zones Handbook – Strategic Information and Regulations p. 40 (IBP 2007).

③ 网址：http://enterpriseezones. communities. gov. uk/about – enterprise – zones/（2017年7月31日访问）。

表 4 - 2　　　　　　　　十个国家（地区）税收特区的比较①

国家（地区）	特点	主要税收优惠	其他事项
巴西	改善工农业实体和促进研发活动	加速折旧、所得税及社会保险费减免	北部、东北部和亚马逊经济开发区
西班牙加那利群岛	适用于制造、物流和研发实体	投资 10 万欧元以上，创造 5 个以上新工作岗位，可享受 4% 的企业所得税税率，税基限制在 110 万欧元至 1.2 亿欧元，对非居民的股息和利息不征收预提税，也不征收增值税，税收特区内企业适用西班牙税收协定	旅游岛的特定区域，优惠政策适用至 2019 年
中国	大面积的经济开发区和自贸区，"城中城"，允许各种实体入驻，如传统的制造业和物流业，目前则重点吸引高科技企业和区域总部	免税期，自获利年度起计算优惠期，第一年至第二年免征企业所得税，第三年至第五年按照 25% 的法定税率减半征收企业所得税；高新技术企业可享受 15% 的企业所得税税率；创业投资企业和天使投资个人投向种子期、初创期科技型企业，按投资额 70% 抵扣应纳税所得额	上海自贸区和其他经济开发区
克罗地亚	鼓励旅游业发展	根据 2012 年《投资法》，企业所得税税率降低至 10%、5% 或 0%。例如，对 100 万欧元至 300 万欧元的投资和 10 年内创造 10 个以上新工作岗位的投资，税率为 5%（75% 免税）。对投资 5 万欧元以上，5 年内创造 3 个以上就业机会的微型企业，也有相应激励措施	13 个自由区、自由贸易区，适用于生产和各种服务企业。官僚主义导致遵从成本上升，削弱投资者积极性
印度	面向出口企业和制造业的自由贸易区；鼓励技术发展	第一年到第五年免征企业所得税，第六年到第十年减半征收	

① Laukkanen A . The Development Aspects of Special Tax Zones ［J］. Bulletin for International Fiscal Documentation，2016，70（3）.

141

续表

国家（地区）	特点	主要税收优惠	其他事项
葡萄牙马德拉群岛	工业自贸区、国际航运登记处、国际金融服务中心和国际服务中心	对于服务实体，对外国来源收入免征企业所得税，不征收房地产税和印花税；对创造1—5个就业机会且投资超过75000欧元或创造6个以上就业机会的体制二实体和体制三实体降低5%的企业所得税税率。税收特区内企业通常可适用葡萄牙税收协定	主要针对金融服务和服务实体，工业和航运方面实体逐渐减少
波兰	经济特区	投资或就业指标达标可获得政府补助	到2026年将会有14个特区
俄罗斯	面向工业、旅游业和娱乐业的经济特区。克里米亚和塞瓦斯托波尔市是自由贸易区	经济特区的企业所得税税率为13.5%（普遍税率为20%）；享受10年100%免税期；不征收财产税或土地税	须分别核算来自经济特区和来自其他地区的收入
南非	针对制造业的工业开发区	无须缴纳增值税、关税；符合条件的商业活动适用15%的企业所得税税率（普遍税率为28%）；允许加速折旧	
土耳其	与欧盟有关的出口导向型投资和制造实体拥有优先权；根据《自由贸易区法》第3218号，服务企业拥有10年的许可证，生产企业拥有15至20年的许可证	对制造业收入不征税，对自贸试验区进口货物不征收关税。个人所得税不适用免税规定	2008年，在不同地点设立了21个自由贸易区

税收特区建设是中国推动经济改革的重要举措。经过几十年的中央计划经济，中国政府在1978年开始实施改革开放政策，并于1979年7月决定由广东省和福建省率先对外开放，实行"特殊政策和灵活措施"。

1980 年 8 月，广东省的深圳、珠海、汕头被指定为经济特区①，随后在
1980 年 10 月，福建省的厦门也成为经济特区。

特区内优惠政策和各类生产要素的适当结合使大部分园区取得了迅
速发展。相比于全国 GDP 在 1980—1984 年年均增长 10%，深圳达到了
惊人的 58% 年增长率，其次为珠海（32%）、厦门（13%）、汕头
（9%）。1984 年，中国在 14 个沿海开放城市创办了经济特区的另一种发
展形式——"经济技术开发区"（ETDZs）。1992 年以后，国家将开发区
的布局从沿海地区向内陆地区扩大，将发展的重点从基础性行业更多地
向技术密集型行业转移。② 这些经济技术开发区都无一例外地对外商投
资企业给予了相当优惠的税收待遇，如降低税率、"两免三减半"政
策③等。

基于最初开放贸易与投资的成功经验，中国决定进一步开放经济。
1984 年，中央在经济特区的基础上，创立了经济技术开发区。综合性经
济特区和经济技术开发区之间的差异是规模大小。综合性经济特区往往
占地面积更大（有时是整个城市或省份）。1984—1988 年，14 个国家级
开发区在其他的沿海城市建立，并在随后的几年中落户珠江三角洲、长
江三角洲和福建闽江三角洲的一些城市。1988 年，海南省被定为第五个
综合性经济特区，在 1989 年和 2006 年，上海浦东新区和天津滨海新区
也分别被确立为经济特区。除此之外，在 1992 年，国务院建立了另外 35
个国家级开发区，以此试图将经济技术开发区从沿海地区延伸至内陆地
区，并将重点更多放在技术密集型产业上。截至 2008 年底，全国有 54
个国家级经济技术开发区。除了上述的综合性经济特区和经济技术开发
区外，在中国各级行政区还有许多其他类型的经济特区，其中包括高新

---

① 在某种意义上，"税收特区"实际上是"经济特区"的同义词，前者强调特区建设中与税
收相关的问题，后者强调特区设立的意图，即发展经济。

② 曾智华. 经济特区的全球经验：聚焦中国和非洲 [J]. 国际经济评论, 2016 (5)：123 -
148, 8.

③ "两免三减半"的政策是指外商投资企业可享受自取得第一笔生产经营收入所属纳税年度
起 2 年免征、3 年减半征收企业所得税的待遇。

技术产业开发区、自由贸易区、出口加工区等，各有不同的侧重点①。党的十八大以来，中国特色社会主义建设进入了新时代。新时代的改革开放也依然需要特区路径。2018 年 4 月，海南全岛正式设立为自由贸易试验区。2019 年 8 月 18 日，中共中央、国务院印发了《关于支持深圳建设中国特色社会主义先行示范区的意见》，提出了将深圳建设成为高质量发展高地、法治城市示范、城市文明典范、民生幸福标杆、可持续发展先锋的战略定位，特区制度在中国进一步发展。

4.2 税收特区的作用

4.2.1 降低企业税负，提升城市经济发展效率

新的企业所得税法出台以前，内资企业和外商投资企业分别适用不同的企业所得税制，内资企业所得税税率一度高达 33%，而特区内符合条件的外商投资企业则可适用 15% 或 24% 的低税率。除企业所得税优惠外，经济技术开发区还可享受进口原材料和生产设备免征关税、外商投资项目行政审批程序简化、土地使用费减免等多项优惠。

新的企业所得税法自 2008 年 1 月 1 日起施行。新法带来了两个重要变化：内资企业和外商投资企业统一适用新的企业所得税税率，法定税率调整为 25%；大部分地区性税收优惠政策被取消。国务院下发通知（国发〔2007〕39 号），对原《中华人民共和国外商投资企业和外国企业所得税法》下的税收优惠政策进行过渡。因此，在原税制下有权享受 24% 低税率的企业，从 2008 年起按 25% 征税，但对于 2007 年 3 月 16 日之前成立的企业，在享受 15% 低税率的前提下，适用过渡税率，如

---

① 在中国，"特区"一词可细分为多个概念，包括：（1）经济特区；（2）经济技术开发区；（3）高新技术开发区；（4）国家创新示范区；（5）出口加工区；（6）保税港区；（7）保税物流园区；（8）综合保税区；（9）跨境工业园区；（10）跨境经济合作区；（11）服务外包示范城市；（12）跨境电子商务试验区；（13）试点保税区；（14）国家综合改革试验区；（15）金融综合改革试验区等。

表 4 - 3 所示。①

表 4 - 3　　　　　　2008 年以来中国经济技术开发区税收优惠政策

适用时间	税收优惠	适用纳税人或应税项目	适用区域	来源
2008	自获利年度起计算优惠期，第一年至第二年免征企业所得税，第三年至第五年按照 25% 的法定税率减半征收企业所得税	新设立高新技术企业	经济特区与上海浦东新区	企业所得税法
2009—2018	减按 15% 所得税税率征收企业所得税；企业发生的职工教育经费支出，不超过工资薪金总额 8% 的部分，准予在计算企业所得税应纳税所得额时扣除	技术先进型服务外包企业	服务外包示范城市	财税〔2009〕63 号关于技术先进型服务企业有关税收政策问题的通知
2008—2020	减按 15% 所得税税率征收企业所得税	鼓励类产业企业	西部地区	企业所得税法
2008	减免企业所得税地方分成部分	企业	民族自治地方	企业所得税法
2014—2020	减按 15% 所得税税率征收企业所得税	鼓励类产业企业	广东省横琴新区、福建省平潭综合试验区、深圳前海深港现代化服务业合作区	财税〔2014〕26 号关于广东横琴新区、福建平潭综合试验区、深圳前海深港现代化服务业合作区企业所得税优惠政策及优惠目录的通知

---

① 这一变化与 2001 年中国加入世界贸易组织（WTO）有关，因为 WTO 原则上拒绝成员国的区域税收优惠。另见 J. Li, The rise and fall of Chinese tax incentives and implications for international tax debates，8 Florida Tax Review 7, pp. 669 - 712（2007）。

表4－4　　　　　　　　　我国税收特区企业所得税税率的演变

年份	适用税率（%）
2008	18
2009	19
2010	22
2011	24
2012	25

新的企业所得税法取消了许多区域性税收优惠政策，导致税收特区的数量急剧下降。因为经过5年的过渡期后，一部分经济技术开发区内的企业不再享有税收方面的优惠政策，这些经济技术开发区便不再符合税收特区的定义。基于这一变化前后中国制造业调查数据的变动，复旦大学教授杜莉研究了有税收特区和无税收特区样本地区的企业所得税负担、净产出、出口、资本和全要素生产率的变动趋势，并得出有关特区税收优惠政策带来的经济效应的结论。[①]

（1）有税收特区的地级市在净产出、出口和资本方面明显优于没有税收特区的地级市。2008年，这三项经济指标均出现增长放缓现象，有税收特区和无税收特区的城市之间差距缩小。

（2）与没有税收特区的城市相比，有税收特区的城市在1998年至2005年的企业所得税负担较低，2008年至2009年的城市企业所得税负担较高，在其他时期两者的企业所得税负担几乎相同。企业所得税税负的变化时点与2008年《中华人民共和国企业所得税法》出台后经济技术开发区的特殊税收待遇正式取消的时点基本一致。

（3）就全要素生产率而言，2008年以前，有税收特区的城市与没有税收特区的城市之间没有明显的差异，但从2008年开始，有税收特区的城市的全要素生产率开始明显优于没有税收特区的城市。

通过进一步实证分析，杜莉教授证实了税收特区政策的积极作用，

---

① L. Du，Chapter 8：Are the Special Tax Zone Policies Effective? Evidence from China's Economic and Technological Development Zones in Special Tax Zones in the Era of International Tax Coordination（A. Laukkanen，P. Pistone & J. Goede eds.，IBFD 2019），Books IBFD（accessed 18 October 2019）．

其显著降低了税收特区所在地级市的企业所得税负担，在出口、投资、GDP 和全要素生产率方面取得了较好的经济效益。此外，研究还发现了经济技术开发区的溢出效应，周边设有更多税收特区的地级市，其所得税负担更低，经济效益更好。因此，经济技术开发区的建立也将带动邻近地区的经济发展。

4.2.2　发挥税收调节作用，协调区域发展

税收政策是政府调控经济的重要手段，区域性税收优惠在政府刺激地区经济增长、协调区域发展中发挥着重要作用。建立税收特区可以弥补某一地区由于偏远或缺乏适当的公共基础设施而造成的结构性缺陷。在中国，利用税收优惠促进地区经济发展的做法由来已久。改革开放之初，为了促进东部沿海地区率先发展，中国在经济特区、沿海开放城市等地区实行税收优惠，以增强东部地区对资本、人才等经济要素的吸引力。在具体的优惠手段上，主要采用企业所得税优惠的方式，例如"两免三减半"①或"五免五减半"。这是因为企业所得税的税负不易转嫁，直接由企业承担，企业所得税优惠直接降低了企业的经营成本，对吸引资本流入产生了积极作用，促进了东部经济腾飞。到了 20 世纪 90 年代中期，中国形成了典型的东部、中部和西部三大经济地带，地区间经济发展差距不断拉大。为促进地区间的协调发展，2000 年，中国开始实行西部大开发战略。2000 年 10 月，国务院颁布了有关西部大开发政策的《关于实施西部大开发若干政策措施的通知》（国发〔2000〕33 号），首次明确提出要从 2001 年开始对西部地区实施税收优惠政策。西部大开发的税收优惠主要涉及四大税种：企业所得税、农业特产税、耕地占用税和关税。其中，企业所得税优惠力度最大，在财政部、国家税务总局、海关总署《关于西部大开发税收优惠政策问题的通知》中规定，对设在西部地区的内资企业和外商投资企业，2001—2010 年，减按 15% 的税率

---

① "两免三减半"，即前两年免征企业所得税，后三年减半征收企业所得税。"五免五减半"与此类似。

征收企业所得税，民族自治地方的内资企业经省级人民政府批准可定期减免企业所得税，新办交通、电力、广播电视等企业在满足相关规定后，在一定经营期间内可减免企业所得税。西部大开发的优惠政策在 2010 年到期之后，财政部于 2011 年再次规定上述税收优惠政策继续沿用。①②实证研究结果表明，西部大开发促进了西部地区的经济增长，在缩小西部地区与中东部地区经济发展差距方面起到了积极作用。西部大开发的实施，使得西部地区的经济增长速度增加了约 1.5 个百分点，由此使得西部地区 2000 年以来的经济增长率超过了中东部地区，促使中国区域经济从趋异转向收敛。③

4.2.3　税收特区建设的挑战

新投资的激励措施使现有投资处于不利地位。投资激励的目标是创造新的投资或扩大现有的投资。但在吸引新投资者的过程中，决策者可能会忽视现有投资者。通过解决现有投资者在扩大投资时面临的问题，可以获得很多好处。事实上，如果现有投资者得不到照顾，新投资者投资的可能性就会降低。

此外，提供过多的投资激励措施，可能会给现有投资者的薄弱基础带来更大的收入压力，增加他们的税收负担，造成扭曲，从而侵蚀税收基础。现有投资者对这种压力的一种回应是，以新投资者的身份逃税，并从投资激励中获益。一个常见的例子是，当投资者的福利到期时，他们重组为新投资者，滥用免税期。

新投资对现有投资者造成业务损失，并且没有得到激励。

---

① 财政部、海关总署、国家税务总局《关于深入实施西部大开发战略有关税收政策问题的通知》。

② 罗鸣令，范子英，陈晨. 区域性税收优惠政策的再分配效应——来自西部大开发的证据 [J]. 中国工业经济，2019（2）：61-79.

③ 刘生龙，王亚华，胡鞍钢. 西部大开发成效与中国区域经济收敛 [J]. 经济研究，2009，44（9）：94-105.

4.2.4　遵从成本抵销政策优惠效应

许多发展中国家利用税收优惠措施减轻外国投资者的税收负担。而大多数国家只关注低税率对投资的影响,忽略了税收遵从成本以及与税收优惠相关的信息获取和企业形象成本。这些成本可能抵销税收优惠对外国投资的吸引力。

如果税收优惠的给予与否完全依赖于税务机关的自由裁量,企业必须花时间和金钱进行游说。若获得税收优惠的审批流程漫长而复杂,也会消耗企业的时间成本,增强经营的不确定性。此外,税收优惠对投资者的优惠作用需结合税制结构的大环境来看。与低税率、宽税基的税制相比,在税收征管不规范的国家,大量的税收优惠政策可能会给投资人一种缺乏透明度和责任机制的印象。①

4.2.4.1　税基侵蚀与利润转移

税收优惠是税收制度的一个重要组成部分。为了在发挥税收调节经济职能的同时,保障税式支出的合理性和有效性,税收优惠政策应受到于两个方面的限制。一方面是税收优惠的引入,只有在税收优惠有利于整个社会追求特定目标,且社会获得利益的可能性高于税收优惠导致的财政收入损失的情况下,才能将税收优惠引入现有税制。即使在短期内,税收优惠不必然创造新的投资或就业,从而带来新的税收收入,但其需要为国家预算支出的减少或社会效用最大化作出贡献。另一方面,关于税收优惠政策的解释和实施,必须严格遵守规定。

因此,明确税收优惠政策并依法执行,对于解决国际税收环境下与税收特区有关的问题非常重要。税收优惠的目的就是调整市场行为,在税法的框架下充分发挥税收的经济调节作用。国家制定税收优惠政策的目标不同于纳税人所追求的节税目标,税收优惠不应成为纳税人规避法定纳税义务的工具。以目标和运行机制为标准,税收优惠可被分为真正

---

① S. Van Parys, The effectiveness of tax incentives in attracting investment: evidence from developing countries, in Reflets et perspectives de la vie économique, Vol. 3 (De Boeck Université 2012), 129 – 141.

的税收优惠和虚假的税收优惠。

真正的税收优惠是对某一特定群体合理需求的满足，并严格依照其适用条件执行。税收特区会导致国内资本的流动和吸引新的国际资本，后者不仅有利于税收特区的发展，也可能带来积极的溢出效应。因此在国际税收框架下，所有真正的税收优惠措施应该被保留。但这并不意味着不需要打击有害的税收实践。[①]

相比真正的税收优惠，虚假的税收优惠缺乏合理的存在理由，仅仅是跨国企业为避税而游说税务机关得到的结果。常见的游说策略比如威胁税务机关，如果不给予优惠税收待遇，就在邻国投资等。例如一些申请研发费用加计扣除政策的纳税人并未实际开展研发活动。这种情况应被排除在真正的税收优惠概念之外，并以反滥用措施加以应对。

以不透明的方式给予特定企业的隐性税收优惠，是对国际税收规则危害最大的虚假税收优惠，因为它们很难被发现，而且通常会侵蚀另一个国家的税收主权。税务机关不会通过法律法规公开这些税收优惠，但其往往被视为有利于投资者的税收环境的组成部分。隐性税收优惠会对跨境经济活动产生极大影响，引发以邻为壑效应（beggar – thy – neighbor effect）和逐底竞争（race to the bottom）。因此，各国应该共同抵制一切形式的隐性税收优惠。

4.2.4.2　税收优惠的国际协调

只要各国采用不同的标准来制定税收优惠政策，就可能破坏公平竞争。这一问题突出体现于欧盟和美国的税收制度。与世界其他地区相比，欧盟在保护竞争不受税收扭曲方面采用了更为严格的措施。欧盟的国家援助规则（State aid rules）[②]在原则上禁止欧盟国家利用政府补贴扭曲欧盟市场内的竞争，除非欧盟委员会审核批准。若一个发展中国家决定建立免税区，以带动偏远地区的经济增长。免税区成功吸引到一家企业在此建厂从事有经济实质的生产活动，而该企业的居民国秉持资本输出中

---

① 例如企业为获得税收优惠在税收特区建立信箱公司。

② https：//www. gov. uk/guidance/state – aid#what – is – state – aid.

性原则，通过实施更加严格的受控外国公司法规对该企业征税。这样的做法实际上剥夺了国际税收框架内收入来源国自行制定税收政策的权力。欧洲联盟法院的判例显示，欧盟国家不得将受控外国公司法规应用于具有合理经营目的①的子公司。②

　　征收直接税方面，根据世贸组织和相关国际法协定，禁止公共补贴是相当无效的，因为这需要证明优惠待遇对货物的影响。因此，关于直接税的贸易争端可能会持续数十年，从而间接鼓励各国通过扭曲的税收措施来提高其企业的竞争力。非欧盟成员国给予的任何特殊税收待遇都可以使企业比设在欧盟的企业更具竞争力，但原则上不属于《反垄断法》第 107 条的范围。由于缺乏公平竞争环境可能会对欧盟内部市场的竞争产生间接影响，欧盟委员会最近一直试图通过打击"避税天堂"、实行积极的税收规划和避免有害的税收竞争等措施来解决这些问题。

4.3　政策建议和国际借鉴

4.3.1　税收特区与公平原则——法律框架与规则制定

4.3.1.1　支付能力原则

　　税收公平原则在大多数国家的宪法中都有明文规定。《意大利共和国宪法》第 3 条规定："所有公民都享有平等的社会尊严，在法律面前一律平等，不分性别、种族、语言、宗教、政治见解或个人和社会情况。"第 53 条规定"每个人应根据其能力为公共支出作出贡献"及"税制设计应以累进性标准为指导"。在这部宪法中，累进性成为一项制度原则，而不仅仅是税收原则。同样，1978 年《西班牙宪法》第 14 条规定："西班牙人民在法律面前一律平等，不得以出生、种族、性别、宗

---

　　① 即有足够数量的雇员、设备和场地以开展经营活动。

　　② ECJ, 26 ct. 1999, Case C－294/97, Eurowings Luftverkehrs AG v. Finanzamt Dortmund－Unna, ECJ Case Law IBFD；and UK：ECJ, 12 Sept. 2006, Case C－196/04, Cadbury Schweppes plc, Cadbury Schweppes Overseas Ltd v. Commissioners of Inland Revenue, ECJ Case Law IBFD.

教、见解或任何其他个人或社会状况为由进行歧视。"第 31 条规定："（1）所有人将根据其经济能力，通过基于平等和累进原则的公平税收制度，促进公共支出的可持续性；（2）公共支出是对公共资源的公平分配，其预算和执行应遵循经济原则和效率原则。普遍原则和平等原则在西班牙宪法中均有体现。"①

税收公平作为税收制度的基本原则，旨在解决纳税人在公共支出中应承担的份额问题。就此问题，马斯格雷夫在其著作中总结并阐明了两种解决方案。第一种方案基于受益原则，即当每个主体按照其从公共服务中获得的利益纳税时，税收制度是公平的。从这个意义上说，平等源于支出结构，以及纳税人从公共支出中获得的好处。② 尽管受益原则在理论上是很有吸引力的，但由于公共商品的非排他性以及受益原则本身对经济行为的扭曲，按该原则设计税制在实践中较为困难；第二种方案基于支付能力原则。亚当·斯密认为："任何国家的国民都应根据各自的能力，即根据各自在国家的保护下享有的收入，尽可能地为政府的支出作出贡献"。③ 支付能力原则要求根据纳税人的经济能力来分配税负，该原则可以从两个角度进行分析，即横向公平和纵向公平。横向公平是指某种税同等地对待同样的人，它构成了法律面前人人平等的原则。纵向公平是指不同支付能力的人必须缴纳不同数额的税。如果纳税人因纳税而产生的福利损失或牺牲是均等的，则纳税人就得到了公平的对待，税收就实现了纵向公平。这一理论被称为均等牺牲理论。④

由此看来，税收特区的建立似乎与税收公平原则相背离，因为其意

---

① A. Mazz, Chapter 4: Constitutional Framework of Tax Free Zones in Special Tax Zones in the Era of International Tax Coordination (A. Laukkanen, P. Pistone & J. Goede eds., IBFD 2019), Books IBFD (accessed 18 October 2019).

② R. A. Musgrave & P. M. Musgrave, Hacienda Pública Teórica y Aplicada p. 333 (Instituto de Estudios Fiscales 1986).

③ A. Smith, La riqueza de las Naciones (C. Rodríguez Braun trans., Titivillus 2015) [original book: The Wealth of Nations (1776)].

④ J. Stuart Mill, Principios de Economía Política (Fondo de Cultura Económica 1951) [original book: Principles of Political Economy (1848)].

味着对具有同等经济能力的人的不平等待遇。但就那些以经济发展为目标建立的税收特区而言，我们需要树立一种新的平等观，即公共权力是为了公共利益而行使的，由于"比公平分配纳税义务更公平的是增加国家收入并公平分配公共资源"①，真正的税收优惠符合这一公平标准。只要税收优惠要求实现与经济发展直接相关的社会经济目标或更公平的收入再分配，它们就不违背支付能力原则。因为尽管收入分配和纳税义务的分配是两个不同的概念，但促进收入的再分配也是税收的一种功能。此外，税收特区内纳税人纳税义务的减少并不一定都会给其他纳税人带来更多的税收负担。相反，其可能会吸引其他纳税人进入该特区，从而产生将某一特定税收管辖区的税收负担分散到更大的纳税人群体中的效果。

税收特区不违背公平原则，但这不意味着我们无须对其进行针对性的法律约束。一般来说，税收有三个目标——筹集财政收入、再分配收入和调节经济②，任何为了实现以上任一目标而偏离平等原则的行为都必须在一项或多项具体规定中找到其法律依据，以避免征税权的滥用，从而使税收政策决定符合法律的要求。③ 具体而言，税收特区的税收优惠政策应遵循以下规则④：

    a. 时效性，限制税收优惠政策的期限以保障其执行；

    b. 量化评估其效果，以促进相关的预算编制工作；

    c. 公布评估结果，提升透明度；

    d. 建立各级政府之间的协调机制。

---

  ① F. Sainz de Bujanda, Hacienda y Derecho Vol. 3 p. 419（Instituto de Estudios Politicos 1962）.

  ② R. Avi-Yonah, The Three Goals of Taxation, 60 Tax Law Review 1, p. 3（2016）, indicating that taxes generally pursue three goals, namely（ⅰ）revenue collection；（ⅱ）redistribution of wealth；and（ⅲ）regulatory goals.

  ③ L. Murphy & T. Nagel, The myth of ownership：Taxes and justice ch. 2（Oxford University Press 2002）；and J. Head et al., Fairness in Taxation ch. 1（University of Toronto Press 1993）.

  ④ XXI Jornadas Latinoamericanas de Derecho Tributario（Genoa, Italy, 2002）, in 170 Revista Tributaria, p. 671（2002）；and 172 Revista Tributaria, p. 123（2003）.

4.3.1.2 税收饶让

有的国家在所得税方面仅行使单一的地域管辖权，而有的国家的管辖权不局限于本国领土，如中国同时行使地域管辖权和居民管辖权。为了避免国际重复征税，前者对跨国所得负担的外国税收采取免税法①，而后者往往采用抵免法，即一国政府在对本国居民的国外所得征税时，允许其用国外已缴纳的税款冲抵在本国应缴纳的税款，从而实际征收的税款只为该居民应纳本国税款与已纳外国税款的差额。表面上看，由于每个国家采用的减除重复征税规则适用于该国的所有纳税人，这似乎符合平等原则。然而，从国际税收协调的角度看，抵免法的适用，一方面意味着对外国来源收入征收的较低税收的加征；另一方面，当外国税收高于纳税人在其居住国应缴纳的税收时，只对外国税收进行有限的减免。在这种情况下，因为投资国征收的税款低于居住国适用的税款，在国外投资的纳税人既不能与投资国居民纳税人平等竞争，也无法在与该纳税人居民国的其他纳税人的竞争中取得优势。在抵免法的框架下，投资于本国税收特区比投资于别国更有利，因为投资于本国税收特区在享受税收优惠的同时也避免了抵免法的扭曲。除非在其他国家给予的真正的税收优惠时，适用税收饶让以配合抵免法。

4.3.1.3 逐底竞争

针对隐性税收优惠加剧国家间的恶性税收竞争的问题，建议采取一种协调国际税收竞争的方法——针对为发挥税收的经济调节作用实施的措施，各国应遵守共同的标准，并保持这些措施的跨境效力，从而防止逐底竞争。全球协调并不一定意味着使用强制性法律，但它至少意味着制定明确的标准，以便更迅速地采取行动，在保护公平竞争的基础上，帮助各国实现经济调节目标。

这种协调②可以通过单边、双边和多边措施下的软性法律实现，这些软性法律需界定各国为了促进经济发展所能够采取的税收激励手段，

---

① 指一国政府对本国居民的国外所得给予全部或部分免税待遇。由于免税法使居住国完全或部分放弃对本国居民国外所得的征税权，从而使纳税人只须或主要负担所得来源国的税收，因此它可以有效地消除国际重复征税。

② 与 BEPS 行动计划所针对的目标不同，该协调是在真正的税收激励的狭窄框架内设想的。

并且明确真正的税收优惠与对税收竞争产生有害影响的税收政策之间的界限。此外,应同步建立各国税务机关参与的监测机制①,以确保各国遵守商定的统一标准。

虽然各国应保留决定是否征税以及应追求何种具体经济调节目标的权力,但它们应就特别税区应遵守的最低标准达成协议,并可以通过具有约束力的多边文书来执行。这些文书应当建立关于税收特区政策选择的共识,保障建立税收特区的国家在不受其他国家外部干预情况下有效执行税收激励的权力。

4.3.2　税收特区与有效税制——税收优惠政策的选择

税收特区内的主要税收优惠措施包括减少或取消企业所得税、增值税、土地和房地产税、进出口税、印花税、关税,加速或递延折旧(accelerated depreciation or deferred depreciation)和免税期(tax holiday)等。

有效性即"产生预期结果的能力"。从企业的角度来看,税收制度的有效性是指税收制度降低企业税负的程度。有效的税收制度为企业带来的节税收益大于企业转移现有业务或在税收特区创办公司所耗费的成本。一般来说,税收优惠可以分为两类:基于利润的优惠和基于成本的优惠。考虑到新成立的公司往往需要一段时间才能实现盈利,外国公司在经营之初显然更倾向于其他福利和补贴,如财产税的减免和直接投资补贴,而不是基于利润的税收优惠,如企业所得税免税期。

针对税收优惠政策的效率,有研究计算了典型的制造业公司适用不同税收优惠政策时的边际有效税率②,结果见表 4-5。③

---

① 如税收裁定机制(tax rulings)。

② 边际有效税率常用于对资本或投资的边际有效税负测算,反映了边际税收楔子的思想,即由于对资本的征税,导致最后一单位资本投入税前和税后的边际回报不一致,从而对投资的激励产生影响。

③ A. Pellachio, G. Sicat & D. Dunn, Effective Tax Rates under Varying Tax Incentives, in Taxation in Developing Countries, 4th edn., pp. 181-188.

表 4-5　　　　　不同的税收优惠政策对边际有效税率的影响

税收优惠	边际有效税率
标准案例，企业所得税税率 35%	45.6%
五年免税期	29.4%
六年免税期	23.2%
初始投资加计扣除 20%	33.1%
20% 投资额抵免应纳税额	11.1%
资本品免征 10% 进口税	37.0%

　　税收优惠政策的有效性各不相同。上述研究表明，测算对象中，投资额抵免应纳税额是最有效的税收优惠。不仅如此，企业在做出是否入驻某一税收特区的决策时，不应只考虑单个税收优惠政策，而是应该结合自身的经营状况，考量税收特区的政策组合是否有效。下面以免税期、亏损结转和递延折旧的政策组合来说明这一点[①]。

表 4-6　　　　　两年 100% 免税期 + 两年 50% 免税期，
不允许亏损结转，企业所得税率 20%

年度	税前折旧前利润	折旧	利润总额	应纳税额（有免税期）	应纳税额（无免税期）
1	100	-250	-150	0	0
2	200	-250	-50	0	0
3	400	-250	150	30	15
4	500	-250	250	50	25
总计	1200	-1000	200	80	40

　　在表 4-6 中，由于公司在第一、第二年度没有盈利，免税期政策实际上无效。在第三年和第四年，公司可以节约 50% 的税款。

---

　　① J. Mintz, Corporate Tax Holidays and Investment, 4 The World Bank Economic Review 1, pp. 85-86 1990.

表 4 – 7　　　　　　　　两年 100％ 免税期 + 两年 50％ 免税期，
　　　　　　　　　允许亏损结转，企业所得税税率 20％

年度	税前折旧前利润	折旧	利润总额	应纳税额（无免税期）	递延所得税	应纳税额（有免税期）
1	100	– 250	– 150	0	– 30	0
2	200	– 250	– 50	0	– 10	0
3	400	– 250	150	0	30	0
4	500	– 250	250	40	10	20
总计	1200	– 1000	200	40	0	20

在表 4 – 7 中，前两年的亏损可以递延到未来利润中扣除，无论是否有免税期，总税负都会减少。

表 4 – 8　　　　　　　　两年 100％ 免税期 + 两年 50％ 免税期，
　　　　　　　允许亏损结转和折旧递延，企业所得税税率 20％

年度	税前折旧前利润	折旧	利润总额	应纳税额（无免税期）	递延所得税	应纳税额（有免税期）
1	100	0	100	20	0	0
2	200	0	200	40	0	0
3	400	– 500	– 100	0	– 10	0
4	500	– 500	0	0	0	0
总计	1200	– 1000	200	60	– 10	0

在表 4 – 8 中，折旧递延至在第三年和第四年扣除，其影响是第一年和第二年利润总额增加。100％ 的免税期可以被完全利用，而递延折旧会使第三年和第四年利润总额为零或为负。在这种情况下，免税期政策最为有效。

综上所述，所有的税收优惠措施都能提高跨国公司的效益，但优惠措施的组合不同，效率也不同。减免企业所得税或增值税税率具有稳定的积极作用，但如果跨国公司在免税期内没有明显的利润，则免税期对公司来说可能变得毫无价值；加速折旧和免税期政策的组合在投资初期可能是无效的。相反，递延折旧通常会提高税收效率，因为其有助于在数年内分配投资成本；此外，免税期越长，效果越好，结转损失也是如此。允许公司将经营损失结转至未来会计年度，届时损失可以从应税收入中扣除，能够减轻跨国公司的长期税收负担。

政府对税收特区有效性的考量与企业不同。从政府的角度看，税收制度的有效性则是指税收制度刺激额外生产性投资的程度。[①] 一个有效的税收制度至少应该获得比制度成本更多的税收收入。例如，几乎没有任何公司管理层将一个高利润部门迁址到另一个国家的税收特区，除非同时满足三个条件：（1）该业务部门是可移动的；（2）税收特区提供了更好的营商环境；（3）该税收特区离市场不远。因此，税务机关须在给予免税期优惠政策时审慎考虑，因为那些因免税期而入驻税收特区的公司利润率可能不高，而且很可能在免税期结束后就搬走，无法创造新的经济增长动力和财政收入。而以利润最大化为目标的企业为了帮助集团整体实现更低的边际有效税率，很可能利用免税期进行税收筹划，甚至滥用这一优惠措施。

如果把税收特区视作一种涉税服务，则政府是服务提供者，而跨国公司是客户。虽说两者间不是零和博弈的关系，但税收特区对两者的影响在许多情况下是相反的。

表 4 - 9   税收特区政策的有效性

项目	政府的角度	企业的角度
降低税率	较低的法定所得税税率会减少税收收入	对降低有效税率总是有积极作用
免税期	应避免免税期	对降低有效税率总是有积极作用，但前提是企业具有盈利能力
	免税期应该尽量短	免税期越长，盈利和提高效率的可能性就越大
	税收优惠应以盈利为基础	非盈利年份的免税期无效用
加速折旧	应避免加速折旧	加速折旧特别适用于资本密集型跨国公司，如加工或采矿业的公司
基础设施	基础设施投资有助于吸引外国直接投资	基础设施是税收特区长期发展的重要保障

---

① B. Bolnick, Effectiveness and Economic Impact of Tax Incentives in the SADC Region (Nathan Associates 2004) p. Ⅵ.

续表

项目	政府的角度	企业的角度
国家间税收竞争	应避免邻国之间的税收竞争	参与竞争的国家明显降低了有效税率,这为跨国公司提供了更好的条件
亏损结转	减少了税收收入	多数发达国家允许亏损结转,但基本上减少了政府收入,增加了跨国公司的收入
与国内公司互动	不允许与国内公司开展业务	若从国内购买材料,不仅进项税可抵扣,还能再享受出口退税
研发补贴	可能扭曲其他业务	对降低有效税率总是有积极作用

表 4 - 9 显示了税收特区制度下政府和企业的一些明显差异。企业更喜欢长期的免税期,而政府担心免税期太长则会损失财政收入。恰当的企业所得税法定税率是政府减少有害税收竞争的有效途径,但对企业来说适度的税率可能不是最理想的解决方案,特别是在邻国为其税收特区提供同等的基础设施但税率较低的情况下。例如莫桑比克税收特区的一家铝厂,其产品适用 1% 的出口税率。政府认为 1% 的税率已经足够优惠,但是对于较不发达的莫桑比克共和国的企业来说,1% 的税率负担是很高的。[1]

实际上,妥善的政策选择可以帮助政府和税收特区内的企业实现共赢。例如一些税收特区规定企业只能和外国公司交易,但如果企业从周边辖区购买原材料和部件,为非税收特区内的公司带来收益,税收特区制度的积极影响则能进一步扩大。

表 4 - 10 对税收特区和跨国公司都有利的政府投资和税收优惠

项目	作用
基础设施投资	直接有利于税收特区,间接有利于跨国公司
高新科技研发	提高劳动力水平和员工收入水平,改善税收特区营商环境
透明度和稳定度高的税征管	降低企业遵从成本,提高政府效率
亏损结转政策	普遍受到企业欢迎,特别是新成立的企业

---

[1] B. Bolnick, Effectiveness and Economic Impact of Tax Incentives in the SADC Region (Nathan Associates 2004). at pp. 3 – 5.

由表 4 - 10 可知，税收特区制度的效率不仅仅取决于税收优惠政策，还取决于基础设施投资、税收征管透明度等因素。爱尔兰的香农自由港就是一个很好的例子，其企业所得税税率低至 12.5%。此外，作为欧盟内部的一个发达国家，爱尔兰拥有素质较高的劳动力；作为英语圈国家，爱尔兰也成为美国等发达国家的企业进行跨境投资的理想选择。哥斯达黎加在与巴西、智利、印度尼西亚、墨西哥和泰国的竞争中赢得了英特尔半导体工厂的入驻，除了归功于其经济加工区（EPZ）制度——十二年 100% 的免税期加上额外的六年 50% 免税期，还得益于哥斯达黎加稳定的经济和政治制度。[①]

有时将一个长期的、管理良好的、透明的、企业税率相对较低的税收体系与一个短期的税收优惠机制结合起来可能更为有效。因为长期投资者通常更喜欢政治和经济稳定的投资地。因此，我国可着重改善企业所得税税制，提供两种企业所得税税率，一种税率普遍适用，另一种低税率仅适用于税收特区，两种税率的税收制度比具有若干豁免项的税收制度要简单高效得多。此外，广泛的税收协定网络有助于有效的税收特区的建立，因为广泛的协定网络便利了跨国公司规划其公司结构的活动。

4.3.3 税收特区与 BEPS 行动计划

BEPS 行动计划并不直接针对税收特区，而是更多地关注税收特区制度中的有害税收实践。BEPS 第三项行动计划《强化受控外国公司规则》[②]、第五项行动计划《有效打击有害税收实践》[③] 及第六项行动计划《防止税收协定优惠的不当授予》[④] 均提及税收特区建设中需解决的国际税收问题。

---

① O. Popa, EU Update, 56Eur. Taxn. 11, sec. 1.4（2016），Journals IBFD.

② OECD, Designing Effective Controlled Foreign Company Rules, Action 3 – 2015 Final Report（OECD 2015），International Organizations' Documentation IBFD.

③ OECD, Countering Harmful Tax Practices More Effectively, Taking into Account Transparency and Substance, Action 5 – 2015 Final Report.

④ OECD, Preventing the Granting of Treaty Benefits in Inappropriate Circumstances, Action 6 – 2015 Final Report（OECD 2015），International Organizations' Documentation IBFD.

受控外国公司（CFC）规则旨在防止人为地将跨国公司利润从母公司转移到受控外国公司或从集团中的一家公司转移到另一家公司的情形，特别是以消极收入的形式转移利润。CFC 规则可能影响在税收特区经营的公司的收入分配。BEPS 第三项行动计划的最终报告没有提到税收特区，而是提到了低税管辖区的税收优惠措施，指出 CFC 规则有效地应对了跨国公司利用低税管辖区进行税务筹划的问题。

CFC 规则主要是为了保护母公司居住国管辖区的利益，这些国家往往税负较高，税基侵蚀的状况也更为严重。目前，一些国家通过额外制定规则，有意放宽 CFC 规则的限制，例如美国国内税法中的打勾规则（check - the - box rule）允许实体（entity）选择作为公司组织（corporation）课税或是作为穿透实体（pass - through entity）课税，该规定在一定程度上放任了苹果和谷歌等跨国企业的避税行为；而在欧盟，CFC 规则仅针对明显为避税而设立空壳公司的行为。[①] 另一方面，若外国投资者的居住国对该投资者来源于他国税收特区的收入适用严苛的 CFC 规则，而居住国境内税收特区中的企业可以从本国的税收特区制度中受益，则可能出现扭曲的情况。因此，一些国家专门制定了旨在定义"来自低税区收入"的条款，如英国税法规定，当来源于外国收入适用的税率低于相应英国税率的 75%，则应适用 CFC 规则。

4.3.4　有害税收实践与税收特区

在税基侵蚀和利润转移项目的 15 项行动计划中，针对有害税收实践的计划与税收特区制度联系最为紧密。许多税收特区为生产活动提供税收优惠，然而随着越来越多的服务性企业开始享受税收特区的福利，反对有害税收实践的规则与税收特区之间的对立越来越明显。

BEPS 第五项行动计划基于 OECD 在 1998 年发布的《有害税收竞争：一个新出现的全球问题》报告。该报告和当前 BEPS 第五项行动计划都

---

① R. Offermanns & B. Baldewsing, Anti - Base - Erosion Measures for Intra - Group Debt Financing, at 113.

涉及的一个突出问题是税收优惠是否会导致有害的税收实践。依据上述两份文件中的标准，我们能够审查某一税收特区制度是否构成纵容有害税收实践的优惠税收制度（preferential tax regime）。

BEPS 第五项行动计划旨在打击那些基于具有地域流动性的经济活动的有害税收实践，例如金融和其他服务活动，包括提供无形资产等。此类活动容易造成税基侵蚀，扭曲资本和服务的实际活动地点。根据经合组织 1998 年的报告，对有害的优惠税收制度的分析涉及以下三个层面。

（1）评估某一制度是否在 FHTP 的工作范围内，以及该制度是否属于优惠制度。

（2）考虑四个关键因素和八个其他因素，以确定优惠制度是否具有潜在的危害性。

（3）考虑其经济影响，以确定该制度是否真正有害。

为了更有效地打击有害税收制度，BEPS 第五项行动计划要求 FHTP 重新修订有害税收实践相关内容，并优先关注两大更新的焦点，即对优惠制度提出实质性活动要求以及提高透明度。

首先，第五项行动计划对各种优惠制度具体提出了实质性活动要求，这也是 BEPS 行动计划的核心支柱之一，即税收与实质经济活动和价值创造相匹配，确保应税利润不再被人为地从价值创造地转移至别的地方。OECD 1998 年的报告已包含有实质性活动要求，但在 BEPS 行动五中，该要求已从其他因素上升为关键因素。因此，当前的测试可以简单概括为以下三步：

第一步：考虑某项制度是否属于优惠制度以及是否属于 FHTP 的工作范围。

BEPS 第五项行动计划规定，要使一项制度被认定为优惠制度，该制度必须提供了与该国普遍税收原则相比之下更优的某种形式的税收优惠。一项制度所提供的税收优惠可能有很多种形式，包括降低税率、缩小税基或在缴税退税方面提供优惠政策。即使所提供的优惠幅度很小，也足以使该制度被认定为优惠制度。重点在于该制度与本国普遍税收原则相比，是否更为优惠。

根据这一标准，典型的税收特区制度属于第五项行动计划所界定的优惠制度的定义范围。税收特区是指经济体中的在空间上具有相对独立性的区域，对纳税人而言，其在行政、监管和税收体制上比一国普遍适用的体制更为有利。因此，税收特区制度往往是优惠体制的典型例子。值得强调的是，与第五项行动计划所提出的标准相比，税收特区创造了更广泛的优惠基础，除了与税收本身有关的优惠，税收特区也在其他领域优化着营商环境，例如建立一站式公司注册审批制度等。

其次，税收特区制度是否包含在 FHTP 的工作范围内。FHTP 仅针对具有地域流动性特征的活动进行评审，如金融服务和无形资产的提供。由于税收特区的制度框架并未在全球范围内达成共识，税收特区的具体制度由每个主权国家的立法者自行决定。以 2011 年 2 月博茨瓦纳经济特区政策为例，该政策旨在将博茨瓦纳变成一个金融服务中心。同样，《南非和肯尼亚经济特区法》提议建立商业园区和服务中心。这些正是 FHTP 所设想具有地域流动性特征的活动类型。因此，税收特区制度可能属于 FHTP 的工作范围。

第二步：根据五个关键因素和七个其他因素来判定一项优惠制度是否潜在有害。

判断一项制度是否潜在有害，首先应考虑以下五个关键因素。

第一个关键因素是"不征税或虽征税但实际税率极低"。税收优惠被视为税收特区的共同特征，该因素得到满足，下一步是判定其他关键因素。

第二个关键因素是该制度与其所在国的国内经济之间存在"围栏"（ring－fence）。"围栏"一词如果从一般语法意义上看，是"孤立"的同义词。在 BEPS 行动五中，它被理解为某个制度排除国内居民纳税人享有其红利的可能性，或某个从该制度中受益的实体被禁止在国内市场上经营的情况。税收特区是指税收制度比周边辖区或国家的普遍适用的税收制度更优惠的具有相对独立性的地区。因此，经济特区的共同特点可以被视为符合第二个关键因素的要求。

第三个关键因素是缺乏透明度，需要对特定的经济特区进行更主观的评估。当制度规定不明晰、监管不足或企业财务信息披露不充分时，税收特区被认为缺乏透明度。一般来说，作为吸引外国直接投资的手段，税收特区会披露其制度细节和运作情况以吸引投资者。但税收特区的透明度问题也可能体现于其他方面。例如向投资者发放许可证，如果发放与否取决于行政机关的自由裁量权，则可能出现透明度不足的问题。因此，有关行政机关自由裁量权的问题，最好在税收特区法律法规中作出明确规定。

第四个关键因素是缺乏有关该制度的有效信息交换。该因素须根据各个国家的税收协定网络加以具体分析。

第五个关键因素是"实质性活动要求"（Substantial activity requirement）。BEPS 第五项行动计划的最终报告专门用一整章的篇幅讨论这一主题，并指出"行动五特别要求任何税收优惠制度的适用对象都有实质性活动"。OECD 的最终报告对不合理的人为的公司结构、虚假的税收优惠和合理的结构、税收优惠作了相当明确的区分，前者的设立可能"大部分出于税收最小化考量"或"不反映经济现实"。大量的商业活动是使税收特区区别于避税地的关键点之一。工厂、办公室、港口、设备和雇员等大量要素的存在是国际上可以接受的税收特区的关键判定标准。尽管如此，近几年税收特区内研发实体的数量有所增长，从事信息技术等服务的公司越来越多。与制造业公司相比，从事服务业的公司更容易在实质性活动方面面临质疑。因此，BEPS 第五项行动计划的最终报告中重点阐述了与知识产权制度（IP regimes）相关的问题，并规定有关该类活动是否具有实质性的检验方法。

FHTP 就 IP 制度的实质性活动要求考虑过三种不同方案。第一种方案为价值创造方案，即要求纳税人开展一系列显著的开发活动。相比其他两个方案，此方案并未获得更多的支持。第二个方案为转让定价方案，即如果纳税人在提供某一 IP 制度的国家或地区履行了重要职能，且作为产生相关税收利益的资产的法定所有人使用了该资产并承担有关经济风险，则纳税人凭借该知识产权获得的所有收入可以适用税收优惠待遇。该方案得到了某些国家的支持，但更多国家则对其提出了种种质疑。第三种方案是关联法，此方案已经得到 FHTP 的最终认可并由 G20 背书。

关联法关注的是一项 IP 制度是否以纳税人从事研发活动的程度为条件而给予税收优惠。该方案的制定者认为，支出代表着实质性活动，直接与开发活动相关的支出比例反映了纳税人对 IP 形成作出的贡献，并成为纳税人从事了多少实质性活动的指标。关联法仅对来源于由纳税人自身进行的实际研发活动所取得的 IP 收入给予税收优惠，获得 IP 税收优惠的收入比例与符合条件的支出占支出总额的比例相同，即：

$$\frac{开发\ IP\ 所发生的符合条件的支出额}{开发\ IP\ 所发生的支出总额} \times \frac{IP\ 资产产生的}{净收入总额} = \frac{可享受税收}{优惠的收入}$$

以我国针对高新技术企业的税收优惠政策为例，我国运用"门槛法"确定高新技术企业能否享受税收优惠，研发支出占比只是"门槛"指标之一，企业只要取得高新技术企业资质，其全部所得均可以享受企业所得税减按 15% 征收的优惠。而世界主要国家实行的是"关联法"，享受优惠的所得必须与研发支出直接关联，通过计算符合条件的研发支出占研发支出总额的比重来确定企业能够享受的税收优惠。税收优惠方式与国际惯例不同，有可能受到质疑。2015 年，有害税收实践论坛（FHTP）对我国四项税收优惠政策（包括技术转让所得税收优惠政策和高新技术企业税收优惠政策）进行了审议，其中，高新技术企业税收优惠政策曾受到论坛秘书处和一些国家的质疑，直到 2017 年 5 月 24 日才通过审议。①

针对除 IP 制度以外的其他制度，BEPS 行动五没有明确说明应如何进行评估，但其提出了两种审查实质性活动的可能方法。第一种方法与

① 赵书博，王秀哲，曹越. 我国激励企业创新的税收政策研究［J］. 税务研究，2019（8）.

知识产权制度中实质性活动的测试方式相一致，即侧重于支出的关联法。① 此后，FHTP又提出了另一种侧重于收入的方法。根据第二种办法，纳税人是否能享受税收优惠待遇与其是否为创造应纳税所得作出核心贡献有关。该方法更适用于与知识产权相关度不太大的产业，如传统制造业。因此，政府也应利用法律法规确保税收特区提供的有利税收环境与核心创收活动直接挂钩，以满足实质性活动要求。

在全面审查某一制度是否具有潜在危害时，除了考虑五个关键因素以外，还应考虑是否存在其他七个因素：人为随意确定（扩大或缩小）税基；违背国际转让定价原则；对来源于境外所得在居民国免税；税率或税基具有可协商性；存在保密条款；具有广泛的税收协定网络；被用作使税收最小化的有效工具。

第三步：结合一项制度的经济影响，判定一项潜在有害的制度是否确实有害。

为了确定潜在的有害制度是否真的有害，BEPS行动五规定必须进行"经济影响测试"。该测试涉及以下三个问题：

（1）该税收制度是否导致经济活动从一个国家转移至另一个提供相关优惠的国家，而不是鼓励产生新的此类经济活动？

（2）东道国经济活动的总量和水平是否与其投资额或所得额相匹配？

（3）获得该优惠制度是导致企业选择在相关地点开展某种经济活动的主要原因吗？

在考虑其经济影响之后，如果一项制度已产生有害影响，将被归类为有害优惠制度。当某项优惠制度被判定为实际有害时，有关国家有权力废除此制度或者消除此制度产生的有害影响。其他国家也可以采取措施抵制该有害制度的影响。

---

① OECD, Countering Harmful Tax Practices More Effectively, Taking into Account Transparency and Substance, Action 5 – 2015 Final Report, p. 25.

除此之外，BEPS 第五项行动计划的最终报告中提及了一些被广泛认可的标准：（1）经营、立法和行政的透明度；（2）有限的免税期；（3）降低企业所得税和增值税税率；（4）加速折旧和其他税收激励措施；（5）适度发达的税收协定网络；（6）对经营的实质性活动要求；（7）大量创造就业机会；（8）明确税收特区和周边管辖区的目的是发展经济。这些标准将真正的税收特区制度与助长有害税收实践的制度区别开来。政府在建立税收特区的进程中必须遵守上述国际税收框架下的规则，以避免与有害税收实践相关的指控。因此，政府应在与特区相关的法律法规中考虑 BEPS 行动五的影响。例如 2015 年《南非税法修正案》修订了第 12 条，以防止南非居民公司和常设机构将其业务不当转移到税收特区。修正案规定，第 12 条将不适用于符合以下条件的公司：第一，可税前扣除支出超过 20%；第二，超过 20% 的公司收入来自于与关联方的交易。据 2015 年《南非税法修正案》的解释性备忘录所述，此次修订的目的是避免利润被人为地从负有完全纳税义务的关联方转移到符合条件的税收特区公司的风险。从本质上讲，这是为了防止上述关联方利用税收特区进行有害税收实践。①

4.4   税收协定与税收特区②

BEPS 第六项行动计划的最终报告提出了许多税收协定条款范例，以防止税收协定滥用。其中大量已列入多边公约（MLI）的有关文本以及

---

① https：//www. sars. gov. za/AllDocs/LegalDoclib/AmendActs/LAPD － LPrim － AA － 2016 － 02% 20 － % 20Taxation% 20Laws% 20Amendment% 20Act% 2025% 20of% 202015% 20GG% 2039588. pdf.

② OECD 和 UN 范本都在第 24 条写明了非歧视原则（Non － discrimination）。根据第 24 条第（1）款，税收特区的优惠待遇应平等地给予根据税收特区所在国家法律设立的公司以及根据其他有关国家法律设立的公司。因此，在其他必要条件均得到满足的情况下，根据另一个国家的法律设立但为享受税收协定待遇而成为税收特区居民的企业，应与特区内其他居民企业享受同等待遇。同理，来自另一缔约国但税收特区所在国税收居民的个人与同时是税收特区所在国国民和税收居民的个人也应享有同等待遇。根据第 24 条第（6）款，该规定不仅适用于所得税和资本税，而且适用于各种其他种类的税，这也是各国在建立税收特区制度时应考虑的一个方面。

2017 年更新的 OECD 和 UN 范本，可适用于享受特区优惠税制的企业。例如，针对滥用税收协定的条款，包括税收协定的利益限制规则（LOB）和更为概括性的主要目的测试（PPT）①。此类反滥用条款的另一个例子是针对位于第三国的常设机构的反滥用规则，该规则也可能适用于此类常设机构位于税收特区并享受优惠税收待遇的情况。此外，最终报告特别提出了一项涉及"特别税收制度"（special tax regimes）的草案，这一草案若列入税收协定，可能会对税收特区产生直接影响。此类条款未包含在多边工具中，但已列入 2016 年美国税收协定范本的第 3 条及第28 条②。

关于特别税收制度的提案涉及两方面内容。一方面，确定什么是特别税收制度至关重要。提案建议在 OECD 范本第 3 款"一般定义"中将特别税收制度定义为："向所得或利润提供优惠有效税率的任何法律、法规和行政实践，包括降低税率或税基。"提供税收优惠的税收特区制度一般都将包含在该定义中。该规定还将八种具体情况排除在"特别税收制度"一词之外，其中有两种情况值得关注，即"相较于特区内其他收入，其应用不会使利息、特许权使用费或其他所得或前述组合享受更为优惠的税收待遇"和"除金融收益外，满足实质性活动要求"。2016年美国税收协定范本第 3（1）（I）条中包含了一个类似的定义，只有满足该条款中包含的所有五个条件，才构成特别税收制度。其中一些条件可能与税收特区相关，如 i）A）和 i）B）项提到：优惠税率或窄税基仅在适用于利息、特许权使用费、担保费或上述款项的组合时，才被视作与特别税收制度相关，优惠税收待遇适用于货物或服务销售收入时，不构成特别税收制度；如果专利权使用费与研发活动实质性相关，则其税收优惠待遇也不构成特别税收制度。此外，适用特别税收制度企业的

---

① the principal purposes test 若交易或安排主要目的在于获取税收协定优惠，除非能够证明优惠与协定规则的目标及目的密切相关，否则优惠将不会被授予。

② 其中一项规则是，支付给受益于"特殊税收制度"的外国公司的款项不得享受税收协定待遇；另一项规则是税收协定签署以后，如果一方国家的税收体系发生重大变化，则缔约另一方国家可以驳回相关税收协定待遇申请。

实际税率应低于15%且低于法定税率的60%。

　　另一方面，提案建议发生在缔约国一方的由缔约国另一方居民受益所有的利息收入、特许权使用费和其他收入，若在利息、特许权使用费和其他收入支付所属的纳税期内的任意时点，在居民所在缔约国适用与利息相关的特别税收制度，可以在首次提到的缔约国依照该缔约国的国内法律征税。经合组织范本第11—12条规定，利息所得和特许权使用费由所得来源国和收款人的居住国共享征税权，特许权使用费应仅由提供特许权利的一方，即特许权使用费的收款人居住国课税，而支付这项费用的公司所在国无权课税；联合国范本则对特许权使用费采取了税收分享的原则，它规定，特许权使用费的收款人所在国可以对这笔所得课税，而支付该笔费用的公司所在国也可以对其课税。但支付方所在国征税时，如果收款人是特许权使用费的受益所有人，则应使用限制税率，具体的限制税率通过双边谈判确定。中国与其他国家签订的税收协定中，在这一问题上基本采纳了联合国范本的原则。相比两个范本中的现行规定，新的提案将利息、特许权使用费和其他所得的征税权完全划归至来源国，即如果另一国的受益所有人适用特别税收制度，则来源国可以根据其国内法对利息、特许权使用费和其他收入享有全部的征税权。当应纳税所得适用收款方居住国的税收优惠制度时，新的提案将打击利润从来源国转移至收款方居住国的行为，因为新的提案下，后者没有相关收入的征税权。此外，这也可能会直接影响到税收特区内收款方企业享受协定待遇的情况，所收到的收入是否确实能从税收特区制度中受益，将取决于具体的国内立法。

　　综上所述，各国合理拥有税收主权，包括在税收特区采取有利的税收措施，促进在该国的投资和经济增长，同时也尊重其他国家保护自己不受邻国有害税收制度侵害的权利。因此，反滥用条款不应以真正的税收特区制度，特别是发展中国家的税收特区制度为目标。与此同时，税收特区内企业的纳税义务不应因协定条约的适用而得到免除。

4.5　构建与上海国际金融中心相适应的税收体系

国际金融中心的建立与发展离不开税收政策的大力支持。税收政策作为制度环境的组成部分和政府调控金融业发展的政策工具，在包括国际金融中心在内的各类经济中心（或特区）的建立与发展过程中均发挥着重要的作用。税收政策是推动国际金融中心建设和发展的重要推手。在助推新加坡等国际金融中心形成和发展的进程中，政府"有形的手"的税收政策的调整措施及其作用具体表现为：针对金融业的税收减免优惠，旨在支持和引导金融业发展；以降低税率为核心的全面税制改革，旨在创造适合金融业发展的制度环境；为国际金融中心的建设创造不可缺少的营商环境。

与全球主要国际金融中心的税制相比，上海的国际税收竞争力不高，营商税收环境有待进一步提高。上海存在着企业税负偏高，个人所得税最高税率过高、档次过多的问题，增值税税制设计有待完善，缺乏对于金融中心的税收支持政策，不利于高质量的国际金融机构以及金融人才的聚集。借鉴国际金融中心国际或地区发展中的经验教训，上海要利用政府主导的"有形的手"的推动作用，政府要创建与金融、贸易、航运中心和科技创新等相关的税收、法律、监管等必需的营商环境，尽快构建与国际金融中心地位相适应的现代化税收体系，为加快国际金融中心建设奠定良好的基础。

构建与国际金融中心相适应的税收体系，要围绕上海创建经济、金融、国际航运和科技创新等中心，以扩大开放、深化创新、集聚资源、市场建设、防控风险 5 个维度作为总指南。第一，保持一定的国际税收竞争力，避免低税率、高优惠的避税地模式；第二，保持税收的导向作用，普惠性优惠和专项性优惠并举；第三，遵守国际税收惯例和中国特色税制建设。

全国人大赋权上海试行所得税的属地原则征收试点：对在上海设立全球或地区总部的跨国公司的境外所得免税；降低企业所得税的税率；

降低个人所得税的最高税率并缩减税率档次；降低增值税标准税率并改成两个税率档次；制定针对金融机构和金融产品的税收政策和征管方式；扩大金融业增值税的抵扣范围，对金融核心业务实行免税处理；对重点发展的金融业细分产业和金融创新产品给予适度税收优惠，对从事该行业金融机构符合标准的收益给予税前扣除或所得税优惠；在金融业税收优惠政策设计和具体执行中，应综合运用多种税收优惠政策，重点运用以缩小税基为目的的间接优惠政策；对高层次金融人才给予适度个人所得税优惠；对高端人才或急需人才的超过一定水平税额实行退税安排或者实行单一低税率的税制安排；以降低征纳成本为导向，建立新的征管和纳税服务模式；探索开征金融交易税，防止高风险行为和金融市场的波动。

4.5.1　建设国际金融中心需要税收政策的支持

2019 年 9 月，英国智库 Z/Yen 集团与中国（深圳）综合开发研究院发布了第 26 期全球金融中心指数（GFCI 26），上海是继纽约、伦敦、中国香港、新加坡之后排名第 5，也是中国大陆排名最高的城市。[①] 随着上海国际金融中心地位的不断提升（从 2016 年的第 16 名到 2019 年的第 5 名），建立与上海国际金融中心地位相适应的税收政策成为亟待解决的问题。

税收政策作为制度环境的组成部分和政府调控金融业发展的政策工具，在包括国际金融中心在内的各类经济中心（或特区）的建立与发展过程中均发挥重要作用，税收政策是推动国际金融中心建设和发展的重要推手。新加坡就是其中具有代表性的国际金融中心。20 世纪 80 年代以来，以新加坡为典型代表的"政府引导"模式国际金融中心伴随亚太地区经济的迅速发展而崛起。[②] 与伦敦、纽约等通过市场发展和演进的形成方式不同，这类金融中心在形成阶段就有政府的高度参与和引导。在政府推动新加坡国际金融中心形成和发展的进程中，税收政策的调整

---

① 英国智库 Z/Yen 集团和中国（深圳）综合开发研究院编制，第 26 期"全球金融中心指数（GFC126）"，2019 年 9 月。

② 白玉，樊丽明. 国际金融中心建设的税收政策比较研究［J］. 税务研究，2017（7）.

措施及其作用具体表现为两个层次：第一层次是针对金融业的税收减免优惠，旨在支持和引导金融业发展；第二层次是以降低税率为核心的全面税制改革，旨在创造适合金融业发展的制度环境。

在国际金融中心形成阶段，制定针对金融业的税收优惠政策。新加坡国际金融中心形成的背景是由制造业向金融业的经济转型。该阶段，金融业税制改革的主要目标是促进资本流动和吸引金融资源。为了应对1997年亚洲金融危机的冲击，积极推进制造业向金融业的转型，实现将新加坡建设成为亚洲最具代表性的国际金融中心的目标，新加坡于1998年对金融业税制进行大规模调整，税收优惠涵盖基金、银行、债券和信托等行业。具体包括：（1）基金管理税收优惠。新加坡在国家金融业发展战略中将以基金管理为核心的资产管理业务作为新加坡的核心竞争优势，大力支持基金管理业务的发展。新规定对于经营非居民资金规模达到50亿新元（原先为100亿新元）的基金管理机构的收入免征公司所得税，期限为5年，视情况可以延长到10年；（2）银行存款准备金税收优惠。银行每年可以对其所计提的存款准备金申请税收减免；（3）债券市场税收优惠。新加坡金融机构从事债券的承销和包销所取得的佣金收入、没有长期住所的非居民购买新加坡金融机构发行的债券的投资收益均免征所得税；国内金融机构和企业购买由新加坡金融机构发行的债券取得的利息收入适用10%的优惠税率；（4）共同投资信托基金的税收优惠。对居民个人参加共同投资信托基金所取得的投资收益免征个人所得税，相关信托公司的收入仅在分配利润时征税。新加坡于1999年对金融企业和人才出台了进一步有针对性所得税优惠措施，对除股息、利息和红利之外的公司所得应纳税额给予10%的退税优惠，对企业雇佣国外优秀金融人才的费用实行100%加计扣除。

在国际金融中心发展阶段，实施以简化税制、低税率为核心的全面税制改革。新加坡和中国香港就是典型的例子。香港实行的是"简税制"模式，素来就以"简税制，低税负，少税种，宽优惠"而闻名于世。香港实行属地原则的所得税制度，法人制公司的利得税分设有

8.25% 和 16.5% 两档税率，个人所得税的税率只有 17%，且没有流转税。2005 年，为了提升香港国际金融中心的地位而废除了遗产税。香港一直被美国传统基金会评为世界最自由的经济体，简税制和法治是香港最重要的制度特色。新加坡就是对标香港，在不断提升自己的国际税收竞争力。新加坡公司所得税税率不断下降，已经降到了和香港持平的 17%，个人所得税的最高税率也只有 22%。为了吸引金融资本和从事金融行业的高净值人士，将财富管理和私人银行业务发展为新加坡的优势产业，新加坡对资本利得免税，并于 2008 年免征遗产税。这一系列税制改革，奠定了适应新加坡国际金融中心发展的税收制度基础，并沿用至今。新加坡税制改革，有利于减少税收对资本流动和金融市场的扭曲，增大了国际资本、金融机构和金融人才参与金融中心发展的动力，建立起良好的税收环境。

建设国际金融中心，上海既要积极发挥市场资源配置的"无形的手"的作用，更要选择政府主导的"有形的手"的推动作用。政府要创建与金融、贸易、航运中心和科技创新等相关的税收、法律、监管等必需的营商环境，为加快国际金融中心建设奠定良好的基础。经过改革开放 40 多年的发展，我国庞大的经济规模以及不断加快的改革步伐，尤其是上海在我国改革开放排头兵方面累积的经验是上海的优势所在。如第 3 章所指出的，上海金融业与主要金融中心相比，存在企业税负结构性偏高、个人税负整体偏高的问题，且缺乏对于金融中心的税收支持政策，不利于高质量的国际金融机构以及金融人才的聚集。从整体上看，国际税收竞争力有待提高，营商税收环境亟须改善。目前来看，我国的企业所得税税率为 25%，高于全球公司所得税简单平均值的 23%；[1] 个人所得税工薪所得的 7 档税率，最高税率 45%，都位居世界前列；增值税的标准税率 17%，在亚太地区也是最高的之一。[2] 按照世界银行集团发布

[1] https：//taxfoundation. org/corporate – tax – rates – around – the – world – 2019/.

[2] https：//home. kpmg/xx/en/home/services/tax/tax – tools – and – resources/tax – rates – online. html.

的《2020 年全球营商环境报告》和《2020 年全球缴税报告》①的信息，中国（上海占 55%，北京占剩下的 45%）整体的营商环境在全球中排名上升很快（从此前第 78 位跃升至第 46 位），但纳税指标还相当低，说明以上海为代表的我国的营商的税收环境还有待改善。从这几年的排名看，与其他全球主要国际金融中心的税制相比，上海纳税指标相当靠后（排105 位），远远落后于中国香港、新加坡，还落后于纽约、东京、伦敦、迪拜。在纳税次数、纳税时间、总税收和缴费率等指标上都处于下风（见表 4-11）。因此，上海要推进国际金融中心的建设，就要把营造有利于投资的营商税收环境作为制定政策的优先考量。

表 4-11　　　　　　　全球主要国际金融中心的纳税指数比较

指标	中国香港	新加坡	纽约	伦敦	东京	上海	迪拜	法兰克福
营商便利排名及其得分（0~100）	3 (85.3)	2 (86.2)	6 (84.0)	8 (83.5)	29 (78)	31 (77.9)	16 (80.9)	22 (79.7)
纳税排名及其得分（0~100）	2 (99.7)	7 (91.6)	25 (86.8)	27 (86.2)	51 (81.6)	105 (70.1)	30 (85.3)	46 (82.2)
每年纳税次数	3	5	11	9	19	7	5	9
每年纳税时间	35	64	175	114	129	138	116	218
总税收和缴费率（%）	21.9	21.0	38.9	30.6	46.7	62.6	15.9	48.8
报税后流程指数（0~100）	98.9	72.0	94.0	71.0	95.2	50.0	55.0	97.7
国际金融中心指数排序及得分	3 (771)	4 (762)	1 (790)	2 (773)	6 (757)	5 (761)	8 (740)	15 (733)

资料来源：2020 年全球营商环境报告中《2020 年世界纳税报告》（Paying Taxes 2020），世界银行和普华永道。本次调查涉及 2018 年 1 月 1 日至 12 月 31 日的 190 个经济体；第 26 期国际金融中心指数（Long Finance & Global Financial Centres, Z/Yen in Partnership with CDI, 2019 年 9 月）。

4.5.2　设计上海国际金融中心税收政策的指导原则

4.5.2.1　保持一定的国际税收竞争力，避免低税率、高优惠的避税地模式

在经济全球化的背景下，税收在国际资源配置中发挥着非常重要的

① 2020 年全球营商环境报告中全球缴税报告 Paying taxes 2020，见 www.doingbusiness.org。

作用，税收因素往往会成为影响投资者决策的至关重要的因素。上海创建与国际金融中心相适应的税制，税收政策旨在提升以市场为基础的金融集聚、金融辐射和金融交易的核心功能，而不执着于与地理位置接近但功能单一的其他金融中心，特别是不执着于与周边国家或地区展开税率（税负）竞争。基于经济全球化的背景，税收在国际资源配置中发挥着非常重要的作用。

目前，在经济全球化的背景下，生产要素跨境流动性大大提高，以吸引流动性的资本和人才为目的的国际税收竞争使得全球公司所得税税率持续下降，国际税收竞争日益激烈。为保持对国内国际流动性生产要素，特别是资本和人才的吸引力，上海有必要保持相对高的国际税收竞争力，但反对"竞争到底"（race to the bottom）的低税政策模式。

另外，要总结中国经济特区的税收政策和征管实践经验。中国改革开放的成功经验之一就是创建了各种类型的经济特区。经济特区成功地解决了很多当时的结构性问题，包括税收、货币、贸易、财政、程序复杂性、关税和劳工政策的缺陷以及官民纠纷和矛盾。

4.5.2.2 保持税收的导向作用，普惠性优惠和专项性优惠并举

上海国际金融中心的建设过程中，市场力量固然会导致金融资源的自发集聚，但政策的驱动引导仍可以发挥巨大的推动作用。作为政策工具，税收对吸引资本、人才等生产要素实现产业升级具有重要作用，可以促使一个国家或地区的经济从劳动力密集型向资本密集型、技术密集型、知识密集型和信息密集型经济的升级转型，提升一个国家或地区在全球价值链中的地位。政府可以通过税负水平、税种、税率的高低、优惠额度等的精心设计，实现预期的区域产业发展等目标。如税收优惠政策设计的一种方式是所有纳税人可以享受的普遍性优惠政策，第二种是只有特定的纳税人才可以享受的专项性优惠政策。

国际金融中心形成过程中，针对各种经济特区（航运中心、科技

园、工业园、出口加工区、自由贸易区等）以及包括金融业、制造业在内特定行业的专项性税收优惠政策都是重要的抓手。① 税收政策的引导作用旨在提升市场主体发展和创新的积极性。比如，对国际航运中心的注册船只（对）和船员免（减）税，研发开支的加计扣除或税收抵免，专利盒税制，对金融创新予以税收鼓励，对高层次金融人才给予适度的个人所得税优惠等。

4.5.2.3 遵守国际税收惯例和中国特色税制建设

当前，国际税收竞争日益激烈，为跨国经营活动创造公平的国际竞争环境，打击有害恶意的税收竞争活动，防范国际避税和逃税以及提高税收透明度、包括银行账户在内的国别信息的自动交换和国际税收合作成为国际趋势。经济合作与发展组织（OECD）和 20 国集团的税基侵蚀和利润转移项目（OECD/G20 BEPS）② 正在重塑国际税制，但没有对税率的绝对数值提出一个具体的界限，也没有认定低税率就一定造成有害税收竞争行为，更没有命令各国应该适用某一具体的企业所得税税率，只对"一国吸引外来投资者却不要求其具有任何经济实质"的政策予以打击。

另外，一国的税收政策要与其加入的地区或国际性协定、条约和公约的义务相适应。我国已经加入了《多边税收征管互助公约》《金融账户涉税信息自动交换多边主管当局间协议》和《实施税收协定相关措施以防止税基侵蚀和利润转移的多边公约》三部国际税收公约和 110 部双边税收协定（或安排）。③ 同时，作为世界贸易组织等国际机构的成员，也要遵守其非歧视、透明度和反补贴与反倾销等国际公认的贸易和投资相关的税收原则。

作为 20 国集团成员，我国积极参加了这次国际税收制度的重塑工作。作为世界贸易组织成员，中国有效地履行了自己的承诺，在税制建

---

① 世界投资报告 2019 - 经济特区 World Investment Report 2019 - Special Economic Zones（英文版）。

② www. oecd. org/tax/beps/#。

③ http：//www. chinatax. gov. cn/n810219/n810744/n1671176/n1671206/index. html。

设方面有了显著的进步。国际社会对中国包括经济技术开发区等经济特区在内的现行税制和税收征管方面的进步给予了认可。

上海要立足全国，放眼世界。上海的目标是建成国际经济、金融、贸易、航运和科技创新"五个中心"，建成与我国经济实力以及人民币国际地位相适应的国际金融中心。所以，要围绕这几个中心建设，力争成为中国税收政策和征管改革的"领头雁"，为建设国际金融中心探索出一条新的路径。

4.5.3 上海国际金融中心配套的具体税收措施

我们建议在上海设立税收特区。税收特区的设立是为包括建立国际金融中心在内的上海的高质量发展要求在税收政策上的探索，在自贸（港）试验区、保税区、航运中心、科技创新等实行有别于其他地区的特殊的税制安排。上海可以先行、先试相关税收政策和征管体制改革的新思想、新理念和新举措，形成可复制、可推广的创新经验和模式。

积极探索全国人大赋予上海特定的税收立法权，允许上海在特定的区域内实行特殊的税收安排试行所得税的属地税制，如：对在该地区内注册的企业免征海外所得的税收，对个人来自海外的所得免税等；建立"跨国公司全部总部或地区税制"，对这样的公司给予一定时间免税或减税的待遇；降低企业所得税税率，从25%降到20%；降低个人所得税最高税率并减少税率（档次），将现有的最高税率降低到30%，税率档次由7个减到5个；适当降低增值税的标准税率到10%，并将税率档次降低为两个档次，设立一个5%的低税率。上海要建立和完善与国际金融中心相配套的具有国际竞争力的"自由贸易区""科技创新中心""国际航运中心"等的税收制度（见表4-12）。

表 4 - 12　　全球主要金融中心（同时也是自贸区）的税收政策比较

	一般税制	自贸区税制
中国香港	香港实行属地税制，法人制企业所得税实行两级累进税率，200万港元以下利润适用8.25%低税率，200万港元以上利润适用16.5%税率。个人所得税实行2%～17%超额累进税率，最高税率为17%。关税税目只有饮用酒类、烟草、碳氢油和甲醇四类，并且只在进口环节对应课税品课征。对于其他商品、货物与劳务，商品都是不课征税款的，从整个货物劳务税的角度看，对于规范的四类物品外的其他所有商品以及进口环节外所有环节都不征税。	香港全境实行自由港，没有专门针对自贸区的税收政策，但规定在进入香港保税仓时对于应课税品无须缴纳税款，并且已缴纳税款又用于出口或者继续加工应课税品时可予以退还，但进入保税仓外的香港地区流通时必须缴纳关税。
新加坡	新加坡企业所得税实行属人税制，标准税率为17%。工业品出口额1000万新元以上、非工业品出口额2000万新元以上出口创收利润可免交所得税，根据不同企业情况，免税期一般为5～10年。服务出口奖励范围包括工程技术咨询、工业设计、出版、教育、医疗、金融等服务业。出口创收利润可以减征所得税90%；根据不同企业情况，减征期一般为5～10年；减税期满后，还可以享受10%～15%的减税待遇。 个人所得税实行属地原则，居民获得境外来源收入不必纳税。个人所得税按照超额累进税率征税，最高边际税率为22%，最低税率仅为2%。新加坡是自由港，因此大多数商品在进出口时关税为零。只对极少数产品征收进口税，例如烟草、酒类、石油和汽车等。新加坡出口商品一律免税。新加坡的消费税（货物和劳务税）的税率为9%。	新加坡自贸区采用境内关外做法，提供免税区，便于商家存放、改装、分拣、展示以至再出口。新加坡企业所得税率为17%，自贸区内企业所得税税率仅为5%～10%，而且只征收经营利得税，不征收资本利得税。这些优惠的税收政策吸引了大量投资者，从而推动了新加坡自贸区发展。
伦敦	英国个人所得税实行的是20%到45%的三级超额累进税率，在发达国家中处于较高水平。而其企业所得税率为19%，在发达国家处于较低水平。英国增值税对大多数商品适用标准税率，标准税率为20%；对部分商品适用5%的低税率。英国关税税目表以列举方式呈现，几乎列举了所有商品。英国的公司所得税实行了属地税制，公司所得税税率大幅度降低。 伦敦还征收5种财产税，分别是市政税、印花土地税、继承税、资本利得税和租金所得税。	英国伦敦自贸区的税收政策很少，最为主要的是境内关外的政策，即允许全部或绝大部分外国商品豁免关内进入欧盟市场前或在自由区内被消费前的关税、进口增值税。

一般税制	自贸区税制
纽约	美国个人所得税实行七级累进税率，最高边际税率37%。在企业所得税方面，C型公司税率为21%，独资企业、合伙企业和S型公司（无限责任公司）等穿透小企业合格经营所得征收个人所得税，允许抵扣20%收入，适用最高边际税率37%。推行"属地制"征税原则，即美国企业的海外利润将只需在利润产生的国家缴税，而无须向美国政府缴税。 美国联邦政府还征收遗产与赠与税、社会保险税、消费税等多种税。 美国关税税目采取税目表列举形式，详细列举出所有商品的关税税率，平均税率为1.6%。并且对于美国认为的涉嫌倾销和不正当竞争行为的国家，美国商务部有权进行反倾销调查，美国总统有权对查实行为的国家实行惩罚性关税。美国不实行增值税，采用在商品零售环节征收销售税。 作为联邦制国家，美国州和地方也有自己相应的税制，主要开征了销售税、遗产税（继承税）、个人所得税、公司所得税和房产税等，主要有： 纽约州自有住房的业主2018日历年度的实际税率为1.4%（缴纳的房产税总额占其房价总值的百分比），人均缴纳的州和地方房产税为2902美元（2017财政年度）。 纽约市公司所得税，税率为8.85%。 纽约州公司所得税，税率为6.5%。 燃料税，每加仑18.4美分加8美分。 纽约州和市租赁卡车的销售和使用税8.875%（租赁费）。 销售税，8.875%（销售额）。 纽约市房产转让税，税率为2.63%（出售价格）。 雇主缴纳的纽约州失业税，税率为0.34%（工资总额）。 雇主缴纳的都市通勤交通流动税（MCTMT），0.34%（工资总额）。 雇主缴纳的医院保险税，1.45%（工资总额）。 雇员缴纳的医院保险税，1.45%（工资总额）。	（1）关税。为了维持美国对外贸易区的平稳运行，发挥其优势，美国对外贸易委员会规定了各个对外贸易区都可以采取一定的税收优惠政策，以支持对外贸易区的运营。美国对外贸易区提供的税收优惠政策主要包括：倒置关税、延迟关税和豁免关税三个方面。 （2）企业所得税。为了鼓励投资和就业，纽约针对州企业所得税设置了一系列的税收抵免政策。具体包括： 税收减免政策，该抵免是允许对一定比例的所得税进行抵扣。该抵免可以在十年内获取，且可能将公司的税收责任减少到零。正如以下具体的措施所示： • 根据纽约州国内和国际销售公司法（DISC, Domestic International Sales Corporation），DISC制造公司的股东可以获得高达35%的税收减免； • 用于机器、设备和建筑上的投资，可以享有4%的抵免； • 用于污染控制的设施投资，可以享有双倍折旧和税收抵免； • 对公司的州内重新布局给予减税和其他激励措施等。 如果企业雇工不断增加，在投资时，还可以申请雇工激励抵免，抵免数额可以达到投资税收减免数额的30%，申请时间为投资减免税申请提出后的三年之内。 区内企业为特殊使用目的而投资到应计折旧财产和设备上时，可以获得投资税收抵免。符合资格的投资可以获得10%（个人所得税纳税人为8%）的税收减免，未使用减免可以不限期地结转使用。 公司所得税纳税人进行符合要求的、限定性的区内经营投资，或者向经批准的社区发展项目进行捐助，则可以获得一项达25%的外贸区资本抵免。 雇用全日制或等同于全日制职工的区内企业，可以在连续5年内申请工资所得税抵免。对那些属于特殊目标群体的职工，该抵免每年可达3000美元，如果是新雇用职工，还会有一笔每年1500美元的额外抵免。未使用的抵免可以不限期地结转使用。

续表

	一般税制	自贸区税制
迪拜	迪拜实行低税负制度，迪拜的低税负主要体现在三个方面。其一是税种少。目前迪拜只存在五类税：社会保障税、关税、销售税、市政税以及企业所得税，其中海关关税和企业所得税中的外资银行所得税是其主体税种。其二是征税范围窄。迪拜的社会保障税仅针对具有阿联酋公民身份的迪拜居民，这类居民在迪拜总人口中的比例不到15%；迪拜的销售税局限于酒类；企业所得税也只针对外资银行和石油企业这两类；其三是税率低。迪拜税率的众数是5%，除了石油企业所得税实行55%的高税率以外，基本比较温和。 一般税制包括对酒类征收的3%的销售税；市政税包括对居住型房产征收的5%和对经营性房产所得的10%的房产租赁税，以及对酒店服务和娱乐所得的5%的酒店餐饮税。除了55%的石油企业所得税，外资银行的企业所得税率为20%；对拥有阿联酋公民身份的迪拜居民征收5%的社会保险税；关税一般为5%，奢侈品为10%，酒类为50%，烟草为100%。	迪拜拥有杰贝·阿里自贸区和阿联酋迪拜机场自贸区（DAFZ）等多个自由贸易区。货物可以自由进出港，货物在区内存储、贸易、加工制造均不征收进口环节关税；进区企业生产所需要的机器、设备、零件和必需品一律免征关税；迪拜各个自贸区内无个人所得税与企业所得税。符合相关法规（工业组织法案）规定的工业项目可以享受一系列的优惠政策，包括全部税种免税5年等。迪拜的自贸区还设置了各自的税收优惠，例如迪拜外包城就提供了50年100%的免税环境。 迪拜国际金融中心无个人所得税；对不征税利息、公司所得税免征期50年。另外，还可以享受外资100%控股；无外汇管制，无资本或利得汇回限制等待遇。

资料来源：国家税务总局（2018、2019），国别（或地区）投资税收指南；各国税制；国际财政文献局（2020），胡怡建等（2019），《世界5大自由贸易区税收政策比较》。

研究制定针对金融机构和金融产品的税收政策和征管方式。国际金融中心普遍对核心金融业务免征增值税，这对我国金融业营改增具有借鉴意义。目前，我国对银行、证券、保险和基金等金融机构的核心金融业务实行6%的增值税税率，允许进项税抵扣，并保留了金融业征收营业税时期的优惠政策。金融业营改增实行有利于降低金融业税负。现阶段，可根据金融行业特征规定各类金融服务可抵扣进项税额的计算方式，制定抵扣标准，扩大抵扣范围，降低金融业税负。从中长期看，为了促进金融业发展、提升金融中心的国际竞争力，我国也可以借鉴其他国际金融中心的经验，将金融业务划分为核心金融业务、辅助金融业务和出口金融业务。对核心金融业务免征增值税，对辅助金融业务中的显性收入按标准税率征收增值税，对出口金融业务实行零税率。但考虑到增值税抵扣链条断裂产生的弊端，应允许抵扣与应税服务直接相关的进项税额。当然，这对金融企业的财务标准化程度和税务机关对金融业务实质的把握提出了较高的要求。而新加坡对核心金融业务免税并允许一定比例的进项税额抵扣的政策设计既有利于减轻重复课税，又有利于保证增值税抵扣链条的连续性，是我国金融业务增值税未来可参考的改革方向。

结合上海国际金融中心发展战略和全球资产管理中心、跨境投融资服务中心、金融科技中心、国际保险中心、人民币资产定价与支付清算中心、金融风险管理与压力测试中心"六大中心"的建设目标，对细分行业和机构实行有针对性的税收优惠。在形成有利于金融业发展的税收政策时，上海可借鉴自然形成模式国际金融中心的实践经验，具体措施包括：（1）设置符合金融业特点的税前扣除项目，如根据行业特点计提风险准备金、允许税前扣除；（2）对金融企业的投资收益给予适度优惠；（3）对金融创新进行税收鼓励，包括对金融企业初创期的所得税税率减免、允许符合创新标准的金融企业适用高新技术企业研发费用加计扣除标准和15%的优惠所得税税率等。在推动国际金融中心形成的初期，应设计优的税收政策以配合上海国际金融中心建设发展战略。一方面，对重点发展的金融业细分产业和金融创新产品给予适度税收优惠，对从事该行业金融机构符合标准的收益给予税前扣除或所得税优惠，加速金融资源集聚；另一方面，上海在建设功能齐全、金融体系完善的综合型金融中心的同时，可依托上海自贸区的优惠政策发展离岸金融业务，综合利用本土和海外资源，提升上海的自由化和国际化水平。在金融业税收优惠政策设计和具体执行中，应综合运用多种税收优惠政策，重点运用以缩小税基为目的的间接优惠政策，减少对资本流动的阻碍和资源配置的扭曲。

对高层次金融人才给予适度的个人所得税优惠。上海金融市场和机构的扩张已吸引了大批金融从业人员，但从建设国际金融中心和提升核心竞争力的战略目标考虑，现阶段亟须吸引高端金融人才。考虑到个人所得税整体改革的进度，上海在国际金融中心建设初期，有必要在国家政策的基础上，通过提供优惠所得税税率和对符合资质的个人进行所得税退税规定等多种方式，适度增加对急需或紧缺高端金融人才的税收优惠。（1）可以参考"粤港澳大湾区"实践，采取对超过一定水平，如15%或20%的税额的退税安排，属于上海地方部分的税款即征即退。[①]（2）实行单一税制。对满足一定条件的金融从业人员对其收入超过免征额部分的收入按照相对比较低的税率（如20%）征收所得税。除为高端金融人才提供直接税收优惠外，上海也可根据其他金融从业人员的资质和贡献，在个人所得税现行税前扣除标准的基础上增加专项扣除，允许金融从业人员的子女教育、赡养抚养和房贷利息等在税前扣除，提高其税后可支配收入，为金融从业人员创造良好的生活和发展环境。

建立新的征管和纳税服务模式。上海可进一步优化中央和本地的各项减税降费措施，采取数字技术，探索"便民办税春风行动"的新方式：升级办税事项"最多跑一次"清单、实行预填式一键申报、实行网上更正申报、拓展多元缴税方式等。实行网上申报和缴纳税款，降低纳税成本，进一步改善营商环境。

开征金融交易税。作为有着巨大国际影响力的国际金融中心，上海要始终把防范金融风险放在突出位置，做好防范化解重大金融风险的准备工作，未雨绸缪。为防止高风险行为和金融市场的波动，应对未来可能发生的危机，上海应探索设立如何对金融机构的股票、债券和衍生金融产品等的毛收入征收一定比例税收，如千分之一的金融交易税。

专栏 4-1　离岸金融中心与国际避税地

全球有很多离岸金融中心以低税负闻名，其特征十分显著，是投资者理想的"避难所"。伦敦、纽约、中国香港、新加坡等离岸金融中心的法制健全，监管严格，很难为犯罪分子利用。但是如英属维尔京群岛、开曼群岛、萨摩亚、百慕大等加勒比海和太平洋所属的众多全球著名的

---

① 《财政部　税务总局关于粤港澳大湾区个人所得税优惠政策的通知》（财税〔2019〕31号）。

离岸中心，则素来就有"避税天堂"或"洗钱天堂"的名声。

离岸金融中心曾经对美元国际化产生过积极作用。当年美国的金融机构出于利益驱动，曾借助在离岸美元相关的金融业务方面相当活跃的离岸金融中心，推出一系列金融创新产品与工具，将美元推向全球的各个角落。经过多年的演变，离岸金融中心已经成为全球金融体系不可或缺的一个组成部分，只要各国各地区经济发展存在着差异和不平衡，各国税务政策方面存在着漏洞，离岸金融中心就会不断以新的形式发挥着税收套利的功能。

除了隐匿大量非法资金、为洗钱和恐怖主义活动等创造便利条件、逃避税行为泛滥造成有关国家的巨额财政流失外，避税港型离岸金融中心的存在提高了国际金融市场的整体风险水平。2008年，全球经济和金融危机揭示了许多金融机构从事表外负债活动——在这样的离岸金融中心注册，从而得到受到匿名保护的部分债务。避税港型离岸金融中心提高了不同参与者之间的风险，并加剧了信息不对称，从而阻碍了国际金融市场的正常发挥作用，并导致了所有国家的高借贷成本和风险金。

离岸金融中心破坏了各国税制和财政收支的正常运行。为了吸引资本流入，避税港型离岸金融中心提供各种保密规则和人为的虚拟住所以及零税负的制度便利。这样的制度会对其他的经济体产生财政降格的效应，因为避税港型离岸金融中心提供了对别的国家或地区的主权有负面影响的有害法律结构，也使得其他国家很难保留资本所得税，从而导致对资本的税收越来越低，引发"竞争到底"的恶性国际竞争。再者，与发达国家相比，发展中国家的税基比较狭小，但还需要从资本收益中获得主要的税收收入。因此，比较低的资本税收意味着税收收入的下降，而无法征税则没有收入来源，对政府的运转构成了威胁。因此，这样的离岸金融中心加大了发展中国家征税的社会经济成本，严重阻碍了经济增长。

这一问题与对在离岸金融中心注册的公司获得的资本利得征税相关。在双边税收协定中，对跨国收入的分配一般适用的是属地原则，换句话说就是征税的优先权属于公司所有者的居住地国家或注册地国家而不是收入来源国。这种划分征税权的方法依据就是，住所所在国和该纳税人之间一般存在着密切的联系。如果出现这样的情况：在离岸金融中心，这种征税原理的依据消失了，法律实体仅仅在一个辖区注册，但不是为了从事真正的经济活动。避税港型离岸金融中心的一个特征就是使得税收主体和辖区之间的联系仅仅存在正式法律层面上。

避税港型离岸金融中心降低了发展中国家资源配置的效率，使得逃税和税收筹划变得更加有利可图了。但这些活动无助于价值创造，对整个社会是没有任何好处的。避税港型离岸金融中心的存在，使得投资者更加关注税后收益率高的投资项目，税收成为影响投资的最重要因素，会加大私人和社会投资标准之间的缺口，并导致私人部门不再关注最高税前收益率，而转向产生最高税后收益率的投资项目。

避税港型离岸金融中心使得经济犯罪更加猖獗。许多发展中国家的一个共同特色就是这些国家缺乏资源、人才和能力来建立和发展有效的治理体系。发展中国家税收征收体系的质量要比发达国家低。因而，当局发现经济犯罪的可能性在发展中国家比较低。离岸金融中心的保密立法为那些试图隐匿其经济犯罪收益的人提供了一个躲藏的地方。从而，离岸金融中心的存在降低了这些犯罪行为的门槛。

避税港型离岸金融中心能鼓励发展中国家的寻租行为并降低了私人收入。在过去的四十年间，那些自然资源丰富的国家的平均增长率要低于其他国家。这种现象常被称为"富足的悖论"或者"资源的诅咒"。发展中国家得到的最重要的教训就是，从天而降的收入可能在那些有比较疲弱的制度的国家会有不利的经济后果。离岸金融中心的存在和泛滥，提高了寻租者的获利水平，这会促使更多的人选择寻租行为，更少的人选择生产性的活动。寻租活动会使私人实际收入下降。

避税港型离岸金融中心破坏了发展中国家制度和经济增长。离岸金融中心的一个最严重的后果是它们会导致发展中国家制度和政治体系的弱化。这是因为离岸金融中心鼓励自我利益，而发展中国家的政客和官僚都处于比较弱化的制度中，缺乏有效执法组织，意味着政客可以在很大程度上利用离岸金融中心提供的机遇隐匿源于经济犯罪和寻租的收益。这些收益可能源于腐败和其他非法的活动，或者政客从开发援助、自然资源和国库中得到的不正当收入。

第5章　国际税收协调和合作

　　国际资本流动，特别是国际直接投资的税收政策离不开国际间的财政政策的协调和合作，经济全球化更需要国际税收协调和合作。国家之间的经济政治等领域的依存关系是国际税收合作的基础。在单纯依靠货币政策促进增长的效果不断递减、主要经济体政策明显分化难以合力、贸易投资保护主义抬头、构建开放型经济任重道远的背景下，税收成为促进经济增长的重要政策变量。国际税收合作不仅直接影响经济增长，而且影响世界财富分配，决定了经济增长的红利能否实现共享。

　　国际税收合作是经济全球化背景下促进经济增长的重要政策选项之一。世界经济正在从主权经济向全球化经济快速发展，经济全球化意味着生产要素跨境流动，全球资源与要素跨越主权边界在世界范围内实现更加高效的配置和利用，从而为世界人民创造更多福祉。世界上至少50%的价值创造涉及国际交易，包括货物贸易、服务贸易、跨境债务融资、股权投资与交易、跨境重组、无形资产交易、国际租赁、劳务输出等，所有这些都涉及税收政策。国际税收合作通过鉴别比较优势，盘活闲置要素，促进要素流动，增加全球要素供给，优化要素配置，升级要素结构，提高要素生产率，进而促进世界经济增长，并深刻影响经济增长结构。

　　国际税收合作是化解经济全球化与税收法律本地化矛盾的必然选择。与经济全球化不相协调的是税收高度主权化，税收立法、执法、司法都与主权高度相关。事实上，迄今为止，世界上除欧盟颁布的税收法令外，还没有超越国家主权的国际税收法律法规。国际经济交易模式和规律逐步趋同，但与之对应的是全球近 200 种不同的税收制度和征管办法，制度差异与交易成本大大增加了国际交易难度，严重影响国际经济合作，阻碍经济全球化进程。另外，经济全球化与税收法律本地化的矛盾还给有关国家提供了贸易和投资保护主义的机会和借口。每当世界经济出现困难，一些国家就通过调整国内投资与税收政策，限制外来投资，促进国内就业，税收与投资政策均出现内顾倾向，从而使经济全球化进程倒退，殃及世界经济复苏与增长。① 另外，税收利益的协调与分配也成为国际经济合作的内容。因此，加强国际税收合作，通过政策协调和征管协作，消除税收法律本地化给生产要素配置带来的障碍，是促进世界经济增长的重要措施，也是管控分歧，实现世界携手共进、合作共赢的必然选择。②

5.1　税收竞争和协调的基本原理③

在全球化时代，现代市场的特点是流动资本和劳动力，各种类型的企业，无论大小，都倾向于将其定位为具有最大竞争优势的地方。有证据表明，税收制度最完善的国家将在吸引新企业、新投资方面最具竞争力，并且在促进经济和就业增长方面最有效。当然，税收只是商业决策中的一个因素，其他问题也很重要，例如获取原材料或基础设施或熟练的劳动力库，设计良好的税收制度可能会对吸引外资和鼓励资本输出产生积极影响。如前文所述，有关辖区间的税收竞争，特别是国家间税收竞争的理论非常悠久，也有很多不同的解释。本文选择其中几个代表性理论加以评述。

---

① 廖体忠. 公平和现代化的国际税收体系：回顾与探索［J］. 国际税收，2019（11）.

② 王建凡，2015。见 https：//www. imf. org/external/np/seminars/eng/2015/asiatax/pdf/jianfan. pdf。

③ 见国际税收竞争：21 世纪对政府的约束，原文作者 Chris Edwards，Veronique de Rugy，迟强、张文春等译文，未发表。

5.1.1　蒂伯特模型

对于税收竞争的研究可以追溯到查尔斯·蒂伯特（Charles Tiebout）在 1956 年对于地方政府提供公共物品的检验。地方政府掌握的可转移的房屋所有权的竞争提升了整个社会的财富。为了避免居民流失，管理当局必须调整公共支出和税收水平以适应本地偏好。个人则根据他们对公共物品的需求和税收水平来选择税收管辖区。如果一些房屋所有者需要投资公立学校，他们就要支付更多的财产税；如果不需要，他们就可以迁移到税收负担更低并提供效率更高或者更有效的政府服务的管辖区去。①

政府间的竞争和市场竞争在提供产品方面是一致的。市场竞争鼓励提高产品生产效率、满足消费者需求。税收竞争的结果可能是在每一个管辖区都有与税收水平相一致的特色的偏好。Tiebout 理论重点放在了地方政府上，但是随着日益增长的劳动力和资本流动，一国中央政府变得越来越像地方政府，他们必须在全球范围内争取纳税人。

自 Tiebout 的研究之后，许多金融理论家开始建设更严格的模型来判断税收竞争对社会财富的影响。在学院派经济理论的其他领域，基于潜在假设的数学模型也最终得出了这一结论。一些金融理论家综合了一些假设并最终得出结论：税收竞争是有效的；另一些金融理论家则认为由于税收竞争导致下降趋势最终使税率过低，它是无效的。

后一个结论认为在国家间的税收竞争是无效的。当投资流入轻税国家时，由于资源并没用来产生最大价值，所以就没有成效。这种观点认为税收竞争必须中性，从而对投资决定没有影响。欧盟正在推进一些项目来使轻税成员国提高税率。欧洲议会的说明报告指出，调整企业税"使阻止竞争扭曲的必须措施，尤其是对于投资决定的扭曲。哪里税收制度非中性，哪里的资源分配就会有错误"。

---

① 理查德·马斯格雷夫佩吉·马斯格雷夫. 美国财政理论与实践 ［M］. 邓子基、邓立平译，北京，中国财政经济出版社，1987.

出于同样的考虑，经合组织开始推进减少有害的税收竞争项目。在一篇题为《有害的税收竞争：一个新兴的问题》的重要报告中，经合组织得出了"有害"税收政策将导致在贸易和投资的方式上的扭曲并减少全球财富的结论。来自经合组织、欧盟和其他对税收竞争持批评意见者的报告都是用了看似公正的语言，如"扭曲""财富""非中性"和"错误分配"等。但是持批评意见的经济学家也是矛盾的，或者说他们的假设也是有问题的。

在"有害"的税收竞争这一表述中，什么是"有害"？在 1998 年经合组织的报告中对于这一问题进行了充分的国际争论，仔细检验报告中的假设也是有效的途径。报告确定了有害的轻税地区的 6 个负面影响，至少其中的 4 个是有害的——"扭曲了财务和直接的真实投资流"、"破坏了税收架构的整体性和公平性"、"对于全体纳税人奉行的负面激励"和"增加了管理当局和纳税人的管理成本及奉行负担"——但是对于重税地区来说可能是更为不争的事实。第 5 项危害更像空洞的税务当局的发言："重构并混淆了预期的税收和公共支付水平。"第 6 项危害是"导致了不受欢迎的转变，把税收负担转移到了移动性弱的税基上，例如劳动力、财产和消费品上"——使税收竞争倒退。最后一项影响是在全球经济中都是被渴望和预期的转变。

从报告来说，一国税收政策对于另一国税基发生影响导致危害，被称为"溢出效应"或"外部性"。经合组织 1998 年的报告指出，有害的税收政策是通过对于他国投资开出"侵略性的价格"来侵蚀他国税基的。2000 年，经合组织的另一份报告指出，有害的税收实践"不公正地侵蚀了他国税基并扭曲了投资和服务的地区分布"。同时，该组织宣布它支持各国为应对全球化最近所采取的降低个人所得税税率的做法。但是，它所支持的改革也是吸引外国投资流入的，也会侵蚀他国的税基。

1998 年，经合组织报告指出"全球化税制改革的动力之一"，包括降低税率。2001 年的经合组织报告就该问题进一步指出"近 10 年来更加开放和竞争的环境使各国都在努力使他们的税收制度对于投资者更具吸引力。除了降低整体税率之外，竞争的经济环境使政府支出项目更加有效。"就该组织来说，吸引投资者的减税有时是上佳政策，其他时候却在侵蚀税基。

经济专家瓦尔拉斯·奥兹（Wallace Oates）把税收竞争的危害描写为"由于地方政府的政策对其他管辖区的影响未进行充分考虑而产生的外部性。这必将导致未达到最佳税率的决策"。欧洲议会对该问题也有相近的描述：

> 税收协调的第二个目标是要避免紧随一国个人所得税改革而来的负面的外部性……更特殊地，一国减税相对于其他国家增加了其竞争力和/或吸引力。商品、资本，甚或熟练工人的流动在经济活动和税收收入方面对于有关国家来说都是有害的。

对税收竞争持批评态度的意见认为应当检验对"全球财富"的影响。假设美国减税吸引了投资，而并没有考虑对德国的影响，那么，这会被认为税收竞争无效或者产生外部性。一国在本国公民中行使减税的权力，通常会伤害他国。这一结论直接挑战了国家主权，同时也不能成为美国税收政策的导向。美国政策制定者们最大的追求是设计出有利于美国经济的政策。美国的减税政策不会因为出于对重税国家的关心而停止。

5.1.2 税收竞争并非是零和的博弈

有害的"财政外部性"这一观点对于税收政策建立了错误的零假设。在现实世界中，由于减税可能带来巨大经济收益，从整体上对美国或全球来说绝不是一个负和博弈。当一国采取了更为有效的税收制度使增长最大化，其他国家紧随其后，其结果是全球投资和产出的增加。1986年，美国税收改革带来的一轮所得税削减就是证据。所有的国家最终都获得了自己的利益，状况都有所改善。

假设的税收竞争的"全球财富"成本是建立在税收差异可以转化为投资的跨国分布这一假设上。更严重的财富成本发生在高所得税税率国家，尤其是对于资本和熟练工人课税重的国家。高边际税率产生了巨大的"超额负担"。这种损失或无效成本随着边际税率的提高其增加超出了比例，即使是微小的税率降低也会产生巨大的经济收益。例如，美国前国家经济研究局主席马丁·费尔德斯坦（Martin Feldstein）预计布什总统的减税计划通过税收制度带来的重负损失减少在未来十年内将达到600 亿美元。税收竞争在公司所得税，尤其是无效的资本所得税上产生了反方向的压力，进而吸引了投资并在全球范围内引起了经济增长。

5.1.3　公共利益与公共选择

大多数政策制定者可能不认为减税可以提高经济增长。他们关心的是税收竞争可能会使税率过低。但是，多低才是低呢？正如芝加哥大学教授朱利·罗宾（Julie Roin）所说："税收协调的倡导者看起来认为在非竞争环境中任何水平和分配方式的税收负担都是过低。"之所以涉及范围如此之大，是因为他们模型的假设：政府是最适规模的，运行由最有效的决定支撑。欧洲议会根据基本的原则"每一个国家都有把公司税降低到本该与自然状况一致水平的动因"并通过批评税收竞争展示了一个特殊状态。但是，"自然状况"究竟是什么呢？有害税收竞争理论盲目地假设了政府的"公共利益"理论。政府被假设为最大化公民福利的慈善家。当政府垄断了资本和劳动力时，税收竞争无疑是最适财政平衡中的一个"楔子"。

另一种政府模型——公共选择模型，认为公共官员是由自身利益驱动的，其行为可能或者不可能最大化社会福利。使财政政策服务于一般的公共利益的是，政策制定者和管理当局瞄准了预算最大化，同时获得更多的权力、更多的薪水和更多的额外补贴。预算最大化导致了更高的政府支出、政府代理的无效分配和无效的产品。

根据公共选择的观点，国际税收竞争可以通过限制政府无效的扩张来提高福利。没有竞争的政府，其运行就像私营垄断者，没有减少浪费和提高质量的动力。就像全球化限制了私营垄断者在国内市场上的权利，它也限制了政府垄断。"竞争到底"的观点把重点放在了数学模型的产出上，而忽视了真实世界从竞争过程中获益这一事实本身。这一过程包括了做出极端艰难的选择、推进革新、抛弃错误观点和集约化的学习以最低成本产出更好产品等。诺贝尔经济学奖获得者加里·贝克（Gray Becker）：认为"国家间的竞争导致了向上的竞争，而不是向下的，它限制了有权力又贪婪的集团和政客在自己国家以牺牲大多数人的利益而获取自己的利益。"

5.1.4　国际税收中性与差异

对于国际税收竞争的关注还有一个重要角度是税收中性。经济学家一般支持不扭曲经济决策的税收制度。没有税收是完全中性的，政府应当以一种最小扭曲经济决策的方式来收税。不过，国内的税收中性的美好愿望并没有被传递到国际经济事务中。资本输出中性和资本输入中性的目标都是追求国际税收的中性，但是产生了不同的政策措施。

税收不过是影响国际贸易和投资的许多政策因素中的一个。许多政府决策都被认为是非中性的。假设两个国家都有确定的税收制度，一国政府主要致力于有效地提高教育水平和交通设施，另一国政府主要支持夕阳产业和再分配项目。两国政府支出的不同会一起投资流入前一个国家，它在实施"不公平的基础设施竞争"。国际协议的设计要求所有国家把无效的再分配支出最小化，把有效提高教育水平的支出最大化。

在现实生活中，国家间的"政府竞争"包括税收、财政支出、交通管制、司法体系建设等许多方面，所有政策的不同都会引起投资和劳动力的流动。

虽然不同的国家有相似的税收制度，但资源和文化的差异会导致一国公民对不同国家相同税率的不同看法。例如，里查德·巴尔丁和保罗·克鲁格曼（Richard Baldwin 和 Paul Krugman）的研究发现，在欧洲"核心地区"和"外围地区"的税收协调将是无效的，因为这些地区的经济结构、文化习俗有差异。

允许在财政体系中存在差异，对于提高全球税收协调是更为高明的。

税率存在差异和竞争，不同的税收政策将导致不同的经济结构。公民了解了在邻近管辖区内的政策之后，会对不同的法律体系提出相同的要求。全球化的经济增长带来的私有化改革、所得税税率削减，并没有从某个国际组织得到一个完整的时间表。各国在国内采取的政策改革都离不开借鉴其他国家的经验。在国际体系中，税收改革加以全球性限制，无异于给各国独立的财政体系的进程套上枷锁。

这一枷锁对于寻求减税的低收入国家来说有较大危害。吸引外国私人资本对较为贫穷的国家的发展是至关重要的，减税是追求发展的重要方法之一。朱利·罗宾（Julie Roin）指出，富裕地区的居民不需要新的自动化工厂，因为它会增加拥挤成本和造成污染，但是，高失业地区愿意放弃持续的税收来吸引建厂。不同的国家和地区在许多方面是不同的，所以国际税收政策阻止贫穷国家通过更低税收来表达他们的偏好的做法显然是不公平的。

专栏 5-1　资本跨境流动与国际税收中性理论

税收中性理论最早起源于 17 世纪亚当·斯密在《国民财富的性质和原因研究》（《国富论》）中提出的"看不见的手"理论，19 世纪最先由英国新古典学学派的代表人物马歇尔所倡导。"税收中性"简单地说就是国家征税也应当尽量避免政府干扰市场经济正常运行，尤其注意不能使税收代替市场机制成为资源配置的决定性因素。在经济全球化的背景下，税收也是影响生产要素国际间配置的重要因素。国际税收中性理论主要强调的是来源国的税收管辖权，对于纳税人的跨国所得应由来源国政府课税，而母国政府对其不征税，但这在实践中很难做到。对于国际税收中性的理解当前大体有四派观点：资本输出中性（CEN）、资本国家中性（NN）、资本输入中性（CIN）和资本所有权中性（CON）。

（1）资本输出中性（Capital Export Neutrality）

资本输出中性是指为了使资本，尤其是稀缺资本实现全球范围内的最优配置，税收不应当影响纳税人是投资于国内还是投资于国外。这就要求母国允许跨国纳税人用其已在国外缴纳的税款来抵免其在国内的应纳税款。实施资本输出中性原则的国家在减除和避免对跨国纳税人国际所得的双重征税时，一般采用抵免法。但是，为保护本国税收利益，当前大多数国家都实行的是限额抵免法，即对于本国居民在国外取得并且已缴纳税款的所得，国内允许抵免，但是以该所得在本国应承担的税款的额度为限。

值得注意的是，实行抵免制的国家必须考虑母国是否允许税收饶让，即对于来源国给予跨国投资者的税收优惠母国是否承认，如果母国不承认，那么跨国投资者将不能享受到来源国给予的税收优惠，而是由母国政府受益。目前，发展中国家支持本国居民对外投资，因此对于税收饶让基本持有积极态度，欧共体成员国间也实行了税收饶让。与之相对的是，美国认为税收饶让会造成境内资金和人员的不正常流动，不利于资源配置，因此对此持有消极态度。

（2）资本国家中性（National Neutrality）

国家中性学说关注的首要目标是国家利益。母国能否获得最高的税前利润是该学派关心的重点内容。虽然国家中性原则将国家利益放在首位，但是仅考虑的是国家的短期利益，因此并不能使国家真正繁荣。如，A国实行国家中性政策，为保证本国收回的资本总额（包括税收）相等，对于跨国投资者在国外缴纳的所得税视同费用扣除，以鼓励国内投资，A国居民就可能撤回在B国政府的投资，转投国内市场。B国政府为了弥补该损失，可能也会实行相同政策，维持经济暂时的稳定。实行国家中性原则的后果是：包括A国在内的所有国家都会由于多边投资的瓦解造成不同程度的经济损失。国家中性原则不符合经济全球化的趋势，因此各经济学家和政治学家都对国家中性原则持否定态度，该原则早在20世纪70年代就已停止实施。

（3）资本输入中性（Capital Import Neutrality）

资本输入中性是指不同国籍的跨国投资者在同一个国家从事投资经

营时，应享受相同的税收待遇。对母国来说，若实行资本输入中性原则，其在国外投资的居民所承担的税负，应该与来源国居民的税负水平相同。所以，企业的对外投资所得一般采用免税法。按照资本输入中性原则，母国完全放弃了居民税收管辖权，对其本国居民来自国外的所得免税，由来源国征税。

与资本输出中性不同的是，实行资本输入中性政策，跨国纳税人会直接享受到来源国给予的税收优惠，不需要考虑母国是否实行税收饶让。但是由于资本输入中性会鼓励跨国纳税人向国外投资，从而产生跨国纳税人通过将资金转移到避税港来进行避税的可能。

（4）资本所有权中性（Capital Ownership Neutrality）

资本所有权中性认为，税制安排应不影响各区位资产的所有者配置，让市场规律实现资本所有权的最优配置，从而使世界福利最大化。

按照资本所有权中性理论，如果所有国家都单一行使来源地税收管辖权，对外国投资所得免税，那么对于一项资产，所有潜在的投资者对该项资产的投资所得都统一适用来源国（资产所在国）税制。由于不存在税制差异的影响，潜在的投资者之间的竞争会将资产配置到资本生产率最高的所有者那里。当然，这里的最优资本配置对应的是投资者之间的相对比较优势，而非绝对比较优势。

如果所有国家都对本国居民的外国投资所得课税（可以是不同税率），并对外国税收提供全额抵免，那么资本所有权的配置将取决于资本生产率的差异，而不是税收差异，因此也会满足资本所有权中性的要求。在这种情况下，尽管不同居民国的纳税人的投资所得适用不同的税率，但每个投资者都会以税前资本回报最大化的方式进行投资。

因此，实现资本所有权中性要求各国税制具有统一性：或统一采用来源地税收管辖权，对外国投资所得免税；或统一采用居民税收管辖权，对外国投资所得缴纳的外国税款提供抵免，而且必须是全额抵免，这在各国税率不统一的情况下是难以实现的。

（5）国家所有权中性（National Ownership Neutrality）

国家所有权中性原则将国家福利视为税收收入和本国居民税后所得的函数，认为对外国所得免税的税制安排可以使母国福利最大化。其理论推导过程是，以并购形式进行的 FDI 代表的是资产所有权在国家间的转移，而不是实物资产在国家间的转移，在这样的资本流动模式下，外流的 FDI 并不会导致本国投资的减少，因为在实物资产不变的情况下（假设并购是 FDI 的唯一形式），通过市场竞争进行的这种所有权转移将会使外国和本国资产的生产率均得到提高，进而增加产出。因此，在以并购形式进行的 FDI 流动下，外流的 FDI 并不会减少本国的税收收入，根据国家福利函数，本国税收收入不变，母国的福利会随本国公司税后利润的增加而增加。与传统的国家中性原则不同，按照国家所有权中性原则，一国采用来源地税收管辖权，可以在不减少本国税收收入的情况下促进本国企业的税后盈利能力，从而实现国民福利最大化。

在上述学说的支持下，世界各国对跨国所得的课税原则大致可分为两类：一是单一行使来源地税收管辖权；二是同时行使来源地税收管辖权和居民税收管辖权，采用抵免法或扣除法消除或减轻双重征税。目前，单一行使来源地税收管辖权的国家和地区主要是传统的拉丁美洲和非洲的一些发展中国家、新加坡、中国香港特别行政区以及法国等。在发达国家中，现在出现了从属人原则的居民税收管辖权向属地原则的来源地管辖权税制转向的过程，部分国家已经完成了这种转型。在 2012 年的经济合作与发展组织（OECD）的 34 个成员国中，只有 6 个国家执行的是属人原则的居民税收管辖权，28 个国家执行的是各种形式的属地原则的税收管辖权的税制。

国际税收合作一般分成若干个阶段，第一个阶段，合作的各方通过签署双边或多边全面性税收协定，避免和消除国际双重征税，防范国际避税和逃税，保障国际纳税人的非歧视地位，有助于人员、资本、技术和劳务等生产要素的自由流动，消除跨国贸易和投资的税收壁垒，实现并促进国际税收协调和合作。第二个阶段是限制税收竞争。由于经济全球化的加速，各国之间的经济依存度迅速提高。一国包括税收在内的宏观经济措施会对别的国家产生正的或负的外部效应。一国税收政策的影响会出现溢出效应。因而，各国之间的税收政策需要协调，避免争夺流动性生产要素，特别是人才和资本。避免外国直接投资领域以减税为特征的"竞争到底"的国际税收竞争，不要实行所谓的以邻为壑的税收政策。当然，税收合作和协调最好的方式是建立一个统一的协调机构。比如欧盟成立了财政部长和经济部长理事会，或在国际范围内成立国际性的立法、司法和行政机构。这样的机构对各国的税收政策具有约束力。这是地理位置相邻的国家为了实现统一的大市场需要的经济一体化的进程，在这一过程中需要组建相应的关税同盟、自由贸易区、经济联盟、货币联盟、经济和货币联盟。这样的一体化进程需要协调关税、国内间接税和直接税，是国际税收合作的终极形式。[①]

国际税收合作和税收协调是国际税收治理的重要组成部分，也是协调国际货币政策，建立新的国际金融秩序的必要条件。国际税收合作和协调具体包括：以欧洲一体化为代表的欧盟的税收协调；经合组织成员的税收协调和合作；金砖五国之间的税收合作和协调，以及"一带一路"沿线国家的税收协调和合作等。在实现贸易和投资便利的目标下，上述几个地区的国家的税收合作和协调取得了实质性进展。各国将继续支持所有推动全球税收体系向更加公平、透明和现代化方向发展的国际倡议。各国继续承诺，支持旨在促进联动增长、确保国际税收体系公平的各项行动，特别是推动制定和落实 G20 税收议程、多边税收合作和发展中国家能力建设。[②]

---

① 蔡昌. 国际税收合作协调不断加深［N］. 中国财经报，2019 – 09 – 17.

② 廖体忠. 国际税收合作迎来明媚阳光——在新的经济背景下解读 BEPS 行动计划成果［J］.
国际税收，2015（10）.

5.2　金砖国家的税收协调和合作[①]

经过多年发展，金砖五国已成为新兴市场国家和发展中国家合作的重要平台。五国分布于亚洲、非洲、欧洲、美洲，均为二十国集团成员。五国国土面积占世界领土面积的 26.46%，人口占世界总人口的 42.58%，在世界银行的投票权占 13.24%，在国际货币基金组织的份额占 14.91%。据国际货币基金组织估算，2015 年，五国国内生产总值约占世界总量的 22.53%，过去 10 年对世界经济增长的贡献率超过 50%。

金砖五国经济规模、经济增长率、经济结构存在差异（如印度很大程度还是一个农业国家，俄罗斯经济对采矿业，特别是石油天然气的高度依赖）。人口的规模和年龄结构的差异也是巨大的。

金砖国家的出现是与经济全球化的加速分不开的。在 2016 年的时候，新兴经济体将占到全球全部增长率的 74%。这导致了经济影响的再平衡，政治力量从西方转向东方。国内生产总值的排名正在发生变化，如中国超越了巴西、日本和英国。在所有这些新兴经济体中，新消费市场正在形成，中产阶级正在出现。从人均国内生产总值的角度看，这些新兴经济体还需要花费二十到三十年的时间才能赶得上大多数经济发达国家。金砖国家在近期成为外国直接投资的主要来源，特别是成为发展中国家的外国直接投资的主要来源。但是，几乎没有证据表明，金砖国家有意成为一个统一经济和政治集团。金砖五国在经济、政治和制度框架上有太多的差异。尽管如此，这五个国家依然试图在全球问题中发挥更大的作用，拥有更大的话语权。"金砖国家"领导人首次会晤是在 2009 年 6 月。当时，南非还没有加入"金砖国家"合作机制。巴西、俄罗斯、印度、中国等传统"金砖四国"（BRIC）的领导人在俄罗斯举行首次会晤。四国领导人在会后发表《联合声明》，呼吁落实 20 国集团伦

[①]　张文春. 金砖国家税制比较研究. 课题报告，2017.

敦金融峰会共识，改善国际贸易和投资环境，承诺推动国际金融机构改革，提高新兴市场和发展中国家在国际金融机构中的发言权和代表性。该声明呼吁建立一个公正、民主和多极的世界秩序。从那时起，金砖国家领导人每年都举行峰会。同时，金砖五国的外交部长和财政部长也举行常规性会议。金砖国家的各级官员也就从环境到税收等问题进行常规性沟通。金砖五国在 2014 年就成立了自己的开发银行——金砖国家开发银行。该银行的主要作用是为发展中国家提供金融援助。

在税收领域，金砖五国现在已经举行了税务局长年度会议。在南非举行的第一次会议上，各国税务局长就成立许多税收领域的工作组达成了一致。五个金砖国家也是 20 国集团成员，他们试图协调税收立场，也试图在其他国际论坛和经济合作与发展组织的税基侵蚀和利润转移倡议中协调立场。

每一个国家的税制反映着其本国的经济、政治和社会环境及其管理能力。因此，金砖国家的税制存在着巨大的差异也是可以理解的。

在过去的二十年间，金砖五国都进行了重大的税制改革，其中最有影响的税制改革出现在俄罗斯和印度。俄罗斯在经济转型过程中，于 2001 年实行了全面的税制改革，引入了增值税、单一税在内的税制改革措施。目前，俄罗斯在金砖国家中拥有最具竞争力的税制。而印度则是近期全球税制改革的翘楚，2017 年 7 月 1 日实行全国范围的增值税，实现了千年以来全国流转税的统一。

金砖国家同属新兴经济体，都面临转轨时期的某些共性问题。金砖国家税收制度的变化将对世界税收制度产生重要影响。因此，对金砖国家税收制度进行比较研究是一项非常重要的课题。通过对金砖国家税收制度的比较，可以发现金砖国家税收制度之间的异同，为金砖国家的税收合作奠定基础，促进其发展。

2014 年以后，每次的金砖国家峰会宣言都将税收作为全球经济治理的重要组成部分，有力地推动了新兴经济体之间的税收合作和协调。

专栏 5-2 金砖国家领导人宣言中的税收问题
（序号为每次会晤宣言中的编号）

金砖国家领导人第九次会晤厦门宣言
中国厦门，2017 年 9 月 4 日

34. 我们重申努力建立公平、现代化的全球税收体系，营造更加公正、有利于增长和高效的国际税收环境，包括深化应对税基侵蚀和利润转移合作，推进税收信息交换，加强发展中国家能力建设。我们将加强金砖国家税收合作，为国际税收规则制定作出更大贡献，同时向其他发展中国家提供有针对性的、有效、可持续的技术援助。

金砖国家领导人第八次会晤果阿宣言
印度果阿，2016 年 10 月 16 日

50. 我们重申致力于在全球范围内实现公平、现代化的税收体系，欢迎在有效和广泛执行国际认可标准方面所取得的进展。我们支持在尊重各国实际情况的前提下，开展税基侵蚀和利润转移项目。我们欢迎国家和国际组织帮助发展中国家加强税收能力建设。

51. 我们注意到，激进的税收计划和措施将有损平等发展和经济增长。税基侵蚀和利润转移问题必须得到有效应对。我们强调，应在经济活动的发生地和价值的创造地对利润征税，重申支持这方面的国际合作，包括税收情报自动交换普遍报告标准。

52. 我们注意到目前关于国际税收问题的讨论，以及《亚的斯亚贝巴行动议程》及其强调各国税收当局开展包容合作和对话，增强发展中国家参与，反映适当的公平地域分配，并代表不同税收体系。

金砖国家领导人第七次会晤《乌法宣言》
俄罗斯乌法，2015 年 7 月 9 日

26. 金砖国家重申，将参与制定国际税收标准并就遏制税收侵蚀和

利润转移现象加强合作，强化税收透明度和税收情报交换机制。

我们对逃税、有害实践以及造成税基侵蚀的激进税收筹划表示深切关注。应对经济活动发生地和价值创造地产生的利润征税。我们重申通过相关国际论坛就二十国集团/经合组织税基侵蚀和利润转移行动计划和税收情报自动交换问题继续开展合作。我们将共同帮助发展中国家增强税收征管能力，推动发展中国家更深入地参与税收侵蚀和利润转移项目及税收信息交换工作。金砖国家将分享税收方面的知识和最佳实践。

金砖国家领导人第六次会晤《福塔莱萨宣言》
巴西福塔莱萨，2014 年 7 月 15 日

17. 我们认为，对经济活动发生地辖区进行征税有利于实现可持续发展和经济增长。我们对逃税、跨国税务欺诈和恶意税收筹划给世界经济造成的危害表示关切。我们认识到恶意避税和非合规行为带来的挑战。因此，我们强调在税收征管方面合作的承诺，并将在打击税基侵蚀和税收情报交换全球论坛中加强合作。我们指示有关部门探讨在该领域加强合作，并指示相关部门在海关领域加强合作。

在税收领域，金砖五国现在已经实现了年度会晤制度，每年通过举行税务局长年度会议对共同面临的问题进行协商，这成为国际税收合作和协调的典范。在南非举行的第一次会议上，各国税务局长就成立许多税收领域的工作组达成了一致。目前，金砖国家五个成员国也是二十国集团成员，他们试图协调各成员国之间的税收立场。类似地，金砖五国也试图在其他国际论坛和经济合作与发展组织的税基侵蚀和利润转移倡议中协调立场。在税收领域取得的成果非常少，在很多立场的协调上没有取得成功。除了金砖五国有着不同的地缘政治利益，缺乏常设秘书处和主席国的轮换，内部集团分化和经济利益巨大差异等原因以外，一个更重要的原因是税收涉及财政主权，是国家主权的重要体现。金砖国家税制在税收水平、税制结构和税率等诸方面存在差异。每一个国家的税制差异反映的本国的经济、政治和社会环境及其管理能力也不同。

金砖国家之间的税务合作采取的定期会晤机制，现在已经举行了五次会议。金砖国家税务局长定期会晤机制始于 2013 年，其宗旨是加强金砖国家的税收协调和合作，共同应对国际税收领域的挑战。

当前，虽然金砖国家总体经济发展形势向好，但仍旧面临着不少严峻的挑战，如何维护税收公平、共同营造增长友好型的国际税收环境，是摆在金砖国家监管者面前的重大课题。在此背景下，此次金砖五国的税务局长会议意在通过税务合作，实现打击跨国逃避税、维护税收公平和促进资源与要素在金砖国家之间优化配置的目的。更为重要的是，金砖国家税收合作对促进世界经济复苏发展亦具有重要的意义。

整体而言，金砖国家税收合作将对五个成员国的税收层面带来三个方面的实质性影响：一是金砖国家之间达成的税收信息交换合作成果，将使得打击税收犯罪更有效，协作执法更有力；二是通过加强金砖国家之间的税收政策协调和征管合作，可以进一步增强税收中性，以减少税收制度负面外溢效应；三是消除国际重复征税，以实现税收协定公平待遇。此外，金砖国家通过税收合作，还可以为企业的贸易自由和投资便利创造良好的税收环境，最大限度地保护投资者的利益。

从金砖国家税收合作路线图可以看出，以公平税制推动建设世界经济是其最终目的。金砖五国正在通过携手合作，推动完善全球税收治理体系，以进一步提升新兴市场国家和发展中国家的代表性和发言权。与此同时，金砖国家之间的一些税收管理经验也值得相互借鉴。

金砖国家应深化税收领域务实合作与机制建设，促进税收合作在金砖国家整体合作中发挥更加重要的作用。这不仅有助于促进金砖国家的经济转型和发展，而且有助于带动世界经济繁荣增长，推动其他发展中国家乃至整个世界税收治理体系的完善。加强金砖国家税收合作对金砖国家自身具有重大意义，并将影响中国税制改革的方向和趋势。

作为新兴经济体和发展中国家的代表和领头羊，金砖国家都已发展成为资本输出国，而金砖国家税制差异大，税制结构改革以及税收合作都会牵一发而动全身。因此，加强金砖国家的税收合作，关系到金砖国家切身利益，是构建金砖国家利益共同体和命运共同体的重要任务。

目前，金砖国家同处于结构调整转型期，尽管其转型进程不同、发展重点各异，但经济发展趋势要求金砖国家在税收协定等政策方面要尽快适应并采取一致行动，以保障金砖国家作为命运共同体的利益。同时，作为全球经济增长的发动机，金砖国家的务实合作也有助于维护发展中国家的整体利益。

金砖国家都在如火如荼地开展税收制度改革。中国全面推行营改增，直接税的改革也提上议事日程。印度正在推进的增值税改革令经济震动。巴西、俄罗斯等国也在计划推动税收改革。因此，加强金砖国家在税制方面的合作，不仅有助于金砖国家在加强对外投资时对自身的利益保护，完善和优化国内的税制改革，更有助于金砖国家作为发展中国家的代表共同来保护和代表发展中国家的利益，更好地完善全球经济治理体系。

金砖国家都在推行增值税改革，优化税制结构，促进经济转型。中国全面推行营改增已经一周年，通过给企业减税，促进结构调整。金砖国家无一例外都在个人所得税和企业所得税上下功夫，通过降低税率、简化税制，涵养和拓宽税基，不仅实现了所得税收入增长，更促进了经济增长。金砖国家通过降低关税税率，适应和推进经济全球化。中国、巴西、南非和印度均大幅度降低进出口关税税率，缩小课税商品范围。俄罗斯也降低进口关税税率，但出口关税保持其独有特点。金砖国家在优化税制改革方面可以加强合作。从税系结构来看，南非直接税明显高于间接税，巴西、俄罗斯直接税和间接税并重，印度和中国则以间接税为主体，有必要通过改革加大直接税比例。

金砖国家通过不断推动关税、增值税和所得税等改革，促进经济增长和对外贸易增长。金砖国家成为名副其实的拉动经济增长的新全球化发动机。

2017 年，中国举办的第五届金砖国家税务局长会议取得了包括建立金砖国家税务合作制度性机制、深化共同应对挑战落实国际税改成果、交换税收信息、制定税收征管能力建设合作方案、规划税收政策与征管协调路径和税收经验共享机制建设等八大成果。为增加税收透明度，提高金砖国家相互协商程序效率，五国联合签署了金砖国家税务合作的第一份机制性文件，首次以官方文件形式将金砖国家税收领域合作上升至制度层面，这标志着金砖国家税务合作机制建设迈上新的台阶。

金砖国家共同应对挑战，落实国际税改成果。在联合国、20国集团（G20）、经济合作与发展组织（OECD）等重要国际机构及合作框架下更加积极主动地参与国际税收规则的制定，广泛落实应对税基侵蚀和利润转移（BEPS）行动计划成果，特别是应对 BEPS 行动计划四项最低标准的落实，呼吁尽可能多的税收管辖区加入并平等参与应对 BEPS 行动计划包容性框架，继续推动建立支持数字经济发展的国际税收规则，共同推动国际税收体系向更加公平和现代化的方向发展。

金砖国家作出提升相互协商程序效率的承诺。金砖国家税务部门承诺加大金砖国家间及国际间税收案件谈判力度，加快跨境税收争议解决速度，共同促进金砖国家间及国际间生产要素流动和经济技术合作。

金砖国家发起增加税收确定性的共同倡议。金砖国家税务部门共同倡议在打击逃避税、避免双重征税、提供税收确定性之间力求平衡，促进跨境贸易和投资合规经营，利用金砖国家在新兴市场和广大发展中国家中的代表性，推动全球协调一致行动，以税收上的确定性增进国际投资者信心。

金砖国家承诺推进税收经验共享机制建设。金砖国家税务部门承诺将建立各级别定期交流研讨机制，增进税务同行之间的互谅与友谊，分享重大税收改革经验，开展税收政策效应评估合作，深化政策沟通、征管协作、征纳关系协调和争议解决等多层面的合作，推动金砖国家税务部门为全球经济治理作出积极贡献。

金砖五国都建立了较为广泛的税收协定网络，这为五国加强税收合作奠定了基础。

金砖五国签订的税收协定都具有一个共性，就是并非完全使用 OECD 税收协定范本和其注释。金砖五国所签订的税收协定，在构成常设机构的条件、限定预提所得税的最高税率、特许权使用费（包括工商业机器设备的租金、税收饶让）等条款上具有相似性。因此，金砖国家具有加强税收合作的愿望和基础。

积极打击跨境逃避税行为是金砖国家税收协定政策的共性。印度起伏多次的沃达丰案、俄罗斯和南非不断放宽对本国纳税居民的认定标准等，都是在保护本国税基、防止逃避税。近年来，中国加大力度反避税，2014 年发布一般反避税管理办法，2015 年发布关于非居民企业间接转让财产企业所得税若干问题的公告，与金砖四国保持一致。

加强金砖国家反逃避税措施，符合国际社会打击 BEPS 的要求。金砖国家领导人承诺要参与打击 BEPS 行动计划，但实际上，由于经济发展阶段的不同，金砖国家与发达国家的利益存在显著差异。因此，实施打击 BEPS 项目时，金砖国家要考虑自身实际，不能盲目跟风，加强金砖国家彼此间的合作尤为重要。金砖国家要找到利益共同点，在实施打击 BEPS 行动计划时，既要加强税收立法和税收征管来保护本国税基，也要加强在包括数字经济征税、打击有害税收竞争、防止滥用税收协定优惠等方面的合作，既要采取一致行动打击逃避税，也要使其税收政策有助于吸引外资，尤其是吸引跨国公司留在金砖国家。

5.3　欧盟的税收协调

欧盟经济作为世界经济的重要组成部分，是一个发达的市场经济体系，是世界最大的经济体之一。从 1957 年的欧洲经济共同体开始，欧盟的发展历程经历了自由贸易区、关税同盟、共同市场、经济联盟、统一大市场、货币联盟、经济和货币联盟等几个阶段。成员国由最初的 6 个发展到现在的 28 个，其目标是为了建立一个经济和政治一体化的政治联盟，一个由超国家主体和 28 个主权国家组成的联邦制框架。为了实现上述目标，需要实现欧盟与成员国之间财政政策（含税收政策在内）协调。财政政策的协调主要体现的是财政趋同，并且要满足欧盟提出的财政纪律，即赤字率，不超过 3% 和债务负担率不超过 60%。2009 年国际金融危机爆发后，欧盟达成共识：只有以单一货币特征的欧盟金融协调货币联盟（Monetary or Financial Union）在应对内外部冲击时暴露出了严重的缺陷，应该实现财政领域的更深层面的合作，实现进一步的税收合作和协调，建立财政联盟（Fiscal Union），从而实现真正意义上的经济和货币联盟（Economic and Monetary Union）。

欧盟的精髓是四个"自由"：商品自由、服务自由、资本自由和人员流动自由。而税收则构成了四大自由要素流动的障碍，实现要素的自由流动就要消除这些税收壁垒。在税收政策领域，就成员国而言，本国实施不同财政政策和税收政策会对他国产生外溢效应，会导致要素或资本的流动，对某些地区带来益处的政策可能会对相邻区域产生正外部性或负外部性，可能会造成税收竞争等现象，如果没有有效的沟通协调机制就会出现"以邻为壑"或"零和博弈"的局面。对于欧盟而言，需要平衡协调以实现整个区域的福利最大化和资源的有效配置，将公平与效率有机地统一起来。虽然欧盟认为税制统一是未来的发展方向，但在具体的实践中，欧盟采取了务实和谨慎的做法，即允许成员国自行确定本国的税收制度和政策。但同时也在《罗马条约》《马斯特里赫特条约》和《里斯本条约》中确立了一系列欧盟税收一体化的原则，规定了各成员国税制改革的方向。这些主要原则包括：（1）禁止以税收方式对本国产品提供保护原则；（2）协调成员国税收立法原则；（3）消除重复征税原则；（4）从属原则；（5）一致同意原则。最后两条原则反映出欧盟对成员国的税收主权和税制差异的充分尊重。

由于欧盟并不是真正意义上的联邦，成员国未向欧盟让渡全部税收主权，因此，欧盟税法的主要作用是，为一体化的目标而对各成员国的税法进行协调。与其他形式的欧盟法相比，指令是最有效地推动成员国法律趋同化、实现一体化目标的税收协调手段，因为它既可以保证一体化任务的完成，又能最低限度地限制成员国的税收主权。因此，除了欧盟的各种条约和公约及协定，欧盟很多税收问题的法令都是以指令的形式发布的。那些对建立统一大市场有重大影响的税种，如关税、增值税和消费税、对共同体的自主财源具有重要意义的税种，以及某些复杂的税种，如农业税等，均进入了欧盟税收协调的视野。而那些与共同市场和经济联盟并不发生太多联系的税种，如财产税、土地税、遗产税与赠与税、公路税、个人所得税，则可由成员国自行决定。以税收要素为例，税率和税收优惠多由一体化税法来控制，以避免成员国间税收竞争给统一市场带来的阻碍，而计算程序、纳税期限等问题则可交由各国处理。

欧盟还不是一个联邦，其一体化税法的发展取决于成员国的意志，受制于成员国主权让渡的情况。成员国让渡的税收主权越多，税收协调的调整范围就越大。迄今为止，成员国在各税收领域让渡主权的程度表现出其差异性：在关税、间接税等领域让渡了全部或大部分主权，而在直接税领域则十分谨慎，由此导致了欧盟税收协调的发展在这三个领域的发展程度各不相同。

经过努力，欧盟就关税、增值税、消费税、个人所得税、公司所得税、社会保障税、金融税制以及打击逃税和避税等领域进行了广泛合作，制定了一系列制度文件来促进税制的趋同。[①] 从税制趋同的角度衡量税收协调效果，可以看出欧盟 15 个老成员国税制趋同化现象明显，增值税标准税率、企业所得税实际税率的标准差都在减小。欧盟的直接课税领域，早在 1990 年就通过颁布一系列指令在税收协调和合作方面取得了进展，特别是在预提税、征管合作方面进展明显。关于欧盟的税收协调主要有两种方案：一是实现统一的税率，28 个国家都实行同样的税率；二是实行统一的税基（CCCTB）。与直接税协调相关的，还有防范国际避税和逃税相关的信息交换、行政合作等。[②]

目前，欧盟的税收合作主要集中在以下领域：税收征管与纳税遵从；税务当局和企业之间的合作；统一大市场下的增值税合作；数字欧洲下

[①]　见 https：//ec. europa. eu/taxation _ customs/taxation _ en。从 2020 年 1 月 1 日起英国已经脱欧，但有三年的过渡期。

[②]　杨杨，杜剑. 欧盟经济一体化模式下的财税协调反思. 新西部（理论版），2016（12）.

的税收合作；加大税收，特别是直接税领域的行政合作；有关金融账户信息自动交换的欧盟委员会专家组；增值税收入流失与纳税缺口；包括建立欧盟统一的公诉机构在内的增值税和行政合作；协调消费税和建立统一的欧盟纳税人的纳税识别号码。

通过欧盟机构和欧洲法院的努力，欧盟成员国的税制得到了一定程度的协调。但是，在欧盟成员国享有税收主权和现行立法机制的限制下，欧盟各个成员国的税制仍然与共同市场的要求存在差距。不过，欧盟并没有放弃协调成员国税制的努力。欧盟机构通过提出立法建议草案、颁布"建议""指南""守则"等文件来促进成员国进行税收协调的讨论。欧盟宪法草案也在立法程序上提出了新的建议。因此，欧盟税收协调的发展是必然的。不过，欧盟税收协调的发展速度还取决于欧洲政治经济一体化的进程。欧盟税收协调的根本性发展需要成员国将税收主权让渡。但建立单一市场，欧盟的财政收支政策的协调才能确保单一货币欧元等共同的货币政策的正常运行，实现生产要素跨境自由流动真正的统一大市场。

专栏 5 - 3　财政政策和货币政策的二元性导致希腊主权债券危机

早在 2009 年 3 月，希腊主权债务危机就已初露端倪。2009 年 10 月初，希腊政府突然宣布，2009 年政府财政赤字和公共债务占国内生产总值的比例预计将分别达 12.7% 和 113%，远超欧盟《稳定与增长公约》规定的 3% 和 60% 的上限，开启了主权债务危机的大幕。希腊债务危机对欧元区稳定的威胁越来越大，市场也出现所谓的"狼群攻击行为"，投机者不断对高赤字的欧元区国家进行攻击。2009 年 12 月 8 日，全球三大评级机构之一的惠誉宣布，将希腊主权信用评级由"A -"降为"BBB +"，前景展望为负面，这是希腊主权信用级别在过去 10 年中首次跌落到 A 级以下。12 月 16 日晚，国际另一家评级机构标准普尔宣布，将希腊的长期主权信贷评级下调一档，从"A -"降为"BBB +"（倒数第 3 个投资评级）。12 月 22 日，希腊再遭"降级"，穆迪又将希腊的主权债务评级由 A1 降至 A2，让全球投资人对主权债务危机的担忧再度升温。2010 年 4 月 23 日，希腊政府被迫向欧盟和 IMF 求助，这是欧盟自 1999 年诞生以来，首次有成员国向 IMF 求助。据希腊媒体当日公布的民调显示，高达 91% 的受访希腊民众担心启动救援机制将导致政府实施更为严厉的紧缩政策。4 月 27 日，标准普尔将希腊主权信用评级调低至"垃圾级"。与此同时，希腊债务危机开始引发欧洲其他国家陷入危机，包括比利时、葡萄牙、西班牙等国都预报未来三年预算赤字居高不下。此外，德国等欧元区的经济大国都开始感受到危机的影响，欧元大幅下跌，欧洲股市暴挫，整个欧元区面临成立 11 年以来最严峻的考验。英国《每日电讯》称"希腊闻名世界的不再是历史古迹，而是财政废墟"。

希腊主权债务危机的原因，可谓"冰冻三尺，非一日之寒"。从最初希腊通过高盛公司财务造假掩饰公共债务加入欧元区，到近 20 年内一直是欧盟国家中债务负担最重的国家，都埋下了国家主权债务危机的隐患。从希腊国内来看：一方面，为举办 2004 年雅典奥运会发行的 460 亿美元债券一直没有还清，至今还留下 91 亿美元的缺口，成为希腊政府的一大包袱。另一方面，希腊国内经济结构单一，国内收入过于依赖农业，涉外部门收入高度依赖旅游业和海运业，导致希腊经济脆弱，易受外部冲击。受国际金融危机影响，希腊旅游收入、船运业收入和农产品出口收入大幅度下滑。这些因素导致希腊 2009 年经济进一步衰退，失业人口不断增加，当年失业率达到 9.7%。希腊这些支柱产业的萎缩，直接导致了财政收入的锐减。然而同欧洲其他国家一样，希腊政府不得不为应对金融危机推出救市政策，加大政府开支。另一方面是财政收入的减少，一方面是财政支出的不断扩大，希腊政府不得不靠举借外债来维持，债务窟窿越来越大。希腊政府举借外债的财政运作方式也是导致主权债务危机的重要原因。即使在金融危机爆发之前，希腊政府仍将举借外债作为增加外汇收入的重要渠道，主要的方式是以低至 1% 的利率从欧洲央行借钱，再用借来的资金买入利率高达 5% 的政府债券以赚取利息差。

这种方式在经济繁荣时期也许奏效，但是在经济萧条时期却不一定有效，因为流动性紧缩导致欧元区资金供给不足和拆借利率上升，同时金融危机会导致政府债券收益率下降和债务利息差缩小，这又会增加希腊政府的财政赤字。此外，欧洲国家以高福利著称，基数大、补偿高，希腊也不例外，因而政府长期受到失业救济、社会高福利的拖累。希腊的失业率常年在10%左右，失业救济导致沉重的压力。失业人口多，也限制了政府税收收入的增加。希腊的税收收入一直维持在GDP的19%，是欧盟国家中最低的，而且呈现逐年下降趋势。

希腊主权债务危机折射出欧元区特有的政策二元性矛盾，即分权的财政政策和统一的货币政策的矛盾。在货币政策统一、财政政策不统一的背景下，一国出现财政赤字，除了征税和借债以外别无选择。欧洲的债务危机是自身长期积累的结构性矛盾的一次集中释放，是外部危机和长期内部失衡的累积、财政货币政策二元性矛盾引发的危机。由于欧盟没有统一的财政预算机构，无权调动各国财政，一国债务只能由本国财政作担保。欧元区当前的债务危机彰显了欧元区财政体制的弱点。

希腊应对主权债务危机的财税对策迫于欧盟的持续施压，以及日益恶化的财政状况，希腊新政府在2010年财政预算中大刀阔斧地对现行税收制度进行改革。希腊主权债务危机也证明了财政政策的协调是确保欧盟的统一的货币政策有效性的关键。

资料来源：张文春. 希腊主权债务危机引发的思考［J］. 中国税务杂志，2010（7）.

5.4　"一带一路"沿线国家的税收协调与合作

"丝绸之路经济带"和"21世纪海上丝绸之路"倡议于2013年提出，这一倡议覆盖沿线地区经济规模达21万亿美元，货物和服务出口占全球的24%。

配合"一带一路"倡议的提出，亚洲基础设施投资银行和丝路基金先后筹建和设立，经济全球化、区域经济一体化的发展格局逐步形成，"走出去"和"请进来"的企业数量不断攀升，为人民币国际化创造了便利条件，这对"一带一路"国家或地区间的国际税务合作提出了更高要求。以"一带一路"为代表的思路与实践已将包括税收合作在内的全球经济合作发展推到一个崭新阶段。

一个简单的理由就是，自由贸易制度发展离不开商品贸易自由化、服务贸易自由化和贸易投资便利化，一个重要的实现途径就是通过税务豁免或减免打破各种贸易壁垒。而辐射亚欧非三大洲多数地区的"一带一路"倡议，覆盖了全球超过 60% 的人口和三分之一经济总量，而今正一步步推动落实。"一带一路"的重要意义在于促成连接欧亚大陆贸易带，融合全球新兴市场创造新商机。"一带一路"有助于全面提升对外开放，市场供求格局深度调整、现代信息技术加快发展，商贸服务业开放共享、协同融合、智能高效的发展趋势也将更加明显。

"一带一路"倡议已经得到了 100 多个国家和国际组织的支持。"一带一路"建设正从理念转化为行动，从愿景变为现实，而且不断地取得丰硕成果。"一带一路"倡议是中国向国际社会提供的全球公共物品，为解决全球问题提出了一个多边方案，体现了中国领导人的担当和智慧，将惠及到全球各国人民，"一带一路"的倡议源自中国，但是它属于全世界。①

中国在资金融通和政策沟通方面为"一带一路"的建设架好桥、铺好路。2017 年 5 月，在首次"一带一路"国际合作高峰论坛上，中国财政部与 26 国财政部的部长或代表共同核准了《"一带一路"融资指导原则》。这 26 国已经遍及了亚洲、非洲、欧洲、拉丁美洲，表明"一带一路"倡议从资金融通方面已经得到了各国的普遍认同和参与。《"一带一路"融资指导原则》是在"一带一路"建设中首次就融资问题形成的指导性文件，有利于动员多渠道资金解决融资瓶颈问题，便于开展各国财

---

① 涂永红，张文春. 中国在"一带一路"建设中提供的全球公共物品［J］. 理论视野，2015 (6).

政部门之间的合作，这个积极的意义正在不断显现出来。除此之外，中国还和世界银行、亚洲开发银行、亚投行、新开发银行等6家多边开发银行签署了《关于加强在"一带一路"倡议下相关领域合作的谅解备忘录》。这表明中国和多边开发银行一起共同努力，携手为"一带一路"建设进行融资合作。同时，也使这些多边开发机构能够在"一带一路"建设过程中起到融通世界不同国家和地区发展的带头或者引领作用。这是一个双赢的制度性、合作性安排。

税收在"一带一路"建设过程中，起到了关键性的作用。在"一带一路"沿线国家的税收协调方面，为了促进跨境贸易和投资，应该采取渐进式的方案。第一，推进多边和双边的关税谈判，以推动自贸区的建设，推动与"一带一路"沿线国家或地区进行对等的开放，做好与沿线国家已经签署协定的关税减让实施工作。第二，"一带一路"沿线国家之间的现行税制和税务管理差异很大，为了实现贸易投资便利化，防止税收政策制定和现实税收征管过程存在的歧视，积极探索解决税收争端等多边或双边领域的税收合作。第三，鼓励和吸纳更多的国家和税收辖区参与税基侵蚀和利润转移项目。落实该项目的成果，不仅要尽早纳入本国的税收政策和税收征管，而且要通过谈判或重新谈判双边税收协定，实现"一带一路"沿线国家的国际税收合作和协调。第四，建立税收论坛和各国财税领导人的定期会商机制。[1]

2020年6月，以"同心抗疫，共克时艰"为主题的"一带一路"税收征管合作机制会议通过视频形式召开，各方围绕主题，共话深化税收合作，促进"以税抗疫"；随后以《"一带一路"税收》（英文版）创刊号出版和"一带一路"税收征管合作机制官方网站（www. britacom. org）正式上线为契机，为"一带一路"国家寻求适合本国国情的抗疫情、促发展税收之策，提供了有力支持。疫情之下，数字经济蓬勃兴起，为经济发展提供了新路径，对税收工作提出了新要求。为进一步加强全球疫

---

① 李香菊，王雄飞."一带一路"战略的国际税收协调研究——基于中亚和东南亚国家的比较分析 [J]. 经济体制改革，2017（4）.

情背景下的税收信息化发展规划与务实合作，2020 年 12 月，以"新挑战　新机遇　新发展——全球疫情背景下的税收信息化发展规划"为主题的"一带一路"税收征管合作机制高级别线上会议召开，来自 47 个国家（地区）的税务局局长或相关负责人、9 个国际组织高级官员及专家咨询委员会成员共计 200 余位代表参会。理事会成员共同发布《"一带一路"税收征管合作机制信息化线上高级别会议联合声明》，取得三方面 15 项重要成果，为"一带一路"国家税收信息化发展提供指引，"一带一路"的税收合作达到一个新阶段。

5.5　经济合作与发展组织和二十国集团的税收协调与合作

近年来，经合组织（OECD）各国仍然面临生产率低增长、需求低迷、工资停滞以及许多国家不平等程度上升或过高的恶性循环。自 2008 年金融危机以来的十年间，经合组织越来越关注国内和国与国之间经济增长，收入和财富持续不平等问题，并鼓励从狭隘的经济增长转向更加重视其包容性。

经合组织经济体继续把增长和包容性作为近几年税制改革的核心。[1]以增长为导向的税制改革通过减少企业税和降低个人所得税负担来改善投资环境。这种发展在很大程度上是积极的，因为企业所得税和个人所得税在经验上都被认为是最不利的增长因素，随着时间的推移，这些努力正逐渐转向扭曲税收，包括增值税、消费税、财产税和与环境有关的税收。旨在促进包容性的改革侧重于降低中低收入者的个人所得税，并在一些国家将资本收入的税负转移到个人收入水平，在股权和增长方面还可能产生积极的影响。致力于加强经济进步和再分配的税收改革，将在解决当今高收入和财富不平以及弥合经济增长和没有增长的人之间的

---

① 经合组织，税收政策改革报告系列，2016—2020 年。

鸿沟上发挥关键作用。

专栏5-4 OECD/G20税基侵蚀和利润转移项目

2015年10月，G20各国领导人在安塔利亚签署了BEPS措施的最后一篮子措施。最终的BEPS一篮子计划包括关于最低标准、最佳实践、共同方法和关键政策领域的新的指导性建议。

● 在打击有害税收行为（第5项行动计划）、防止协定滥用（第6项行动）、国别报告（第13项行动计划）和改善纠纷解决机制（第14项行动计划）方面达成了最低标准。预计所有参与国都将执行这些最低标准，并将受到其他国家的评议。

● 对此感兴趣的国家已经就通过利息支付限制税基侵蚀（第4项行动计划）和抵消混合错配安排的作用（第2项行动）达成了一个有利于促进国际实践融合的一致方法。制定有效受控外国公司规则（第3项行动计划）和强制披露规则（第12项行动计划）为一些寻求加强国内立法的国家提供了最好的实践经验。

● 经合组织示范税收公约中的常设机构（PE）的定义已经改变为防止人为规避常设机构身份（第7项行动计划）。在转让定价方面，对于划定实际交易，风险和无形资产的处理等方面做了重要的说明。对其他几个问题提供了更多指导，以确保转让定价结果与价值创造相一致（第8-10项行动计划）。

● 常设机构定义的变化、转让定价的说明以及CFC规则的指导，基本上能解释清楚数字经济加剧的BEPS风险。我们还考虑了其他几种方案，但在现阶段不推荐使用，因为已经给出了其他建议并且现在增值税在市场经济国家有效地推行将促进其增值税的征收（行动计划1）。

● OECD已经制订了一个多边方案来协助修改双边税收协定（行动计划15）。对现有条约进行的修改将涉及禁止滥用条约的最低标准以及最新的常设机构定义。

在2016年2月的G20财长会议上，OECD通过了BEPS项目全球实

施的包容性框架，同时重申了对及时实施 BEPS 项目的承诺，并将继续
监测和解决与 BEPS 相关的问题，以实现一致的全球做法。

OECD 网站：见 www. oecd. org/tax/beps。

许多 OECD 国家都在落实该 BEPS 项目成果，扩大税基防范国际避
税。许多国家在 2016 年已经宣布和完成立法的改革都受到了 BEPS 项目
成果的推动。参与 BEPS 包容性框架（它平等地将近 100 个地区联合在
一起）的国家，承诺执行 OECD/G20 BEPS 项目系列建议的措施，其中
包括四个最低标准：打击有害税收行为（第 5 项行动计划），防止协定
滥用（第 6 项行动计划），国别报告（第 13 项行动计划）和改善纠纷解
决机制（第 14 项行动计划）。所有四个最低标准都要经过同行评审，以
确保其及时和准确地实施。

英国在 2016 年对其知识产权优惠制度进行了调整。根据 2016 年的
变化，同行评议进程已经在比利时、匈牙利、爱尔兰、荷兰、葡萄牙、
下瓦尔登州（瑞士）和英国结束了对知识产权的评议。同行评审过程仍
在进行中，预计将于今年结束。此外，为支持这些事态发展，欧盟营业
税行为守则小组采取了修改后的关联办法，并正在监督欧盟成员国。

在国别报告方面我们也取得了重大进展。国别报告为跨国企业
（MNEs）提供了一个模板，用于每年报告高层转让定价相关信息以及他
们开展业务的每个税务管辖区域。考虑到国内法律和行政框架以及就信
息交流、保密和适当使用国别报告的协议达成的一致意见，同行审议过
程将在包容性框架的监督下进行。在 2016 年期间，约有 50 个国家通过
了国别报告或颁布了相关立法草案。

BEPS 第 14 项行动计划建议采取一系列政策措施，以提高各国根据
相互协商程序（MAP）解决条约相关争议的能力。概述了解决争议的同
行审查和监督程序的主要文件已于 2016 年 10 月公布。同行审查将基于
两阶段的方法进行，允许纳税人就特定领域提供信息，包括获取 MAP 的
方式、透明度和 MAP 可用性指导和 MAP 协议的及时执行。而新缔结的
税收协定，例如比利时和日本之间的税收协定，已经试图纳入 BEPS 关

于解决争端的建议，多边工具（MLI）是旨在将 BEPS 关于第 6 项和第 14 项行动计划的建议转换成 2000 多项现存税收协定的主要政策措施。

MLI 将执行最低标准来打击条约滥用，改善纠纷解决机制，同时灵活地适应具体的税收协定政策。这将使各国能够灵活有效地更新双边税收协定，也体现了条约适应变化政策目标方式的根本性变化。2017 年 6 月 7 日，来自 76 个国家和地区的部长和高级官员签署或正式表示打算签署 MLI。

荷兰和瑞典引入了利息抵免限制。这些措施于 2017 年 1 月生效。英国在 2016 年财政预算案中宣布，自 2017 年 4 月 1 日起限制企业利息开支的税项扣除。

混合错配可能涉及相同费用的双重扣除或没有任何对应应税收入的费用扣除。在英国，混合错配规则指混合型金融工具和混合实体的错配。这些规定的范围最近通过新的措施得到扩大，这些措施涉及产生税收错配的常设机构的避税安排。南非还引入了新的混合错配规则，旨在消除混合债务工具产生的错配。

日本于 2016 年 12 月公布其受控外国公司（CFC）规则发生重大变动。这一改革意味着确认避税风险的方法将不再依赖于形式基础，如外国子公司的有效税率，而是根据相关子公司的具体活动和收入类型；被动收入将根据 CFC 规则纳税，而通过实际经济活动产生的收入，不论外国子公司的有效税率如何，均可免除税收。

与此同时，欧盟层面通过了反避税指令，欧盟委员会也提出了新的企业税改革方案。欧洲理事会于 2016 年 7 月通过了第一个反避税指令（ATAD），要求欧盟成员国实施一些 BEPS 建议，并采取一些其他措施。在 2016 年 10 月，第二个反避税指令将防范混合错配的规则扩展到涉及非成员国的情况。此外，欧盟委员会还提出了两个阶段的建议，即建立一个通用的综合企业税基，这是一套计算欧盟企业应税利润的单一规则，以及一个关于双重征税争议解决的指令，它将加强欧盟强制性约束性争端解决机制。

最后，一些国家采取了更多的单边措施来解决国际避税问题。继英国于 2015 年实施分配利得税后，澳大利亚也宣布实施分配利得税并将于 2017 年 7 月生效。澳大利亚利润转移税（DPT）是一项新的独立税，旨在解决大型公司注册地在澳大利亚或在澳大利亚有应纳税存在的问题。以不符合经济实质要求的相关实体之间的交易为基础赚取的利润将被征收 40% 的税。因此，DPT 作为一种威慑力量，旨在增加企业所得税收入并防止避税。

经合组织国际增值税/商品和服务税指南（VAT/GST Guidelines）在 2015 年 11 月得到了超过 100 个司法管辖区的认可，并于 2016 年 9 月由经合组织理事会加入至经合组织的推荐。与之前版本的报告相同，本次报告最受关注的指南内容是关于外国供应商提供的企业对消费者服务和无形资产（包括数字供应）的有效征收增值税的建议规则和机制。指南建议对增值税应税物品征税的权利分配到消费者拥有其经常居住地的国家和提供这些服务与无形资产的外国供应商登记的国家，并减少消费者拥有其经常居住地的国家所交的增值税。指导方针还建议执行简化注册和纳税遵从制度，以促进外国供应商的纳税遵从。

2016 年，经合组织国际增值税指导方针的实施仍在继续。新西兰为商品和服务税的征收提供了一个于 2016 年 10 月 1 日生效的新的管理制度，这个管理制度是针对外国供应商提供的远程服务。澳大利亚制定了一个类似机制，将于 2017 年 7 月生效，用于收集外国供应商数码产品上的 GST，这两项改革都是为了实施指南推荐的机制。

欧盟委员会还提出了一些措施，作为其数字市场战略以及在增值税方面的行动计划的一部分，以支持在线业务的增长，尤其是初创企业和中小企业。新规定允许在网上销售商品的公司通过一个数字在线网站（一站式商店），通过他们自己的税收管理和他们自己的语言，来处理他们在欧盟的所有增值税义务。根据经合组织国际增值税准则，这些规则已经存在可以服务于电子服务的网上销售者。为了支持初创企业和微型企业，建议每年引入 1 万欧元的增值税门槛，在此基础上，将网络公司的跨境销售视为国内销售，并将增值税支付给他们自己的税务部门。这与其他的计划密切相关，比如相同的发票和记录保存规则。这是为了在单一欧洲市场进行交易，尽可能就像这些公司在国内交易一样。提议取消从欧盟以外进口小型货物的增值税免税，以解决欧盟企业不公平竞争和扭曲的风险。此外，还提议修改现有的增值税规则，使成员国能够将与印刷等价物相同的增值税税率适用于电子书和在线报纸等电子出版物。这些新规定预计将对在线销售商品和服务的公司产生重大影响，因为它们将能够从更公平的规则、更低的合规成本和减少的行政负担中获益。预计成员国和公民将从每年额外的70亿欧元增值税收入和欧盟更具竞争力的市场中获益。

澳大利亚已经将10%的商品和服务税扩大到适用低价商品进口，保证了进口商品在价值达到或低于1000澳元（目前免收消费税）和国内销售的商品之间公平竞争。外国供应商，包括"电子分销平台"（每年向与澳大利亚有关的消费者提供超过75万澳元的应税货物），如果提议的改革实施，将被要求在澳大利亚登记。然后，他们将被要求对在澳大利亚的销售收取增值税。

OECD组织在2017年12月18日发布了《经济合作与发展组织税收协定范本》的最新版本。此版本加入了经济合作与发展组织和20国集团解决税基侵蚀和利润转移（BEPS）项目所做的重大变动，反映了各国在落实BEPS成果以及谈判和执行税收协定方面累积的经验。

经合组织领导以税基侵蚀和利润转移项目为主导的国际税收协调的各项结论和政策建议得到了包括中国在内的20国集团的背书，代表了全球在公司所得税制度重建的新方向。20国集团峰会从2008年至今，推动了金融和财政在内的新的国际税收秩序的建立，推动了全球国际税收的协调和合作。目前，包括经合组织在内的大部分国家继续按照经合组织/20国集团侵蚀和利润转移（BEPS）项目商定的最低标准和建议的承诺，对产生利润和创造价值的经济活动应当进行征税，保护企业税基免受国际避税，打击国际避税地和非法资金流动，建立了以提高透明度和全面信息交换为主要特征的国际公认的税收标准，并建立了评估各经济体税收政策的全球论坛和包容性框架（The Inclusive Framework）。此外，金融账户信息自动交换和《多边税收征管互助公约》的执行，帮助发展中国家和低收入国家提高税收征管能力，也是 20 国集团主张的国际税收合作的内容。20 国集团在 2015 年安塔利亚峰会批准了 BEPS 成果报告，没有增加新的国际税收合作内容。2016 年杭州峰会要求的"加强政策协调，实行增长友好型的税收政策，促进世界经济增长"，成为国际税收合作第五项内容。国际税收合作呈现不断深化趋势。另外，20 国集团峰会鼓励各国和国际组织协助发展中国家提高税务能力，并承认由 IMF、OECD、UN 和 WBG（世界银行集团）设立的税收合作新平台，支持为发展中筹资的联合国的阿迪斯亚贝巴税收计划原则。①

专栏 5 – 5　经合组织在国际税收合作方面成绩斐然

2021 年 1 月 27 日，经合组织举行了税基侵蚀和利润转移（BEPS）包容性框架第 11 次会议。经合组织在过去的十几年间为改变国际税收格局做出了很大的努力。

在 2008 年国际金融危机之前，国际避税和逃税行为猖獗，不仅使得有关国家遭受了收入流失，而且还有很多相关的负面影响。因为这次危机而成立了 20 国集团（G20）。在其支持下，国际金融危机（GFC）的后果为打击这些非法的做法提供了机会。

在 2009 年 4 月于伦敦举行的 G20 峰会上，各国领导人宣布终止银行保密制度。几个月后，用于税收目的的透明度和信息交换全球论坛第一次开会，讨论了有关国际税收新治理体系和工作方法的提案。

全球论坛催生的变化令人瞩目，终止了涉税的银行保密制度，并扩大了全球的公平竞争环境。在国际金融危机爆发后的短短十年时间里，已经追缴挽回了 1276.5 亿美元的额外收入（税款、加息和罚款）；在过

---

①　四大国际组织组建的税收合作平台已经为发展中国家发布了有关税收优惠、间接股权转让和转让定价证明文档等领域的指引。见 https：//www. tax – platform. org/sites/pct/files/publications。

去的十年中，国际金融中心的银行存款减少了 4100 亿美元。管辖区之间共享了 36000 个税收裁定交换。此外，2019 年交换了 8400 万个金融账户信息，总值约 12 万亿美元。

在金融危机期间，公众对银行保密的容忍度急剧下降，与此同时，公众对企业积极实施税收筹划的愤怒也开始化为乌有。头条新闻一再表明，高利润的跨国企业正在合法地利用该系统对巨额利润缴纳很少的税，甚至不缴税。这些统计数字加强了头条新闻，表明跨国公司每年因税基侵蚀和利润转移损失 1000 亿—2400 亿美元的收入。

为应对这一挑战，经合组织于 2013 年启动了 BEPS 行动计划。它确定了 15 项具体措施，以使政府具备防止公司少缴税或不缴税所需的国内和国际工具。这是国际税收合作和全球化监管历史的转折点。

许多人怀疑这个由经合组织牵头的项目能否完成行动计划中雄心勃勃的两年计划表。但是，当 20 国集团财长于 2015 年在利马批准 BEPS 计划时，这些疑虑就消除了。这是迈向一百年来国际税收政策现代化的最重要一步。

在全球化经济背景下，税收合作是保护税收主权的唯一途径。没有这种合作，我们国内税收政策的有效性就会受到威胁。

自 2016 年正式建立以来，BEPS 包容性框架推动了国际税收政策的巨变，尤其是在各国和司法管辖区正在平等地实施的四个 BEPS 最低标准方面。

这些最低标准建立了连贯性，使实质与税收保持一致，并提高了透明度。基本上消除了普遍存在的有害税收实践。

自 2016 年以来，包容性框架已经审查了超过 285 个税制，以确保与它们打算吸引的活动相关的实质内容，并且实际上已修改或废除了所有有害的优惠制度。

包容性框架旨在应对双边税收协定网络中所包含的一系列 BEPS 挑战而制定的多边文书，现已涵盖 95 个辖区。已有 61 个辖区批准了该多边工具，这影响了 1700 多个税收协定。

BEPS 包容性框架已经建立了 2500 多个双边交换关系，以交换国别报告。这些关系为税务管理部门提供了有关收入、利润、已付税款的全球分配的汇总数据以及全球跨国企业的其他有价值的数据。

不再是少数国家而是多达 138 个国家和地区都致力于实施这些最低标准，这证明了我们努力的广度和范围！

2021 年初，BEPS 包容性框架的 67 个成员是发展中国家。这些成员国的努力超出了 BEPS 最低标准，取得了令人印象深刻的切实利益。例如，经合组织联合国开发计划署"无国界税务检察官计划"邀请专家与发展中国家税务机关进行实时审计，截至 2020 年，该计划已帮助筹集了 7.75 亿美元的额外税收。这种国内资源动员工作对应对当前的危机至关重要，但从长远来看，大约在 2030 年前后实现可持续发展目标。

BEPS 包容性框架正在解决一项日益紧迫的任务：基于两大支柱，为经济数字化带来的税收挑战提供基于共识的多边解决方案：

● 第一支柱将提供新的征税权，以将跨国公司的一部分剩余利润分配给市场管辖区。

● 第二支柱将规定全球最低税率，以确保无论部署了多少税收筹划，跨国公司的利润都必须达到最低税率。

20 国集团领导人一再认识到这个问题的重要性，并责成包容性框架在 2021 年中提出解决方案。新冠肺炎的大流行，加剧了包容性框架试图解决的许多问题。

如果任其发展，经济的数字化将加剧长期的不平衡，而单方面行动可能加剧当前与税收有关的贸易紧张局势。

BEPS 包容性框架已仔细审查了这些宝贵的意见，并正在完善第一支柱和第二支柱的提案，因为政府换届需要美国新政府任命一名谈判代表。美国财政部长珍妮特·耶伦（Janet Yellen）在其确认的参议院听证会上表示，美国会摒弃单边主义的做法，"致力于通过 OECD/G20 进程解决税基侵蚀和利润转移的多边合作努力，并在此背景下努力解决数字税收纠纷"。2021 年 1 月 27 日，耶伦与英国财政大臣苏纳克和德国财政部长舒尔茨以及后来与法国财政部长勒梅尔的电话会谈中，表达了同样的立场。因此，经合组织税收政策和征管中心主任圣阿曼斯对 2021 年 6 月完成预期目标表示乐观。

BEPS 包容性框架也在努力应对其他紧迫的税收挑战。例如，就碳定价而言，当今发达经济体和新兴经济体与能源有关的二氧化碳排放量的 70% 完全免税。一些污染最严重的国家仍然是税收最低的国家之一。对碳排放制定高昂的价格，是应对气候变化的最有效方法之一。

不平等加剧是另一个紧迫的问题。必须做更多的工作来为决策者提供最有效的工具，以减少危险的严重不平等现象。"后新冠肺炎疫情时代"的税收政策为制定旨在加强而不是削弱税收和财政政策提供了许多机会。

各国政府和人民渴望建立公平、透明和有效的国际税收体系。目前，BEPS 包容性框架的 138 个成员正在密切合作，高举多边主义大旗，为 2021 年中期会议达成共识的解决方案做出最大的努力。

资料来源：依据古利亚秘书长在经合组织 BEPS 包容性框架第 11 次会议上的讲话整理。

为支持跨境贸易与投资，推动经济全球化的发展，20 国集团支持国际税收合作，构建公平、高效的国际税收环境，以减少税收体系之间的冲突并推动实现强劲、可持续和平衡经济增长。G20 要求 OECD 与 IMF 就促进创新驱动的包容性增长、提高税收确定性的税收政策起草报告，实现国际税收政策的协调和合作。中国已经建立了一个致力于国际税收政策设计与研究的国际税收政策研究中心——中国和 OECD 多边税收中心，旨在重建新的国际税收秩序中从被动的接受者向制定者转变。

专栏 5-6　20 国集团年度峰会的国际税收合作的议题要点

2008 年美国

国家和地区之间应当加强地区和国家之间金融监管的合作，并加强税收情报交换；OECD 等组织应该继续推进税收情报交换工作。税收不透明和税收情报交换的稀缺需要得到有效解决。

2009 年英国

加强金融体系风险管理，加强金融信息透明度。对进行国际税收情报交换进度进行评估。对不合作的司法管辖区采取行动。

2009 年俄罗斯

我们承诺在处理"避税天堂"、洗钱、腐败、恐怖分子融资和审慎标准方面保持当前势头。我们欢迎全球论坛在透明度和信息交换方面的扩展，包括发展中国家的参与，欢迎该协议提供一个有效的同行评议程序。该论坛的工作重点将是提高税收透明度和信息交换，以便各国能够充分执行其税收法律以保护其税基。

2010 年加拿大

强调在金融体系改革的同时，维护纳税人的权益。我们正在针对"避税天堂"、打击洗钱和恐怖主义融资以及遵守审慎标准的全面、一致和透明的评估，解决不合作的司法管辖区。

2010 年韩国

对各国税收情报交换情况进行评估，更新非合作地区名单，防范全球金融体系风险。

2011 年法国

打击避税地和不合作司法的管辖区。

2012 年墨西哥

应该致力于加强税收透明度和全面交换信息，敦促所有国家完全遵守标准并执行所确定的建议。

2013 年俄罗斯

解决税基侵蚀和利润转移，解决避税问题，促进税收透明度和信息的自动交换。

2014 年澳大利亚

保证国际税收体系的公平性，保护税基。对产生利润和创造价值的经济活动应当进行征税。

2015 年土耳其

促进全球再平衡，促进透明化。抵制各种形式的保护主义，鼓励一系列关于税基侵蚀和利润转移项目的措施，尤其关注跨境税收制度的信息交换。

2016 年中国

利用财政政策和货币政策支持经济活动、保障物价稳定。继续支持国际税收合作，以实现全球国际税收体系的公平和现代化，包括推动BEPS 行动、税收信息交换、发展中国家税务能力建设等方面的合作。

2017 年德国

继续致力于提高全球各国税收体系的透明度、公平性和可靠性，进一步关注数字技术对税收的影响。20 国集团在加强宏观政策协调、改革国际金融机构、完善国际金融监管、打击避税等方面取得积极成果，为稳定金融市场、促进经济复苏作出了重要贡献。

5.6 结论与建议

国际税收协调和合作是经济全球化，实现资本、人员等生产要素跨境自由流动，实现最佳配置的必要条件，有助于人民币国际化。鉴于目前我国的现实，第一，要贯彻落实中国政府提出的"一带一路"倡议，有针对性地开展与"一带一路"沿线国家的税务合作，服务国家对外开放战略。第二，要加强邻国外交，做好与周边国家的税收合作与交流；第三，要深化与金砖国家的税务合作，落实 20 国集团税制改革成果。第四，在国际税收协调和合作的过程中，不允许借打击国际逃避税之名，行保护国内产业等理由为跨境投资和国际经济合作设置障碍。第五，顺应发展趋势，在参与国际税收规则制定中主动转变角色，在国际税收协调中发出中国声音、提出中国方案，维护国家税收权益，为构建公平和现代化的国际税收体系作出贡献。第六，帮助发展中国家提高税收征管能力，促进包容性发展。第七，加大对发展中国家的税收培训与技术援助，支持税收合作平台。第八，通过国际税收培训项目开展对外援助，支持周边国家、金砖国家及"一带一路"沿线国家等提高税收征管能力，并共同向其他发展中国家给予援助。第九，从加强全球经济治理的战略高度构建中国国际税收新体系，适应经济全球化和我国在国际地位中的变化，在国际税收体系改革与升级中作出应有的贡献。

专栏 5 - 7　全球公司所得税税率的新特征及趋势

通过对比全球 223 个经济体的数据，美国税收基金会的报告研究发现，2020 年全球公司所得税的法定税率出现了如下特征和趋势：（1）有 10 个经济体变更了法定公司所得税税率，1 个经济体（密克罗尼西亚）提高了公司所得税最高税率，9 个经济体（亚美尼亚、比利时、哥伦比亚、法国、法属波利尼西亚、格陵兰、摩纳哥、多哥和津巴布韦）降低了公司所得税税率。（2）科摩罗（50%）、波多黎各（37.5%）和苏里南（36%）是世界上公司所得税税率最高的经济体，而巴巴多斯（5.5%）、乌兹别克斯坦（7.5%）和土库曼斯坦（8%）征收的公司所得税税率最低。（3）15 个经济体不征收公司所得税。（4）全世界 177 个经济体公司所得税的法定税率的平均值是 23.85%。如果按 GDP 加权，则公司所得税的法定税率的平均值为 25.85%。（5）按照地域划分，欧洲的公司所得税的法定税率的平均值最低，为 19.99%（按 GDP 加权时为 24.61%）。相反，非洲拥有公司所得税的最高法定税率的平均值，为 28.50%（按 GDP 加权计算为 28.16%）。按照集团划分，欧盟 27 国的公司所得税的法定税率的平均值最高，为 21.47%，经合组织国家为 23.51%，七国集团为 24%。（6）自 1980 年以来，全球公司所得税的法定税率的平均值一直在下降。

全球公司所得税税率 1980 年的简单平均值为 40.11%，按 GDP 加权时为 46.52%。此后，在经济全球化、信息和通信技术的进步、人口和老龄化、环境变化等因素的影响下，各经济体已经认识到公司所得税的高税率对商业投资决策的影响。因此，在英美等国降税为特征的改革引领下，降低税率成为全球大趋势。到 2020 年，在 177 个开征公司所得税的独立的经济体中，公司所得税的法定税率的平均值为 23.85%，而按 GDP 加权则为 25.85。

美国 2017 年的税制改革使全球公司所得税法定的最高税率接近全球分布的中间水平。美国在 2017 年的公司所得税税率排名世界第四，目前排在所调查国家和地区的中游。

欧洲国家的公司所得税税率低于其他地区的国家，许多发展中国家的公司所得税税率高于世界平均水平。

如今，大多数国家的公司所得税税率都低于 30%。

2020 年公司所得税税率的显著变化

10 个国家在 2020 年更改了法定公司所得税税率。密克罗尼西亚是唯一提高最高公司所得税税率的国家，引入了累进制公司所得税制度，最高税率达 30%，统一征收 21% 的公司所得税。

五大洲的 9 个国家/地区（亚美尼亚、比利时、哥伦比亚、法国、法属波利尼西亚、格陵兰、摩纳哥、多哥和津巴布韦）在 2020 年降低了公司所得税税率。哥伦比亚、法属波利尼西亚和多哥下降了 5.3 个百分点。

经合组织国家计划的公司所得税税率变动

在经合组织国家中，法国、荷兰和瑞典宣布将在未来几年内对公司所得税法定税率进行调整。

法国的公司所得税法定税率在 2020 年降低至 32.02%（包括 3.3% 的社会附加税）。该国已经通过了降低本国公司所得税税率的立法，预计 2022 年公司所得税税率将降至 25.83%。

荷兰原计划降低适用于收入超过 200000 欧元的公司所得税法定税率，但已部分遭到逆转：2020 年，公司所得税税率并未按原计划降至 22.55%，实际上仍保持在 25%，计划在 2021 年降至 20.7%，而不是 20.5%。

瑞典公司所得税的法定税率将从 2020 年的 21.4% 降低到 2021 年的 20.6%。

附 录

低收入国家有效利用对投资的
税收优惠措施的选择①

引　　言

　　本报告是应 20 国集团发展工作组的要求编写的，旨在探讨低收入国家有效和高效利用投资税收优惠措施的备选方案。② 为此，本报告制定了税收优惠措施的设计和治理原则，并就这些领域的良好做法提供指导。由于提供优惠措施的压力很大程度上来自于对其他国家提供的优惠措施的认识，本文件还讨论了国际协调的各种选择，以降低这种税收竞争产生的相互损害的溢出效应的风险。最后，一份单独的背景文件开发了实用的工具和模型，可以帮助评估税收优惠措施的成本和收益，这对知情决策至关重要。因此，本报告的目的是协助低收入国家（LICs）③ 审查和改革其税收优惠措施，以便使其更好地与发展目标相一致。

---

　　① 本文摘译自国际货币基金组织、经合组织、联合国和世界银行向 20 国集团发展工作组提交的报告。原文见 https：//www. tax – platform. org/sites/pct/files/publications/100756 – Tax – incentives – Main – report – options – PUBLIC ＿0. pdf。
　　② 当然，其他国家也广泛利用税收优惠政策，下面的很多分析也与它们有关。
　　③ 低收入国家的定义各不相同，但通常指的是人均国民生产总值低于某水平的国家。根据门槛的不同，该组国家可能由 30 到 60 个国家组成。本文的分析与一大批发展中国家有关，因此可能适用广义的定义。

有效性和效率

A. 普遍性

在本文中，"税收优惠"是指给予合格的投资项目或公司的任何偏离一般税法的特殊税收规定。它们可以采取多种形式，如免税期（在有限的时间内完全免税），某些地区、部门或某些资产类型的优惠税率，或某些投资支出的目标津贴（减税或税收抵免）。

税收优惠措施被用于追求各种目标。主要动机通常是刺激投资，特别是在低收入国家，以及吸引外国直接投资。例如，外国直接投资的流入被认为不仅能给一个国家带来资本和（高工资）就业机会，而且还能更广泛地刺激竞争和提高国内市场的效率，从而促进一个国家的整体经济发展。经验性增长回归确实普遍发现国内向外国直接投资与经济增长之间存在正相关关系，尽管关于因果关系的结论仍然存在争议。税收优惠政策还往往旨在促进特定的经济部门或经济活动发展（作为产业发展战略的一部分），或满足区域发展需要。

这些措施在世界各地都很常见。税收优惠措施的使用非常广泛，而且远远超出了低收入国家的范围。各国采用的优惠措施类型不同，高收入国家更多的是依靠投资税收抵免和研究与开发（R&D）的优惠税收待遇，低收入国家相对来说更多的是提供免税期和降低税率，而中等收入国家最常见的是建立优惠税区。

在过去的几十年里，税收优惠政策在低收入国家更加普遍。在1980年，撒哈拉以南非洲的低收入国家中只有不到40%的国家提供免税期，而自由区则不存在。到2005年，超过80%的国家提供了免税期，50%的国家采用了自由区。此后，撒哈拉以南非洲给予免税期和建立自由区的国家数量进一步增加。但也有证据表明，世界各地区的平均免税期长度有一定程度的下降。随着全球公司所得税税率的下降趋势，包括在低收入国家，投资者获得税收优惠的利益可能确实有所减少。

从广义上讲，如果税收优惠措施产生的社会效益超过了相关的社会成本，那么它就能达到有用的社会目的。本报告的背景文件提供了一个简单的概念框架，通过确定影响税收优惠政策的社会效益和成本的关键因素，使这一一般原则具有实际意义。

B. "有效使用"

这里所说的"有效使用"是指税收优惠实现了既定目标。提高投资额或外国直接投资通常是"有效性"的必要条件，但不是充分条件，因为较高投资额应该是指预期会产生广泛的社会福利效用的那种投资。

经验证据表明，税收对投资很重要，尽管在发展中国家的可能性更小。关于有效税收负担和外国直接投资之间关系的实证研究总体上得出一个结论，即东道国的税收会显著影响投资①。不过，大部分的研究证据都只代表了发达经济体的情况。最近有研究报告了发展中国家也具有相似结论，尽管其影响程度平均来说要小一些。一个原因可能是，许多发展中国家没有为大多数跨国公司提供有吸引力的投资条件，这可能是由于基础设施差、宏观经济不稳定、产权不清以及治理或司法系统薄弱。在这种情况下，税收优惠并不能有效地抵消如此恶劣的投资条件，而且很大程度上税收优惠是无效的。然而，与此同时，税收优惠可能是低收入国家为数不多的（尽管是次要的）工具之一，可用于抵消不利的投资环境，缩小地区差异，缓解市场失灵，如缺乏融资渠道。

在发展中国家吸引投资时，税收优惠往往被认为是多余的；也就是说，即使没有提供税收优惠，投资者也会进行同样的投资。

有效性因国家和部门而异。在一些国家，税收优惠似乎在吸引新投

---

① 外国直接投资包括不同的组成部分，如新工厂和设备、工厂扩建以及兼并和收购（M&A）。有证据表明，新工厂的选址对税收的反应比增量投资的增长更为敏感，M&A 对税收的反应往往不同于绿地投资。

资和刺激经济增长方面发挥了重要作用。然而，在许多情况下，税收优惠并不能导致更多的或新的投资。这些研究为决定有效性的因素提供了一些方向。例如，寻求资源（利用自然资源）、寻求市场（渗透当地市场）或寻求战略资产（利用当地专门知识或技术）的外国直接投资对税收的反应通常不如寻求效率（为全球市场寻找生产成本优势）的外国直接投资更灵敏。[①]

税收优惠措施在吸引投资方面的有效性也取决于现有的国际税收规则。在居民国按"地域管辖权"征税的跨国公司能够保留来源国税收优惠的好处，因为居民国对于外国来源的收入不征收存在抵消性的税收。根据受控外国公司规则[②]，跨国公司可能需要对外国来源的收入缴纳居民国的税收，或者根据"全球所得"制度（如美国、中国和印度所使用的制度）在汇回居民国时纳税。税收优惠可能会变得无效，因为这种好处将被跨国公司居民国征收的税收抵消——尽管递延至收入汇回国内征税通常会有效地减轻这种影响。[③]

跨国公司规避来源国税收的能力可能会削弱税收优惠的影响——因此限制这种避税能力的措施可能会使税收优惠更加有效。一个跨国公司可以轻易避免来源国的税收（例如，通过使用利息扣除将利润转移到低税管辖区），可能很难看到税收优惠的额外好处。因此，让这种避税行为变得更加困难的行动，比如 G20/OECD 的 BEPS 行动计划，会让税收优惠对跨国公司更具吸引力。

在税收优惠能够增加外国直接投资的地方，国内投资可能会被替代。就税收优惠对国内资本存量的净影响而言，外国投资的替代性降低了税收优惠的有效性。例如，如果跨国公司投资只体现为所有权的转移，通

---

① 这种外国直接投资的分类方式参考了 Dunning（1993）。

② 受控外国公司的规则各不相同，但本质上是将国外产生的未缴纳最低税额的消极收入（积极商业收入的补充）纳入征税范围的规定。对世界各国而言，受控外国公司的规则原则上打击了通过递延纳税进行避税；对于来源国，他们只能确保只有积极收入在居住国是免税的。

③ 此外，一些税收协定给了"税收饶让"，即公司的居住国按照不考虑税收优惠时本应缴纳的税收来确定外国税收抵免的基数。

过兼并和收购完成，或者如果国内投资"借道"外国实体以利用税收优惠，就会发生这种情况。劳动力市场也可能发生转移，新公司的就业岗位是以牺牲其他经济部门的就业岗位为代价的。

外国直接投资流入可产生各种其他社会效益，如经济多样化收益、知识和技术外溢、新的管理方式、减少失业和改善欠发达地区的条件。外国直接投资的溢出效应可能影响同一部门的其他公司（横向溢出效应），以及供应和采购公司（纵向溢出效应）。现有证据——主要针对新兴经济体，而不是低收入国家——表明对纵向溢出的实证支持很强，但对横向溢出的支持较弱。

C. "高效使用"

本文中的高效使用意味着以较低的社会成本实现目标。这些成本包括政府的收入损失和其他社会成本，例如由于资源分配效率较低带来的成本。

冗余对效率也很重要，因为它意味着政府在没有税收优惠的情况下也会损失项目收入。冗余意味着税收优惠对投资者来说只是一种现金转移：公共资金的边际成本超过了个体的，这是一种净社会损失（如果投资者是外国人，从国家角度来看，这种损失甚至更大）。另一方面，对于没有税收优惠就不会开展的项目，没有直接的收入损失——只要税收优惠没有完全消除，这些项目实际上可能会有净收入。为了最大限度地降低税收优惠的收入成本，目标是只向那些本来不会进行投资的边际投资者提供税收优惠。

间接收入成本来自纳税人滥用税收优惠制度[①]。例如，如果税收优惠只提供给外国投资者，当地公司可能会利用外国实体来安排其当地投资以获得资格。同样，如果税收优惠只适用于新公司，纳税人可以重新注册公司或成立新公司，在税收优惠制度下被作为新纳税人对待。

---

① 另请参见 Zolt（2014）中列出的十大最常见的滥用行为。

其他流失发生在纳税人利用税收优惠措施减少非合格活动的纳税义务。防止这种损失需要适当的反滥用规则和强有力的行政能力来执行这些规则[1]。

政府在管理税收优惠措施和公司遵守相关要求方面会产生额外的资源成本。当然，任何税收都伴随着这样的成本。然而，随着税收优惠评估过程的复杂性，以及它们可能产生的寻租和腐败机会（如下一节进一步讨论的），这种成本通常会增加。在低收入国家，额外的行政费用是一个特别令人关注的问题，因为那里的行政能力往往有限。事实上，稀缺资源可能会从一个国家税收管理的核心方面转移出去，破坏其他调动收入的努力。

了解税收优惠导致的公共收入损失的第一步是计算隐含的"税收支出"。投资税收优惠只是税收支出的一种形式，这意味着税法中的一项规定偏离了一些有利于纳税人的基准税收制度。税收支出审查量化了每项规定的税收损失，包括本文分析的投资税收优惠[2]。在进行税收支出审查时，出现了概念上的复杂性，包括确定与税收优惠进行比较的相关基准。重要的是，税务支出审查既没有考虑到投资优惠的任何影响，也没有考虑到它可能导致的流失和滥用。前者可能意味着高估了实际收入成本，因为取消优惠可能会导致税基减少，从而导致比"静态"计算更少的额外收入（如果税率仍为正值）。后者意味着低估的可能性。由于方法不同，税收支出的国际比较通常很困难。

出于政策评估的目的，放弃的每一美元公共收入都应通过一个反映公共资金稀缺程度的指标进行膨胀："公共资金的边际成本"。税收通常会减少劳动力供应、储蓄和投资，从而给社会带来额外成本。

"创造每份工作的美元成本"的计算是衡量税收优惠成本效益的一

---

① 反滥用规则可以是税法中防止某些被视为滥用的行为的具体规定，也可以是根据法律中的广泛定性将行为归类为滥用的一般规定。高质量的法律起草和强有力的管理对于确保有效的反滥用条款是必要的。

② 如背景文件进一步解释的那样，为了评估投资税收优惠所放弃的收入，公司微观模拟模型可以发挥重要作用。

个常用指标。工作岗位的数量既可以衡量所有享受优惠的投资者，也可以只衡量那些"边缘"的投资者，也就是说，如果没有优惠，他们就不会投资。美元成本既可以基于税收支出审查放弃的总收入，也可以仅基于非边际投资者放弃的总收入。显然，这种计算过于简单，有几个漏洞，这意味着应该谨慎解释。然而，无论如何计算，每份工作的美元成本提供了一个快速的大概数字，可以让决策者了解特定优惠措施的相对成本效益，也可以与通过直接支出措施创造就业的成本进行比较。有时候，计算出来的数字是惊人的。

资源分配扭曲也会导致效率低下。根据定义，税收优惠将非优惠性投资置于竞争劣势。风险在于，在寻找赢家的过程中，对优惠性活动的低效率的高投资，而对其他活动的低效率低投资。优惠型公司也可以通过提供更高的工资来吸引非优惠型公司的工人，仅仅因为他们享有人为的竞争优势。作为对歧视性税收待遇的回应，劳动力和资本向受优惠公司的转移将扭曲资源配置，并可能损害经济增长。

原则上，效率可能要求对跨国流动性更强的活动征税，而不是对流动性较弱的活动征税……这符合高效税收设计的标准原则，即对税收不太敏感的项目应该征收更高的税——因为这样一来，税收对实际决策的影响就更小了。这种结果实际上是向流动性最大的活动提供优惠——这在实践中显然是许多低收入国家和其他国家的主要关注点。在租金（利润超过投资者要求的最低水平）更高的地方，不同部门之间的差别税率也可以作为施加更高负担的实用手段。

……但这可能本身会带来困难，并不如更具合作性的结果。例如，对不同的行业采用不同的税率，为两者之间的利润转移创造了机会（如上所述）。由于从集体角度（例如，贸易集团的角度）来看，税基的流动性低于单个国家之间的流动性，为追求国家目标而设定的低税率可能会放弃从集体角度进行有效征税的机会。在有理由假设赚取了大量租金的地方，有针对性的税收可能是解决这些问题的更好方法，而不是通过差别税率——因此，在资源丰富的国家往往会发现并推行不同的资源租金税。

税收优惠使用指南

正如上述分析所表明的那样，税收优惠措施的设计和管理对其有效性和效率至关重要。本节讨论这些领域的原则和良好做法，并阐述税收优惠改革问题。

A. 设计

税收优惠政策涉及三个核心设计问题：

- 优惠投资的税收工具选择；
- 合格投资选择中使用的资格标准；
- 税收优惠生命周期不同阶段的报告和监控要求，以及政府对公司超额收益或利润的征收规定。

工具选择

优惠措施可以涵盖广泛的税收，包括公司所得税、增值税、关税、财产税、个人所得税和社会保险税。每个领域的优惠措施都需要不同的经济分析。例如，资本货物关税的降低通常有坚实的经济基础，因为它消除了造成巨大福利成本的生产扭曲。另外，投资的增值税豁免可能完全多余，因为税收的完全运作意味着对进项征收的增值税不会"粘"在购买者身上，而是作为对销售征收的增值税的抵免而完全收回①；但是，如果增值税的实施有问题，例如，由于增值税退税程序不完善，增值税免税可能对公司有利。公司所得税优惠措施可能是最有争议的，也是被观察人士广泛批评的。

降低投资成本的税收优惠措施通常比基于利润的税收优惠措施更受青睐：

- 基于成本的税收优惠包括与投资费用相关的特定津贴，如加速折

---

① 事实上，对投资（以及更广泛的中间购买）的增值税豁免可能比多余的更糟糕，因为它在生产链中产生连锁效应；例如，见 Ebril 等人（2001）。

旧计划和特殊税收减免和抵免。

- 基于利润的税收优惠措施通常会降低适用于应税收入的税率，包括免税期、优惠税率或收入免税。

这两种税收工具之间的差异至关重要。

免税期倾向于容易流动的活动而不是长期投资。

通过为盈利的公司提供临时税收减免的免税期有利于那些在免税期间开始盈利的行业。这就导致了公司偏向于前期投资成本低的短期项目的倾向，这些短期项目可能是最不可能对更广泛的经济产生溢出效应的项目。这种投资项目被称为"打包走人"，一旦税收优惠待遇取消，就会逃离东道国。对于长期资本需求巨大、溢出效应更大的行业来说，免税期实际上可能会阻碍投资：在免税期间几乎不可能有其他应税利润，为了利用折旧扣除，公司可能推迟投资直到免税期之后，以便要求全额扣除其投资成本。

合格标准

税收优惠必须具有良好的针对性，并以明确的资格标准为基础。目标确定有两个相关的目的：（1）确定政府希望吸引的投资类型；（2）降低优惠措施的财政成本。以下标准通常结合使用：

- 特定规模。税收优惠有时仅限于超过一定资产价值的新投资（或投资者），或至少创造一定数量的新就业机会的投资。如果投资者仅仅为了获得税收优惠而增加其计划投资的规模或新工作岗位的数量，这就意味着资源的低效使用，因此边际生产率的提高可能非常低，甚至为负。歧视还会扭曲竞争，限制国内较小公司的成长，这些公司不享受奖励，即使它们的生产力较高①。

---

① 许多国家还为中小公司（通常是国内公司）提供特殊的税收优惠（也许是为了解决他们在筹集外部资金方面的困难），例如通过降低税率或特殊津贴。然而，没有明确的证据表明针对小公司的税收减免比对公司的一般税收减免更具成本效益（IMF, 2012）。相反，特别救济可能会造成小公司陷阱，从而损害经济增长，使小公司无法扩大规模以维持其税收优惠待遇。

● 特定产业。许多国家对某些经济部门给予税收优惠待遇，决策者认为这些部门是最可取的，也最可能受到税收的影响。旅游、"离岸"金融中心、电影生产制造活动是人们普遍偏好的活动，决策者们认为这些活动带来的社会价值溢出效应更大。奖励措施有时也限于所谓的"先驱"工业，这种工业可以用各种方式加以定义，但总是被视为在国民经济中具有战略价值①。然而，为特殊利益服务与为公众利益服务是否一致始终是存在问题。

● 特定地区。税收优惠有时是以针对特殊地区的形式。例如，"区域"来解决地理空间的不平等。以各种名称和定义存在的经济区（EZs）在过去的几十年里迅速流行起来②。"业绩数据难以捉摸，因为区域的影响很难与其他经济力量区分开来。

生命周期阶段

经批准后，税务机关应当继续对公司进行监督。在许多国家，这是一个经常被忽视的阶段。即使获得免税期，纳税人仍应提交纳税申报单，以便当局评估优惠措施的收入成本（税收支出审查的核心内容）。税务机关还应定期进行审计，以确保税收优惠不被滥用。附加在优惠措施上的条件通常需要持续监控。一旦发现不遵守或滥用，就应予以处罚，并最终取消税收优惠。

使税收优惠成为临时性的而不是永久性的可能会有一些吸引力。临时税收优惠的一个主要吸引力是，它的到期提供了一个自然的评价点，以便定期重新考虑是否应该继续、改革或废除这种优惠。临时性的税收

---

① 投资奖励措施也经常针对面向出口的生产。然而，这种优惠措施可能违反世贸组织的规则——尽管世贸组织的补贴和反补贴规定了 LIC 豁免《措施协定》，根据该协定，33 个世界贸易组织成员国（以及 12 个加入的国家）获得特别救济。

② 例如，出口加工区（EPZs）是外国公司从事出口产品制造享受与其他经济部门相比的优惠（税收）待遇的飞地。经济特区（SEZs）提供了区位灵活性，并通过给予国内部门这样的待遇，比EPZs 有更广泛的应用。还有其他几种区域类型，每一种都有特定的特性。这些经济特区的优惠措施通常包括非税收优惠，如良好的基础设施和廉价的公用事业，以及关税、所得税和其他（地方）税费的减少。

优惠也可以作为一种反周期政策。

B. 管理

良好治理要求政府的决策过程、政策和行政管理是透明的，并接受审查和评估。确保当局对其行为和在必要时采取的补救行动负责。这限制了腐败的范围，加强了投资者对政府的信任，增强了公众对税收制度在设计和实施上是公平的信心。透明度是良好治理的必要条件，但不是充分条件。国际组织开发了各种实用工具，以评估各国在税收优惠方面的透明度和更广泛的治理绩效①。一般来说，良好治理的关键要求是：

- 奖励和监督奖励应以法治为指导，并明确资格标准；
- 中央一级税收优惠（与国税相关）的授予权完全由国家财政部掌握；如有需要，根据政府各利益相关者的意见作出决定；
- 有效和透明的管理和评估。

法制

税收优惠应在法律中明确规定……这确保管理税收优惠的法律依据已得到立法机构的批准，并已通过适当的议会和公众审查。此外，如果税收优惠是可以协商的，并通过法令、协议、条例等形式提供，则可以逃避监督，容易受到不当影响。

最好能被纳入税法。税收优惠的透明度和可及性如果被嵌入到适用于不同领域的多项立法中，就会受到损害。因此，税收优惠最好并入税法的主体。这降低了冲突或重叠条款的可能性，这些条款可能会造成意想不到的扭曲和不确定性，以及收入损失。然而，实际上，超过一半的低收入国家在税法之外提供税收优惠。

给予税收优惠的资格标准应明确界定，并应易于核实，以便采用基

---

① 例如，《国际货币基金组织财政透明度守则》（2014 年），包括关于资源收入管理的第四支柱；国际货币基金组织财政透明度手册（2007 年）；经合组织预算透明度最佳实践（2002 年）。背景文件介绍了经合发组织和世界银行最近开发的模板。

于规则的办法。法律（及其配套条例）应规定纳税义务人为了有资格享受税收优惠而必须满足的条件，并尽可能少地提供主观解释或谈判的空间。然后，通过验证规定的标准，奖励在很大程度上可以自动发放。然而，并非所有的税收优惠都可以自动给予，例如，因为法律不能总是在所有可能的情况下规定资格。这通常会引入一些自由裁量权的要素。然而，自由裁量权的程度应保持在最低限度，因为它给投资者带来了寻租行为和公职人员腐败行为的风险，这是许多国家的一个主要关切。[①] 过度的自由裁量权也可以作为治理不善的信号，从而警示新投资者。

权力授予

参与提供税收优惠的部门和机构必须协调其活动。一些政府机构经常参与外国投资进程，如投资促进局、经济部和负责农业、旅游或采矿等的具体部门。这些不同的参与者通常会带来特定的专业知识，这些知识在设计税收优惠时可能有用，或者在评估资格标准时可能需要。但他们通常也有不同的目标。例如，投资促进机构往往支持税收优惠政策，以吸引投资者，而对收入后果几乎没有直接关注。相比之下，财政部将强调，需要提高收入，以提供公共产品，包括基础设施等有利于商业环境的关键支柱。如果各部门没有适当协调，责任不集中，优惠措施可能会重叠、不一致，甚至目的交叉。有效协调是一项艰巨且极为重要的任务。

在中央一级颁布税收优惠的最终和唯一权力应属于财政部长。在吸引投资方面取得成功的国家一般都采取了综合办法，将税收政策放在更广泛的国家发展战略的范围内。通常的做法是，设立一个部门间的裁决委员会，结合专门知识，就税收优惠向财政部长提出建议。后者应作出制定税收优惠政策的最终决定，并负责通过税务部门或与税务部门密切合作实施税收优惠政策。事实上，财政部长最有能力权衡不同的优先事项，同时也关注优惠措施的成本。如果权力在财政部之外，特殊利益很

---

① 世界银行将腐败定义为滥用公职谋取私利；寻租反映了在不创造财富的情况下利用公司资源获取经济利益。两者都会阻碍发展，如 Abed 和 Gupta（2002 年）。

容易支配一般公共利益。

管理

税收机关应负责税收优惠计划的实施和执行，因为它拥有执行税法所需的独特权力、专业知识和经验，而税收优惠应成为税法的一部分。如果税收优惠措施简单明了，纳税人可以自行评估，并接受普通的控制和审计程序。然而，许多优惠条款需要税务机关的某种形式的批准。在核实事实时，可能需要其他专门的政府机构或部门提供资料或证明。对税务机关而言，记录和公布决定是确保透明度的先决条件。这使它能够由政府和纳税人负责。它还使政府（最好是财政部）和其他组织能够评估税收优惠的成本和收益。

C. 改革

国际组织经常建议各国取消或从根本上调整其税收优惠政策，因为人们经常发现这些政策无效或效率低下，或者治理结构表现不佳。然而，事实证明，税收优惠制度的改革是困难的。这是因为税收优惠通常不仅是由旨在改善公民福利的明确的经济关切所驱动，甚至主要是由政治动机所驱动。

在改革税收优惠政策时，政府应在现有公司的税收稳定性和市场进入者的平等待遇之间寻求平衡。当优惠措施因政策改革而缩减时，政府往往会规定"日落条款"。政府可能需要重新协商现有的优惠措施或向新投资者提供合理的、有时限的优惠措施。

- 国际协调

税收优惠措施往往是税收竞争的实例，其风险是最终所有国家都会因使用这些措施而蒙受损失。① 税收优惠政策吸引了本来会流向其他地

---

① 税收竞争本身未必是坏事。例如，有些人认为，税收竞争可以抵消公共开支过大的政治偏见，因此受到欢迎。然而，这种论点在低收入国家并不那么普遍，这些国家一般都面临着迫切需要增加国内收入，为发展计划提供资金。

方的投资，因此会对其他国家的福利产生不利的跨界溢出效应。如果投资的分配是由税收而不是商业因素驱动的，那么结果就是资本的全球配置效率低下，从而导致产出的集体损失。此外，一个国家的税收优惠政策可能引起战略反应，促使别的国家提供类似的政策。这种税收竞争的过程可能导致竞相追逐，最终所有国家最终都将获得较低的税收收入，并且对投资分配没有明显的影响。

税收协调提供了解决溢出问题的机会，但也存在引发其他有害反应的风险。原则上，协调的对策可以防止不协调的税收设计所引起的相互有害的结果。例如，同意禁止使用某些税收优惠政策。然而，大多数形式的国际协调的范围和规模都很有限。这就提出了两个应在评估税务协调的影响时认真考虑基本问题：

• 就某些税收优惠进行协调将加剧其他条款中的税收竞争。例如，假设各国同意不向移动活动提供特殊待遇（如上所述，它们可能希望这样做），但可以在其他方面就其适用的一般税率进行竞争。这样一来，结果可能比允许差别待遇更糟糕，因为这样一来，它们就会在涵盖所有行业的规则上进行更激烈的竞争，包括那些资本不流动的行业。当然，与此相反的是，必须权衡上文讨论的各部门差别待遇的不利之处。

• 小部分国家之间的协调可以加强与外部人的税收竞争，而外部人则是主要受益者。在最直接争夺流动资本的国家之间进行协调的效果最好。

• 国际税收协调可以采取不同的形式。各国可以就不具有约束力的行为准则达成一致，以不使用某些税收优惠措施，然而，事实证明，许多区域集团在实践中难以进行税务协调。谈判和执行一项协议是一项庞大的工作，需要一个有效的超国家监督框架和强大的机构来执行该协议，而许多区域都缺乏这种能力。在这种情况下，更现实的做法可能是先从一种更温和的合作形式开始。

发达和新兴经济体所采用的国际税收规则可能会影响国家间税收竞争的强度。

作为双边或多边投资协议一部分的税收优惠形式各异，而且没有标准的模板。

结论

许多国家在改进其投资税收优惠的有效性和效率方面有相当大的空间。要取得进展，需要许多利益攸关方采取一致行动。要取得更好的进展，就需要对税收优惠的政治决定建立在对其有效性和效率的适当分析的基础上，这就需要透明度，以及有系统的信息收集和评估。要取得进展，利益相关者必须承担各自的责任。

提高税收优惠的效用和效率对各国取得更好的发展成果至关重要。更高的投资可以与更充裕的国内收入调动相协调，这是公共支出项目所急需的，并被列为亚的斯亚贝巴行动可持续发展议程的优先事项。

后　　记

　　本书收录了本人多年来研究国际税收问题的部分文章,有的文章成文时间很长了,是很长一段时间以来本人对国际税收管辖权、国际直接投资、经济特区、外资税收优惠和对外资本输出、国际税收竞争、国际税收合作协调等问题的思考。这些年来,新的学术成果不断涌现,本人对部分内容进行了适当的修改,增加和补充了部分内容。

　　1999 年本人以研究开放经济条件下的财税政策分析的《税收与国际资本流动》作为学位论文获得博士学位。为纪念这二十余年的奋斗和努力,此书依然以此为标题。我的选题起源于本科阶段对欧洲共同体税收一体化的研究,当时的毕业论文指导老师马国强教授就给予了非常高的肯定。在研究生阶段,我继续将其欧洲税收协调作为硕士学位论文的选题,在张同青教授的指导下,对欧盟的国际税收竞争和协调合作进行了研究。

　　1993 年我进入人民大学财政金融系在侯梦蟾教授指导下攻读博士学位,依然选择将欧盟一体化中税收政策协调作为选题,并由此延伸到了税收与国际资本流动相关的相关问题。在论文的写作和答辩过程中,得到了王传纶教授、王诚尧教授、解学智教授、高培勇教授、郭庆旺教授、杨志清教授和朱青教授等老师的鼓励和指导。特别感谢我的导师侯梦蟾教授和师母在各方面给予的关心和疼爱,历历在目。老师们的教诲时刻萦绕在耳畔,成为继续研究国际税收和比较税制的前进的动力。

衷心感谢中国人民大学财政金融学院通过教育部和学校的"双一流项目出版基金"对出版个人专著的支持。时光飞逝，进入财政金融学院学习和工作已经快 30 年了。人民大学的财政金融学科是我国应用经济学科群的领头雁，孕育出来了开放包容、积极进取的财金精神。感谢财政金融学院的各位同仁的厚爱以及历届各类同学们的鼓励和支持。

特别感谢我们财政金融学院的历届领导层对我的信任和鼓励。感谢中国人民大学中国财政金融政策研究中心的各位工作人员的周到的服务。

最后，真心感谢中国金融出版社及其本书的编辑王雪珂的倾力付出。

2021 年 7 月于人大北园